本书为国家民委人文社科重点研究基地西藏特色产业高质量发展研究中心、西藏高校人文社科项目"共同富裕视角下西藏老龄健康与服务优化路径研究"（项目批准号：SK2021—34）、西藏民族大学"藏秦·喜马拉雅青年骨干教师计划"的资助成果，同时获得厦门大学对口支援西藏民族大学专著教材出版基金资助。

经济新视野
New Economic Horizons

居家老人日常照料需求满足程度及其对福祉的影响

沈 丹 著

图书在版编目（CIP）数据

居家老人日常照料需求满足程度及其对福祉的影响／沈丹著． -- 厦门：厦门大学出版社，2023.8
（经济新视野）
ISBN 978-7-5615-8965-6

Ⅰ．①居… Ⅱ．①沈… Ⅲ．①养老-社会服务-研究-中国 Ⅳ．①D669.6

中国版本图书馆CIP数据核字(2023)第058274号

出 版 人	郑文礼
责任编辑	许红兵
责任校对	姚曼琳
美术编辑	李嘉彬
技术编辑	朱 楷

出版发行 厦门大学出版社
社　　址 厦门市软件园二期望海路39号
邮政编码 361008
总　　机 0592-2181111　0592-2181406(传真)
营销中心 0592-2184458　0592-2181365
网　　址 http://www.xmupress.com
邮　　箱 xmup@xmupress.com
印　　刷 广东虎彩云印刷有限公司

开本　720 mm×1 000 mm　1/16
印张　14.25
插页　2
字数　215千字
版次　2023年8月第1版
印次　2023年8月第1次印刷
定价　68.00元

本书如有印装质量问题请直接寄承印厂调换

厦门大学出版社
微信二维码

厦门大学出版社
微博二维码

前　言

中国人口老龄化、高龄化问题严重,老年人群对健康和社会服务的需求逐渐增加。有关数据显示,我国95%以上的老年人居住在自己家中,通过子女和社区服务的支持来满足日常生活照料需求。然而,我国家庭养老的功能日渐式微,加之社区和居家养老服务不完善,很多居家养老的老年人都存在着诸多需求未满足的情况。老年人的福祉建立在生活质量和主观幸福感综合的基础上。与基于身体情况或认知功能等反映老年人生活自理能力或照料需求的评估指标相比,未满足的需求被普遍用作预测与老年人福祉相关的诸多不良后果发生的指标。例如,日常生活中存在未满足需求会导致老年人饥饿口渴的时候无法进食喝水,长时间无法洗澡而不舒服和产生异味,居住环境和着装脏乱、不整齐,无法自行如厕而直接大小便弄脏身体、衣服和床褥;还会带来健康的进一步恶化,如跌倒和疼痛,焦虑、抑郁和行为障碍,直至入住机构和死亡。因此,减少未满足需求的发生率,增加对老年人日常照料需求的满足程度,对提高老年人的福祉状况具有重要的作用。

本书将老年人的日常生活照料需求满足程度操作化为对日常生活活动能力(ADL)和工具性日常生活活动能力(IADL)方面需求的满足程度的评估,利用疼痛、跌倒、抑郁、生活满意度和死亡衡量老年人的福祉水平。在社会支持理论、社会保护理论和健康老龄化理论及相关实证研究的基础上,采用定量与定性相结合的研究方法探讨我国居家老年人照料需求的满足情况及其对他们福祉的影响。其中,定量研究使用中国健康与养老追踪调查(CHARLS)2013年、2015年和2018年的横截面和追踪数据,利用描述统计、卡方检验、方差分析、OLS回归、Logit回归和固定效应模型等方法分析了老年人日常照料需求满足程度、未满足需求的发生率和需求满足程度对疼痛、跌倒、抑郁、生活满意度和死亡的影响;定性研究通过深度访谈和焦点小组方法进一步了解了居家老年人的日常生活和照料状况以及存在的未满足需求,并分析了其需求未得到满足的原因。

定量研究发现:(1)2013—2018年老年人的ADL需求未得到满足的比例在25%~31%之间(IADL:19%~22%)。从需求的内容来看,ADL中如厕需求未满足的比例最高,洗澡需求未满足的比例最低;IADL中处理药物需求未满足的比例最高,做家务次高(2018年做家务需求未满足的比例最高,处理药物需求次高),购物需求未满足的比例最低。从人群特征来看,高龄、女性、农村、丧偶等婚姻状况、中西部地区和家庭人均收入低的老年人需求未得到满足的比例较高。(2)2013年和2015年老年人的疼痛比例在40%左右,2018年达到了近70%。无论ADL、IADL还是ADL+IADL,需求满足程度与老年人发生疼痛的概率呈负相关,即需求未得到满足的老年人比需求得到满足的老年人更易发生疼痛,并且随着需求未满足程度的增加,疼痛的发生率也相应增加。(3)2013年、2015年和2018年老年人发生跌倒的比例在21%~25%之间。ADL、IADL和ADL+IADL需求未得到满足的老年人比需求得到满足的老年人跌倒的发生率更高,并且随着未满足需求数量的增加,老年人更可能发生跌倒(IADL仅1项需求未满足对跌倒的作用不显著)。(4)三期数据中老年人的抑郁比例在20%~27%之间。无论ADL、IADL还是ADL+IADL,需求未满足的老年人的抑郁比例均高于需求得到满足的老年人的抑郁比例,需求满足程度对抑郁的作用系数同样随着需求未满足数量的增多而增大。(5)2013—2018年大约有9%~14%的老年人对生活感到不满意。ADL和IADL需求未得到满足的老年人对生活不满意的比例均高于需求得到满足的老年人对生活不满意度的比例。区分未满足需求项数的结果显示,ADL需求满足程度、IADL需求满足程度(2~3项需求未满足的作用不显著)以及ADL+IADL需求满足程度均对老年人的生活满意度产生影响。(6)2013—2018年追踪期间老年人的死亡比例是11.4%。在控制了相关协变量后,ADL、IADL和ADL+IADL需求未满足的老年人比ADL、IADL和ADL+IADL需求得到满足的老年人更易发生死亡。

定性研究发现:(1)受个人和家庭经济水平的影响,老年人的生活状况差距较大;很多老年人的日常生活单调,经常处于与社会隔离的状态,他们的生活缺少自主权,往往被动接受家人的安排,并经常被忽视或监护缺失。(2)无论在自我照料、配偶照料还是子女照料及雇用保姆等何种照料方式下,居家老年人中存在着广泛的照料需求未满足的情况,包括饮食、日常起居、外出和就医等,经常出现跌倒和心理困扰等不良后果。(3)需求未满足的相关因素包括老年人的社会经济条件和身体健康状况、照料者情况以及所在地区的社区和居家养老服务的供给情况等。

  基于上述研究发现，作者提出了对老年人照料需求进行精准评估，通过多种方式满足其需求，努力避免因需求未满足而导致各种不良后果发生，促进我国养老服务体系精细化和内涵式发展的建议，包括提高养老服务的可及性，改进照护和服务系统，为家庭照顾者提供支持，做好预防和康复工作，以及优化政府在财政资金供给和需求中的角色等。

作者

2022 年 10 月

目 录

第1章 绪 论 ·· 001
  1.1 研究背景 ··· 001
  1.2 研究目的与研究问题 ·· 006
  1.3 研究意义 ··· 006
  1.4 技术路线和研究结构 ·· 007

第2章 研究综述和分析框架 ·· 010
  2.1 中国养老服务体系的建设和发展 ··· 010
    2.1.1 居家养老服务 ·· 011
    2.1.2 社区养老服务 ·· 012
    2.1.3 机构养老服务 ·· 013
    2.1.4 医养结合 ·· 014
  2.2 需求和照料需求 ·· 016
    2.2.1 需求和照料需求的概念 ·· 016
    2.2.2 照料需求的评估 ··· 020
    2.2.3 照料需求的发生率 ·· 026
    2.2.4 照料需求的影响因素 ··· 027
  2.3 需求满足程度和未满足需求 ··· 030
    2.3.1 需求满足程度和未满足需求的概念 ····································· 030
    2.3.2 未满足需求的测量 ·· 032
    2.3.3 未满足需求的发生率 ··· 034
    2.3.4 需求未满足的影响因素 ·· 037

2.4 福祉和老年人的福祉 ……………………………………………… 042
　　2.4.1 福祉的概念及其表现形式 …………………………………… 042
　　2.4.2 未满足需求对老年人福祉的影响 …………………………… 044
2.5 理论基础 ……………………………………………………………… 048
　　2.5.1 社会支持理论 ………………………………………………… 048
　　2.5.2 社会保护理论 ………………………………………………… 050
　　2.5.3 健康老龄化理论 ……………………………………………… 051
2.6 分析框架 ……………………………………………………………… 056
2.7 本章总结 ……………………………………………………………… 059

第3章 研究方法 ……………………………………………………………… 062
3.1 定量研究方法 ………………………………………………………… 062
　　3.1.1 数据和样本 …………………………………………………… 062
　　3.1.2 变量和测量 …………………………………………………… 064
　　3.1.3 分析方法 ……………………………………………………… 067
3.2 定性研究方法 ………………………………………………………… 071
　　3.2.1 研究对象的选择 ……………………………………………… 071
　　3.2.2 资料收集方法 ………………………………………………… 072
　　3.2.3 资料分析方法 ………………………………………………… 073
　　3.2.4 研究对象的基本信息 ………………………………………… 074

第4章 居家老年人日常照料需求满足程度的分析 ……………………… 079
4.1 样本特征 ……………………………………………………………… 079
4.2 老年人照料需求的满足程度 ………………………………………… 081
　　4.2.1 照料需求及满足程度的整体情况 …………………………… 081
　　4.2.2 照料需求满足程度的年龄差异 ……………………………… 085
　　4.2.3 照料需求满足程度的性别差异 ……………………………… 086
　　4.2.4 照料需求满足程度的城乡差异 ……………………………… 089
　　4.2.5 照料需求满足程度的区域差异 ……………………………… 089
　　4.2.6 照料需求满足程度的家庭人均收入差异 …………………… 092
4.3 本章总结 ……………………………………………………………… 094

第5章 日常照料需求满足程度对老年人福祉的影响 096
5.1 照料需求满足程度对老年人疼痛的影响 096
5.1.1 老年人的疼痛状况 096
5.1.2 照料需求满足程度与疼痛的关联性 098
5.1.3 照料需求满足程度对疼痛的影响 099
5.2 照料需求满足程度对老年人跌倒的影响 104
5.2.1 老年人的跌倒状况 104
5.2.2 照料需求满足程度与跌倒的关联性 106
5.2.3 照料需求满足程度对跌倒的影响 106
5.3 照料需求满足程度对老年人抑郁的影响 110
5.3.1 老年人的抑郁状况 110
5.3.2 照料需求满足程度与抑郁的关联性 113
5.3.3 照料需求满足程度对老年人抑郁的影响 115
5.4 照料需求满足程度对老年人生活满意度的影响 120
5.4.1 老年人的生活满意度状况 120
5.4.2 照料需求满足程度与生活满意度的关联性 122
5.4.3 照料需求满足程度对老年人生活满意度的影响 124
5.5 照料需求满足程度对老年人死亡的影响 126
5.5.1 老年人的死亡状况 126
5.5.2 照料需求满足程度与死亡的关联性 129
5.5.3 照料需求满足程度对死亡的影响 130
5.6 本章总结 132

第6章 老年人的日常生活与照料困境 134
6.1 老年人的日常生活状况 134
6.1.1 经济状况影响生活状况 134
6.1.2 日常生活单调和隔离 136
6.1.3 生活被安排以及忽视 138
6.2 老年人的日常生活照料困境 140
6.2.1 老人自身：力不从心 140
6.2.2 配偶照料：勉为其难 141
6.2.3 子女照料：自顾不暇 143

        6.2.4 雇佣保姆：不尽如人意 …………………………………… 145
        6.2.5 社区服务：发展滞后 …………………………………… 146
    6.3 本章总结 ……………………………………………………… 149

第 7 章 结论、讨论和应对策略 ………………………………………… 151
    7.1 结论和讨论 …………………………………………………… 151
        7.1.1 定量研究结论 …………………………………………… 151
        7.1.2 定性研究结论 …………………………………………… 153
        7.1.3 讨论 ……………………………………………………… 154
    7.2 应对策略 ……………………………………………………… 161
        7.2.1 优先满足未满足需求，提高养老服务的可及性 ……… 161
        7.2.2 改进照护和服务系统，支持评估工具的开发 ………… 162
        7.2.3 加强对非正式照护、社区和非营利组织的支持 ……… 162
        7.2.4 做好预防和康复工作，促进健康老龄化的实现 ……… 163
        7.2.5 持续优化政府在财政资金供给和需求中的角色 ……… 164
    7.3 研究贡献和不足 ……………………………………………… 165
        7.3.1 研究贡献 ………………………………………………… 165
        7.3.2 研究不足和展望 ………………………………………… 166

参考文献 ……………………………………………………………………… 168

附　录 ………………………………………………………………………… 205
    附录 1　调查问卷 …………………………………………………… 205
    附录 2　访谈提纲 …………………………………………………… 212
    附录 3　观察提纲 …………………………………………………… 214

后记 …………………………………………………………………………… 215

第1章 绪 论

1.1 研究背景

中国老龄化、高龄化问题严重。人口老龄化加重是当今世界上大多数国家面临的主要问题。联合国关于人口老龄化的通行标准是"一个国家或地区60岁及以上人口数量占总人口的比重大于10%或65岁及以上人口所占比例超过7%"。其中,60周岁及以上老年人口占比超过10%称为轻度老龄化,超过20%是中度老龄化,超过30%是重度老龄化。目前全球人口总数超过75亿,60周岁及以上人口总数约为9.62亿人,大约占全球总人口数的12.8%。联合国经济和社会事务部数据显示,预计到2050年,全球60周岁及以上年龄的人口总数将达到31亿,大约占到全球总人口数的31.3%。

一些国家的老龄化现象已经持续了较长时间。世界卫生组织2019年数据显示,日本60岁及以上人口占其总人口比重为33.0%,65岁以上老年人的占比为28.0%;意大利60周岁及以上人口占总人口数的比重是29.0%,65周岁及以上的老年人占比23.1%;葡萄牙、芬兰和希腊65周岁及以上的老年人分别占到了22.4%、22.1%和21.9%,位列世界上人口老龄化问题最严重的国家前列。亚太地区健康状况报告显示,亚洲国家65岁及以上人口占总人口的比例预计将在未来几十年内增加2.5倍,到2050年达到20.5%。

按照联合国关于老龄化的标准,中国在迈进21世纪的同时进入了老龄化社会(见表1-1)。国家统计局统计数据显示,2000年,中国65岁及以上的人口总数是8811万,在总人口中所占的比例是6.96%,2001年这一比例达到了7.1%。此后,中国的人口经历了一个快速老龄化的过程,截至2019年年末,

表 1-1 我国人口总数和人口数量构成

年份	总人口(年末)/万人	各性别组人口 男性 人口数/万人	比重/%	女性 人口数/万人	比重/%	各城乡组人口 城镇 人口数/万人	比重/%	乡村 人口数/万人	比重/%	各年龄组人口 0～14岁 人口数/万人	比重/%	15～64岁 人口数/万人	比重/%	65岁及以上 人口数/万人	比重/%
1990	114333	58904	51.5	55429	48.5	30195	26.4	84138	73.6	31659	27.7	76306	66.7	6368	5.6
1995	121121	61808	51.0	59313	49.0	35174	29.0	85947	71.0	32218	26.6	81393	67.2	7510	6.2
1999	125786	64692	51.4	61094	48.6	43748	34.8	82038	65.2	31950	25.4	85157	67.7	8679	6.9
2000	126743	65437	51.6	61306	48.4	45906	36.2	80837	63.8	29011	22.9	88910	70.1	8821	7
2005	130756	67375	51.5	63381	48.5	56212	43.0	74544	57.0	26504	20.3	94197	72	10055	7.7
2010	134091	68748	51.3	65343	48.7	66978	50.0	67113	50.1	22259	16.6	99938	74.5	11894	8.9
2011	134735	69068	51.3	65667	48.7	69079	51.3	65656	48.7	22164	16.5	100283	74.4	12288	9.1
2012	135404	69395	51.3	66009	48.8	71182	52.6	64222	47.4	22287	16.5	100403	74.1	12714	9.4
2013	136072	69728	51.2	66344	48.8	73111	53.7	62961	46.3	22329	16.4	100582	73.9	13161	9.7
2014	136782	70079	51.2	66703	48.8	74916	54.8	61866	45.2	22558	16.5	100469	73.4	13755	10.1
2015	137462	70414	51.2	67048	48.8	77116	56.1	60346	43.9	22715	16.5	100361	73	14386	10.5
2016	138271	70815	51.2	67456	48.8	79298	57.4	58973	42.7	23008	16.7	100260	72.5	15003	10.8
2017	139008	71137	51.2	67871	48.8	81347	58.5	57661	41.5	23348	16.8	99829	71.8	15831	11.4
2018	139538	71351	51.1	68187	48.9	83137	59.6	56401	40.4	23523	16.9	99357	71.2	16658	11.9
2019	141008	72039	51.1	68969	48.9	88426	62.7	52582	37.3	23689	16.8	99552	70.6	17767	12.6
2020	141212	72357	51.2	68855	48.8	90220	63.9	50992	36.1	25277	17.9	96871	68.6	19064	13.5
2021	141260	72311	51.2	68949	48.8	91425	64.7	49835	35.3	24678	17.5	96526	68.3	20056	14.2

注：国家统计局以65岁作为分节点，并未将60岁及以上的老年人数量作为一个统计口径，因此未呈现60岁以上老年人口数据。
数据来源：《中国人口和就业统计年鉴(2019)》《中国统计年鉴(2021)》。

65岁及以上的人口数量占总人口的比重达到了12.6%。《第七次全国人口普查公报》显示,中国65岁及以上的人口达到了1.90亿,占总人口的比例上升至13.5%。世界银行预测,在人口平均预期寿命延长、新出生人口数量下降等多重因素的叠加作用下,中国预计将于2027年进入高度老龄化社会,届时65岁及以上人口的比重将达到14%。[①] 但根据2021年中国统计年鉴数据,我国65岁及以上的人口数量占总人口的比重已于2020年年末达到14.2%,达到了20056万人。根据全国老龄委对中国老龄化发展的预测,我国65岁及以上人口的数量在2035年将超过4亿,在总人口中的占比将接近三分之一。[②] 从这一角度探讨,中国已经成为当前世界上老年人口规模最大、增长速度最快的国家。根据联合国的预测,中国80岁及以上高龄人口的规模在2050年将达到12910万(United Nations,2013)。高龄老年人不仅患病风险更高,也具有更迫切的养老服务需求。与此同时,城市化对中国农村家庭产生了深远的影响,农村人口老龄化的速度比城市更快(Luo B Z,Zhan H Y,2012)。家庭规模的减小和农村居民大规模迁移到城市地区,使农村留守老年人的照料问题也凸显了出来。

传统意义的家庭养老功能日渐式微。家庭是人类历史上最悠久的制度,也是最重要的互助单位(Price J M,2002;Moore J,2000)。中国传统的儒家文化提倡养老、尊老的"反馈模式"(祖父母养育父母,父母赡养祖父母;父母养育子女,子女赡养父母)(费孝通,1983),强调家庭对老年人养老的重要作用。《中华人民共和国老年人权益保障法》(2018年修订)规定"赡养人应当履行对老年人经济上供养、生活上照料和精神上慰藉的义务,照顾老年人的特殊需要",《中华人民共和国宪法》(2018年修订)同样规定"父母有抚养教育未成年子女的义务,成年子女有赡养扶助父母的义务"。所谓的"养儿防老"是我国传统家庭养老的保障,尤其在农村地区,生产力水平低下,赡养老年人的问题得不到社会解决,更多的孩子就意味着更多的经济和照料支持。中国在20世纪70年代末和80年代实施的"计划生育"政策大幅度降低了人口数量,传统意

---

① World Bank. Options for Aged Care in China:Building an Efficient and Sustainable Aged Care System[EB/OL].(2018-11-28)[2021-03-02]. https://elibrary.worldbank.org/doi/book/10.1596/978-1-4648-1075-6.

② 全国老龄委.老龄委预测到2035年我国老年人口将年均增长一千万左右[EB/OL].(2015-11-08)[2021-03-02]. http://china.cnr.cn/NewsFeeds/20151108/t20151108_520436518.shtml.

义的家庭养老功能日渐式微(胡湛,彭希哲,2012),平均家庭户规模从20世纪50年代前的5.3人/户①缩减到了1990年的不到4人/户②,进而缩减到了2018年的3人/户③。《第七次全国人口普查公报》显示,2020年我国家庭户均人数降到了2.62人。加上代际居住方式由共同居住转向分居,成年子女更倾向于离开父母组建自己的小家庭生活(孙鹃娟,2013;Cartier M,1995),而年老的父母也可能不希望与成年子女共同居住(Burch T K,Matthews B J,1987),家庭结构逐渐走向小型化和核心化(家庭规模的变化如图1-1所示)。在照料责任方面,大多数家庭呈现"4+2+1"的"倒金字塔"状,即成年独生子女一旦结婚并生育子女就必须照顾四个父母和至少一个孩子,更有甚者还要承担照顾年老祖父母的责任。处于金字塔中间一层的已婚夫妇的家庭照料压力越来越大,尤其是在孩子年幼、父母退休又有祖父母的情况下负重如牛,不得不更加努力为他们的父母提供经济支持、日常照料和护理服务(Zhan H J,2013)。

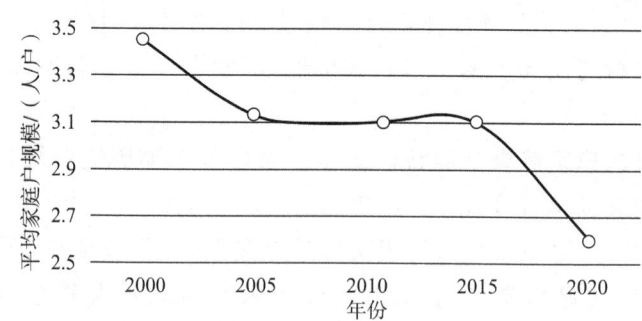

图 1-1　中国家庭规模的变化(2000—2018年)

数据来源:中国统计年鉴1991—2021年相关数据。

社区和居家养老是养老的主要模式。 2000年《中共中央、国务院关于加强老龄工作的决定》提出了"以家庭养老为基础、社区服务为依托、社会养老为补充"的三级养老服务体系,2011年进一步确立为"建立以居家为基础、社区

---

① 国家卫生计生委.中国家庭发展报告[EB/OL].(2014-05-14)[2021-03-03].http://www.gov.cn/xinwen/2014-05/14/content_2679681.htm.
② 国家统计局.1991年统计年鉴[EB/OL].(2020-12-28)[2021-03-02].https://data.cnki.net/trade/Yearbook/Single/N2005120321? z=Z001.
③ 国家统计局.2019年统计年鉴[EB/OL].(2002-08)[2021-03-03].http://www.stats.gov.cn/tjsj/ndsj/2019/indexch.htm.

为依托、机构为支撑"的养老服务体系[①],2017年将"机构为支撑"调整为"机构为补充",并将居家和社区养老合并为"社区和居家养老服务",同时"医养结合"成为养老服务体系建设的重要内容[②]。至此,"居家为基础、社区为依托、机构为补充、医养相结合"的多层次养老服务体系在中国基本成型。目前,越来越多的居家和社区设施及养老机构为老年人提供日常生活照料服务、医疗保健服务和社会支持服务等(辜胜阻,吴华君,曹冬梅,2017),老年人的养老方式随着时代的发展也呈现出多样化的特点,转变历程表现为从传统的家庭养老模式为主导,进入居家和社区养老与机构养老并行的阶段(Liu C,Feng Z L,Mor V,2014)。居家养老服务是对传统家庭养老模式的补充和更新,是中国发展社区服务和建立养老服务体系的重要内容,也是满足老年人养老需求的基础和主要模式(吴玉韶,2014)。居家和社区养老的本质相似,因而一般都将二者合在一起称作社区和居家养老服务。大量的老年人进入机构养老的安置成本太高,为了降低养老服务的成本和压力,国家和地方政府倡导"就地养老",老年人主要从家庭和所在社区获得所需要的服务。从我国的三级养老服务体系建设开始,社区和居家养老服务一直是建设的重点之一。老年人居住在家里并接受来自家庭和社区的服务是当前我国养老的主要模式(Xu Q,Chow J C,2011;杜鹏,孙鹃娟,张文娟,等,2016),且正式照料不能替代非正式照料,正式照料是对非正式照料的补充(Lin W,2019)。国外相关研究也发现,伴随着身体机能的下降,大多数老年人仍然偏好尽可能继续居住在家里或社区中(Eckert J K,Morgan L A,Swamy N,2004;Langa K M,Chernew M E,Kabeto M U,et al.,2001;Reder S,Hedrick S,Guihan M,et al.,2009)。社区和居家养老模式在维护健康和提高生活质量的同时,也显著节约了老年人健康照料相关的支出(Shapiro A,Loh C P,Mitchell G,2011;Felix H C,Mays G P,Stewart M K,et al.,2011)。

养老需求的多样化和未满足需求。 伴随着人口老龄化的加重和人均预期寿命的提高,老年人和高龄老年人的数量逐渐增加,他们对健康和社会服务的需求也在增加。老年人会出现众多与年龄有关的疾病,这些疾病通常是慢性

[①] 国务院.国务院关于印发《中国老龄事业发展"十二五"规划》的通知[EB/OL].(2011-09-17)[2021-03-02].http://www.gov.cn/zhengce/content/2011-09/23/content_6338.htm.

[②] 国务院.国务院关于印发《"十三五"国家老龄事业发展和养老体系建设规划》的通知[EB/OL].(2017-02-28)[2021-03-02].http://www.gov.cn/zhengce/content/2017-03/06/content_5173930.htm.

的,与日常的身体机能和精神状态相关,最终会导致老年人入住医院或养老机构,甚至死亡(Gaugler J E,Kane R L,Kane R A,et al.,2005)。相对于年轻群体来说,老年人尤其是失能老年人对护理照料的需求规模更大,强度更强,对专业化程度的要求也更高(Zhen Z H,Feng Q S,Gu D N,2015)。除了基本的日常生活需求和医疗需求,老年人还有娱乐和健身的需求、社会交往的需求和对老有所为的追求(苗青,张玉,2017)。但针对老年群体的研究发现,不论机构、居家还是社区的老年人中均存在着广泛的需求未满足的状况(Peng R,Wu B,Ling L,2015;乔晓春,2020)。而以往采用的养老设施和机构中的床位数指标并不能评估养老服务体系的建设,同样不能评估老年人的服务供给和服务需求以及需求满足程度的状况,需要纳入未满足需求这一反映供需结构的指标进行综合判断(曹杨,Mor V,2017)。我国已经步入快速老龄化阶段,在养老服务体系的构建和完善方面的成绩斐然,对老年人的需求满足程度、未满足需求的发生率和影响展开研究,能够促进从获得到满足的理念的转变,进一步为设计适合中国老年人的风险干预措施,健全我国的养老服务体系提供参考和依据。

1.2　研究目的与研究问题

本研究的目的是分析我国居家老年人日常照料需求满足程度及其对福祉的影响,在此基础上提出对老年人的照料需求进行精准评估,更好地满足需求和避免因需求未满足而导致各种不良后果发生的建议。详细包含下列三个研究问题:

(1)中国居家老年人的日常照料需求的满足程度如何?
(2)日常照料需求满足程度对居家老年人的福祉有什么影响?
(3)居家老年人目前在日常生活和照料方面存在未满足需求的原因有哪些?

1.3　研究意义

本研究对中国居家老年人日常照料需求满足程度及其对福祉的影响展开研

究,对我国老年健康研究和养老服务体系的健全具有重要的理论意义和现实意义。

(1)理论意义。目前国内大多数研究集中在老年人的服务需求方面,主要是研究如何完善养老服务需求的数量和内容。对所提供的各项服务是否有效满足了老年人的需求,即需求的满足程度,特别是对未满足需求的评估、未满足需求的发生率和相关关系的研究较为薄弱,少有利用追踪数据对未满足需求的不良结果展开的研究。需求评估主要面向个体或社区所需要的服务数量和类型,依赖于老年人的健康状况。而未满足的需求不仅仅从个体生物学特征出发关注他们需要什么服务,更主要是评估现有服务递送系统在特定人群中的应用程度,聚焦于服务的组织和提供,即同时考虑了老年人的健康状况和获得的帮助情况,是从"获得"到"满足"的转变。本研究希望并尝试丰富国内对养老服务这方面内容的研究。

(2)现实意义。根据未满足的需求可以预测未来养老院的入住率和最坏结果的发生,只有充分了解和评估了未满足需求,才能更好地递送服务和减少未满足需求的压力,对精准发展居家和社区养老服务提供具有建设性和可操作性的建议。首先,对老年人需求满足程度展开研究,针对这些方面进行适当评估、提出针对性的干预措施有助于对未满足需求的发生做好准备,同时对延缓或防止脆弱人群出现不利的健康结果、提高老年人的生活质量、改善身心健康和降低死亡率大有裨益。其次,针对老年人的养老服务不应该局限于了解他们需要哪些服务,更重要的是在现有服务递送模式下明确他们存在哪些未满足的需求。针对这些问题的探讨和明晰,能够为设计适合中国老年人的健康风险干预措施和精准照护服务计划、健全养老服务体系和相关政策规划提供参考和依据。最后,考虑到未满足需求的指标可以用于评估以满足照料相关的需求为目标所设计的养老服务项目的绩效,本研究还可以通过将未满足需求与其产生的不良结果纳入政府养老服务政策实施的绩效考核和评估体系中,兼顾服务供给端(服务提供者)和服务需求端(服务对象)以提高资源配置的恰当有效性,为公共政策的设计和制定提供科学性依据,为公共服务评价体系的构建积累具有可操作性的经验。

1.4 技术路线和研究结构

本研究的技术路线按照理论架构、实证分析和结论讨论的逻辑推进,并以对研究结论的反思和讨论与文献和理论的对话为桥梁实现贯通(见图1-2)。

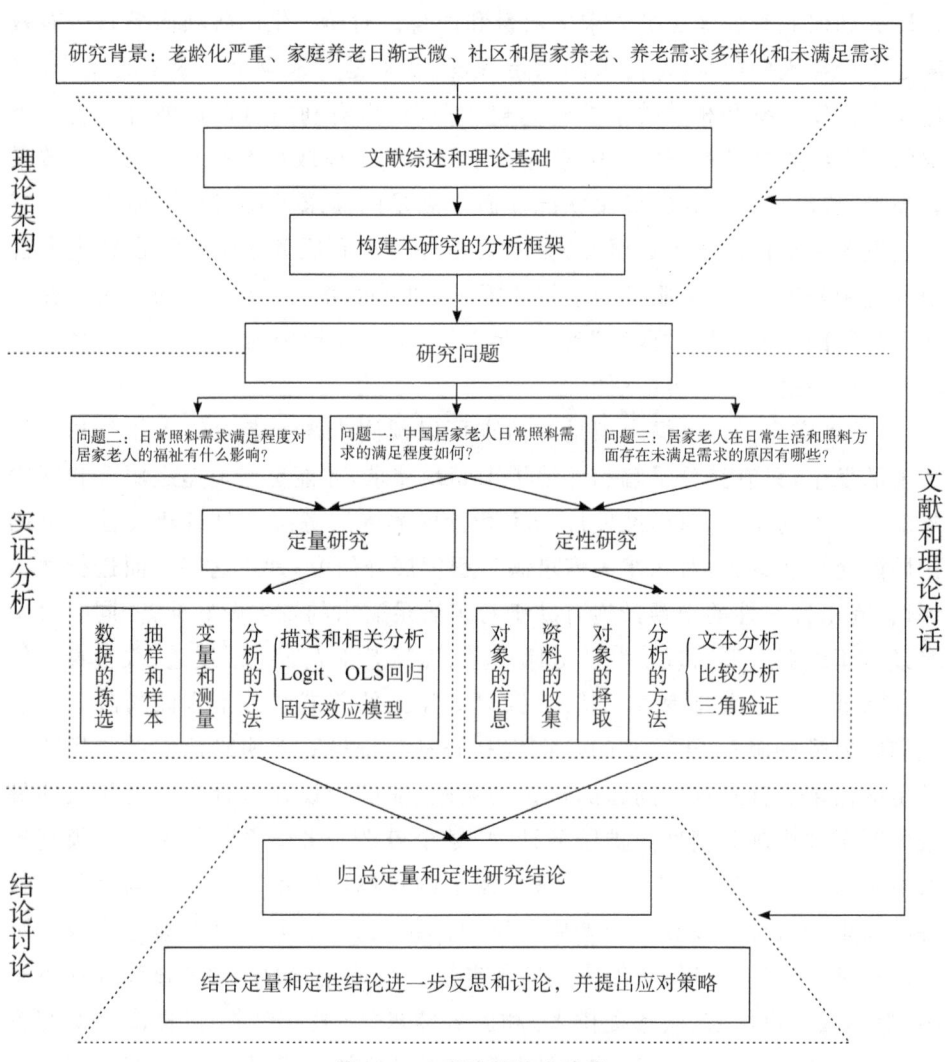

图 1-2 本研究的技术路线

本书共由七章内容组成。

第一章是绪论,介绍本研究的研究背景、研究目的与研究问题、研究的理论和实践意义、研究的技术路线以及全书结构。

第二章是文献综述和分析框架。围绕研究主题对国内外相关的文献进行归总和评述,在对中国养老服务体系的建设和发展进行梳理的基础上,主要辨析需求和照料需求、需求满足程度和未满足需求的概念,分析照料需求和未满足需求的现状、评估和测量方法以及影响照料需求和未满足需求的因素,明确福祉的概念和表现形式,重点分析和归纳已有文献中未满足需求对老年人福祉的影响。本章还回顾了社会支持理论、社会保护理论和健康老龄化理论及相关的实证研究,并探讨了这些理论在本研究中的适用性。这些文献和理论为确定本研究的分析框架和提出研究问题奠定了基础。

第三章是研究方法。本研究采用定量研究结合定性研究的方法展开研究。这部分分别介绍了定量研究的数据和样本、变量和测量以及数据的分析方法,定性研究中访谈对象的选择、研究资料的收集方法、资料的分析方法和访谈对象的基本信息。

第四章是对我国居家老年人日常照料需求满足程度的分析。利用CHARLS 2013 年、2015 年和 2018 年的横截面数据对样本的特征、老年人居家照料需求的满足程度及未满足需求的发生率进行总体描述,并利用年龄、性别、城乡、区域和家庭人均收入等变量对老年人照料需求的满足程度进行分层比较和分析。

第五章分析日常照料需求满足程度对居家老年人福祉的影响。分别采用CHARLS 2013 年、2015 年和 2018 年的横截面数据描述老年人的跌倒、疼痛、抑郁、生活满意度和死亡状况,并与老年人的照料需求满足程度进行交叉分析。在检验自变量与因变量关联性的基础上,利用 CHARLS 2013—2018 年的追踪数据分别就日常照料需求满足程度对居家老年人几方面福祉的影响进行了分析和解释。

第六章是定性研究结果。主要呈现了居家老年人尤其是失能老年人的日常生活状况,按照不同的照料模式分析老年人日常生活照料的困境,基于此进一步归总了老年人存在的未满足需求和需求未得到满足的原因。

第七章是结论、讨论和应对策略。分别概括了定量研究和定性研究的结论,结合研究内容、研究结果、相关文献和理论进行了反思与讨论,提出了从"获得"到"满足",进一步设计适合中国老年人的风险干预措施和健全养老服务体系的应对策略。本部分还阐述和说明了本研究的贡献,指出了尚存在的不足和未来的研究展望。

第 2 章 研究综述和分析框架

2.1 中国养老服务体系的建设和发展

随着老龄化形势的加重,国家的政策和工作部门相应进行了调整。我国1996年颁布了第一部老年人法律《中华人民共和国老年人权益保障法》,1999年成立了全国老龄工作委员会,主管全国老龄工作。国家开始推动并建立私立和非营利性老年护理机构,政府对这类护理机构给予税收优惠和床位补贴等财政支持,发达城市老年护理机构迅速发展。2000年8月《中共中央、国务院关于加强老龄工作的决定》(中发〔2000〕13号)提出要建立"以家庭养老为基础、社区服务为依托、社会养老为补充的养老机制",国家在发展社会福利方面的理念由政府主导向政府、社会、社区等主体共同参与转变,这也是我国养老服务体系建设的开始。2006年《关于加快发展养老服务业的意见》(国办发〔2006〕6号)首次提出了"居家养老""养老服务"的概念,即"逐步建立和完善以居家养老为基础、社区服务为依托、机构养老为补充的服务体系"。2008年《关于全面推进居家养老服务工作的意见》(全国老龄办〔2008〕4号)出台,对发展居家养老服务做出了具体规定,中国开始全面推动居家养老。2011年以后,养老服务政策快速发展,《国务院关于印发中国老龄事业发展"十二五"规划的通知》进一步确立建立"以居家为基础、社区为依托、机构为支撑"的养老服务体系;同年出台的《社会养老服务体系建设规划(2011—2015年)》标志着我国养老服务产业化正式启动。2012年修订的《中华人民共和国老年人权益保障法》是养老服务体系发展的制度保障。2014年开始,各省区市养老服务试点工作逐步展开。

2016年以后,国家和地方各类政策密集发布,覆盖面越来越广。《中华人民共和国国民经济和社会发展第十三个五年(2016—2020年)规划纲要》明确提出健全养老服务体系,建立以居家为基础、社区为依托、机构为补充的多层次养老服务体系。2017年《国务院关于印发"十三五"国家老龄事业发展和养老体系建设规划的通知》在"十二五"规划的基础上将"机构为支撑"调整为"机构为补充",并将居家和社区养老合并为"社区和居家养老服务",同时将"医养相结合"作为养老服务体系建设的一个重要内容。2018年修订的《中华人民共和国老年人权益保障法》提出"国家建立和完善以居家为基础、社区为依托、机构为支撑的社会养老服务体系"、"家庭成员应当尊重、关心和照料老年人",以及"鼓励、扶持专业服务机构及其他组织和个人,为居家的老年人提供生活照料紧急救援、医疗护理、精神慰藉、心理咨询等多种形式的服务"。2019年《国务院办公厅关于推进养老服务发展的意见》(国办发〔2019〕5号)强调要"持续完善居家为基础、社区为依托、机构为补充、医养相结合的养老服务体系,建立健全高龄、失能老年人长期照护服务体系"。至此形成了我国当前养老服务体系建设的基本框架和发展方向(辜胜阻,吴华君,曹冬梅,2017)。

2019年11月中共中央、国务院印发《国家积极应对人口老龄化中长期规划》,指出人口老龄化是"今后较长一段时期我国的基本国情",要"积极推进健康中国建设","健全以居家为基础、社区为依托、机构充分发展、医养有机结合的多层次养老服务体系"。

2.1.1 居家养老服务

居家养老服务是指由政府和社会力量依托社区,帮助家庭为居家的老年人提供生活照料、家政服务、康复护理和精神慰藉等的一种服务形式,具有如下特征:服务对象针对居住在家里的老年人;服务的经济支持是多方面的,如家庭(老人自己、配偶、子女或亲属)、政府(国家福利与救助)或社会(社会养老金、慈善和福利等),即由个人、家庭、政府和社会多方力量共担责任;服务的提供者是家庭(子女、配偶和亲属)、社区(社区组织、志愿者)和社会(非营利机构、营利企业、中介组织、养老服务机构等);服务内容涵盖多方面,包括生活照料、医疗护理、健康管理、精神慰藉、文化教育、休闲娱乐等;市场化、营利性服务也是居家养老服务的重要组成部分。可以说,居家养老服务是对传统家庭养老模式的补充和更新,是中国发展社区服务、建立养老服务体系的一项重要内容,也是满足老年人养老服务需求的基础和重要模式(吴玉韶,2014)。居家养老服务具有养老功能的全方位性,从中央到地方都投入了大量的资金,已经出台了一系列居家养老服务的相关政策,各地也根据地方实际出台了一系列配套措施,大部分地区已经不同程度地开展了居家养老服务工作,主要依托社区设立了大量的层级服务管理体系和服务实体组织,兴建了较为完善的社区服务设施,收到了良好的社会效果。然而由于服务能力不足和收费性服务使用率低等原因,居家养老服务一直未能得到充分的发展。

2.1.2 社区养老服务

从三级养老服务体系建设开始,社区和居家养老服务一直是体系建设的重点之一。从2016年开始,国家和地方每年提供资金支持,用于开展居家和社区养老服务改革试点,全方位提高服务供给能力。严格意义上的社区养老服务是指由社区服务人员为居住在社区养老照料机构(如社区服务中心、日间照料中心等)的老年人提供基本与居家养老无差的服务内容,这类老年群体大多临时居住在社区服务或日间照料中心。由于社区养老和居家养老本质相似,更为通俗的说法是二者结合在一起,即居家社区养老服务,为居住在家里或社区中的老年人提供个人卫生护理、助餐、普通家务、医疗康复、生活陪伴和关怀访视以及文教体娱乐等服务内容。2019年,中央政府进一步提出到2022年在街道层面至少建有一个具备综合功能的社区养老服务机构,用以提供全托、日托、上门服务和对下指导等工作;在社区层面建立嵌入式养老服务机构或日间照料中心,社区日间照料机构覆盖率达到90%以上。[①] 截至2019年年底,我国共有各类社区服务机构和设施52.8万个,其中社区养老照料机构和设施、社区互助型养老设施分别有6.4万个和10.1万个。[②]《2021年民政事业发展统计公报》显示,截至2021年年底,全国共有社区综合服务机构和设施56.7万个,社区养老服务机构和设施31.8万个(其中城市9.9万个,农村21.9万个)。

---

① 民政部《关于进一步扩大养老服务供给促进养老服务消费的实施意见》(民发〔2019〕88号)[EB/OL].(2019-09-20)[2021-03-02]. https://www.mca.gov.cn/article/gk/wj/201909/20190900019848.shtml.
② 民政部.2019年民政事业发展统计公报[EB/OL].(2020-09-08)[2021-03-02]. http://202.112.81.11/cache/4/03/images3.mca.gov.cn/661f8b65f8b352933 46eb7c52a0bff72/1601261242921.pdf.

2.1.3 机构养老服务

机构养老是指由各种提供住宿的养老机构为老年人提供的集中照料服务,服务内容一般包括食宿、医疗、康复、护理和生活照料等综合性服务。在过去的二十多年里,我国机构养老的发展主要围绕着增加供给和保证对困难老人托底保障这两条主线展开。早期的机构养老是以"养"为主,表现在政府通过兴建福利院收养三无老人、军烈属老人和鳏寡孤独老人等特殊群体。到20世纪90年代以前,除了无子女的老年人,大多数普通老人都受到子女的照料,基本没有为老人提供照料护理服务的机构(Brewer B, 1997; Ikels C, 1993)。20世纪90年代,社会福利机构开始面向社会成员提供有偿服务,养老机构在继续向特困老人提供服务的基础上,开始接收社会老人自费入住。此后,社会老人逐渐成为公办养老机构的主体,其中相当一部分老人的失能程度较低。由于服务和价格的双重优势,很多公办养老机构出现了床位供不应求的局面。2011年,国务院对公办养老机构的功能重新进行了定位,将其服务对象确定为失能和半失能老人。[①] 与此同时,从2013年开始,民政部和发改委等部门实施了一系列改革公办养老机构和鼓励社会力量参与养老机构运营的政策,我国的养老机构逐渐形成了公办、公建民营和社会办三种类型。2019年,国务院通过对养老产业进行"放、管、服"改革,对不同类型养老机构的作用进行了新的定位:公办及公建民营养老机构发挥兜底保障的作用,重点为经济困难的失能和失智老人和计划生育特殊困难家庭老人等提供无偿或低收费的养老服务,在满足上述人群需求的基础上,剩余床位可以向社会发放,并提出到2022年养老机构护理型床位占比不低于50%的改革目标[②];民办养老机构则主要为中高收入水平的社会老人提供服务。截至2019年年底,我国各类养老床位数由"十二五"时期的672.7万张增长至775.0万张,每千名老年人拥有养老

---

① 国务院办公厅关于印发《社会养老服务体系建设规划(2011—2015年)》的通知(国办发〔2011〕60号)[EB/OL].(2011-12-27)[2021-03-02].http://www.gov.cn/zhengce/content/2011-12/27/content_6550.htm.

② 国务院办公厅《关于推进养老服务发展的意见》(国办发〔2019〕5号)[EB/OL].(2019-04-16)[2021-03-02].http://www.gov.cn/zhengce/content/2019-04/16/content_5383270.htm.

床位数达到 30.5 张。①

2.1.4　医养结合

医养结合在我国的发展经历了一个从机构向社区和家庭扩展的过程。早期的医养结合主要集中在机构养老层面的结合,同时也鼓励医疗卫生服务与社区、居家养老的对接。② 经过几年的实践,我国医养结合也形成了几种形式:一是养老机构与周边医疗机构合作,如医疗机构为合作的养老机构开设就诊绿色通道,提供健康管理服务、上门服务等;二是养老机构开展医疗服务,例如养老机构开办老年病医院、护理院、临终关怀机构等,或在养老机构内设医务室、护理站;三是医疗机构开展养老服务,如在医疗机构内设护理病床、护理专区等;四是医疗机构与社区合作,为社区高龄、重病、失能老年人提供定期体检、上门巡诊、家庭病床、社区护理、健康管理等服务。2019 年,我国养老院以不同形式提供医疗服务的比例达 93%。③ 2016 年,健康中国战略提出到 2030 年我国平均健康预期寿命显著提高的具体目标,明确将促进老年医疗、医药和健康管理等方面工作和养老服务相结合。④ 2017 年,多部委联合发布《关于印发"十三五"健康老龄化规划的通知》,更为具体地指出健康老龄化的内涵是从生命全过程的角度,对所有影响健康的因素进行综合、系统的干预,营造有助于老年健康的环境,延长老人健康预期寿命,维持老人健康功能,提高老人健康水平,更加关注人们在全生命周期的健康状态和健康服务,倡导通过各类方

---

① 民政部.2019 年民政事业发展统计公报[EB/OL].(2020-09-08)[2021-03-02].https://www.mca.gov.cn/images3/www2017/file/202009/1601261242921.pdf.
② 国务院办公厅转发卫生计生委等部门《关于推进医疗卫生与养老服务相结合指导意见的通知》(国办发〔2015〕84 号)[EB/OL].(2015-11-20)[2021-03-02].http://www.gov.cn/zhengce/content/2015-11/20/content_10328.htm.
③ 民政部对"关于推进多渠道养老模式的建议"的答复(民函〔2019〕647 号)[EB/OL].(2019-07-23)[2021-03-02]. https://www.mca.gov.cn/article/gk/jytabljggk/rddbjy/201911/20191100021104.shtml.
④ 中共中央 国务院印发《"健康中国 2030"规划纲要》[EB/OL].(2016-10-25)[2021-03-02].http://www.gov.cn/xinwen/2016-10/25/content_5124174.htm.

式宣传健康老龄化理念,营造老年友好环境。① 为实现健康中国目标,2019年国务院指出,预防是最经济最有效的健康策略,提出全方位干预健康影响因素、维护全生命周期健康等具体任务,鼓励实施老年健康促进行动,普及健康知识,健全老年健康服务体系。② 同年,国家卫生健康委员会和发改委等八个部门联合发文,明确到2022年基本建立老年健康服务体系的目标,围绕健康教育、预防保健、疾病诊疗、康复护理、长期照护和安宁疗护等六个方面提出具体任务,通过政府购买等方式,支持形成从居家、社区到专业机构的失能老年人长期照护服务模式,推动健康老龄化目标的实现。③ 由此可见,健康老龄化已经成为我国养老服务体系建设的一个重要内容。

综上所述,当前中国已经基本形成了"居家为基础、社区为依托、机构为补充、医养结合"的多层次养老服务体系,为老年人提供包括生活照料、家政服务、康复护理和精神慰藉等在内的服务内容。社区养老和居家养老的本质相似,一般都将二者结合在一起,称作居家社区养老服务。我国各种养老模式的服务目标、服务内容等如图2-1所示。

居家养老服务	社区养老服务	机构养老服务	医养结合
服务目标:家庭为核心,社区为依托,专业化服务为依靠,为居住在家里的老年人提供解决日常生活困难为主要内容的社会化服务	**服务目标**:以家庭养老为主,社区机构养老为辅;以上门服务为主,托老所服务为辅,整合社会各方力量进行养老	**服务目标**:以养老机构为主导,为老年人提供解决日常生活困难的社会化养老服务模式	**服务目标**:将养老机构和医院相结合,将生活照料和康复护理相结合的一种新型养老服务模式
服务内容:生活照料、医疗服务和精神慰藉	**服务特点**:老人住在自己家里,继续得到家人照顾的同时,由社区机构和人士为老人提供上门服务或托老服务	**服务内容**:饮食起居、清洁卫生、生活护理、健康管理和文体娱乐活动等综合性服务	**服务内容**:生活护理、精神护理、老年文化、医疗康复保健(医疗服务、健康咨询服务、健康检查服务、疾病诊治和护理服务、大病康复以及临终关怀等)
主要形式:专业人员上门服务;社区日间服务中心提供日托服务		**存在形式**:养老院、敬老院	

图 2-1 我国养老服务体系的内容

资料来源:作者整理。

---

① 国家卫计委等十三部门关于印发《"十三五"健康老龄化规划》的通知[EB/OL].(2017-03-09) [2021-03-02]. http://www.nhc.gov.cn/lljks/zcwj2/201703/86fd489301c64c46865bd98c29e217f2.shtml.

② 国务院《关于实施健康中国行动的意见》[EB/OL].(2019-07-15)[2021-03-02]. http://www.gov.cn/zhengce/content/2019-07/15/content_5409492.htm.

③ 国家卫生健康委等八部门《关于建立完善老年健康服务体系的指导意见》(国卫老龄发〔2019〕61号)[EB/OL].(2019-10-28)[2021-03-02]. http://www.nhc.gov.cn/lljks/s7785/201911/cf0ad12cb0ec4c96b87704fbbeb5bbde.shtml.

2.2 需求和照料需求

2.2.1 需求和照料需求的概念

英文中的 need、demand 和 want 都有需要、想要或需求的意思。学者们有很多关于需求的研究，但是对需求的定义和所采用的评估方法、指标体系各异，没有较为一致的论断，甚至有些研究中对几个需求的定义存在混淆（王晓波，2015）。现代营销学之父菲利普·科特勒提出"An American **needs** food but may **want** a hamburger, when he gets money, it becomes **demand**"，其中欲望（wants）表示想要，"是指人的需要经过文化和个性塑造后所呈现的形式"。这也就是为什么如果一个美国人肚子饿了，他可能会点一份汉堡和薯条，而一个四川人可能会去吃一顿火锅。个人所处的社会塑造了他的欲望，欲望是用可满足需要的实物来描述的。如果有购买力作后盾，欲望就变成了需求（demands），也即 demand 表示为了满足需要而产生的消费行为（Kotler P，1980；Armstrong G，Kotler P，王永贵，2017）。

本书中的需求特指 need。需求（need）这一概念最先出现于心理学中，指人类最普遍、与生俱来的基本需求，最著名、最具有代表性的是亚伯拉罕·马斯洛（Abraham Harold Maslow）于 1954 年提出的需求层次理论，从低级到高级依次包括"生理需求（physiological need）、安全需求（safety need）、归属和爱的需求（belongingness and love need）、尊重需求（esteem need）和自我实现的需求（self-actualization need）"（Maslow A H，1954）。在经济学中，need 指人们对生活必需品的需要，"是感受到匮乏的状态，包括对食物、衣服、温暖和安全的物质需要，对归属和情感的社会需要以及对知识和自我表达的个人需要，这些需要是人类本能的基本组成部分"（Armstrong G，Kotler P，王永贵，2017）。后来 need 作为与健康相关的需求进入社会学和公共卫生相关的学科领域中，特别在促进健康方面屡被提及（Naidoo J，Wills J，2000）。

在卫生经济学和卫生服务领域，demand 代表的则是客观的所付诸的实际行动，比如老年人生病后是否去问诊、是否住院治疗，也即是否消费了服务；

want代表的是要求,"是居民要求预防保健、增进健康、摆脱疾病、减少致残的一种主观愿望",不完全由自身的实际健康状况决定,比如公众对政府的希望、建议等;而need指的是一种主观的偏好或诉求,这种偏好或诉求是不考虑个体的购买能力或支付能力的(Folland S,Goodman A C,Stano M,2011)。needs与demands存在一定的交集,needs在一定条件下可以转化为demands,但并非可以被充分转化为demands;实际中经常存在收入低支付不起医疗费用,或者虽然支付得起,但由于交通不便、医生态度不好、医疗技术差等原因而不愿意去看病而得不到所需要的服务,需要难以转化为需求的现象(如图2-2所示)。needs转化为demands,意味着needs被满足。

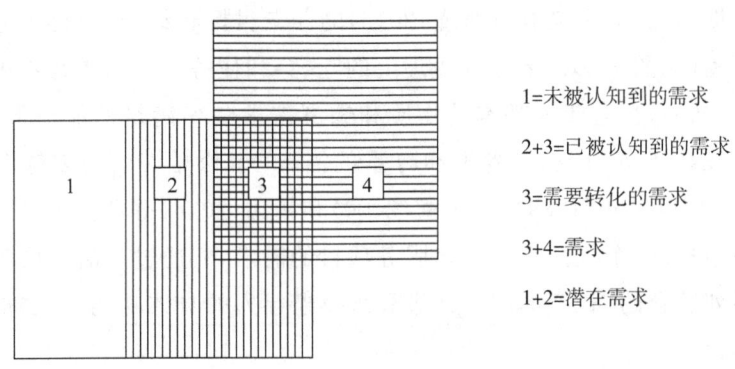

图2-2 needs与demands的关系

资料来源:吴明(2002)。

Bradshaw于1972年提出的四分类是对需求最经典的划分,即规范需求(normative need,也译作客观需求)、感觉需求(felt need)、表达需求(expressed need)和比较需求(comparative need)。规范需求是由专家或专业人员根据标准和实际情况评估是否存在某项需求,评估标准容易受到评估人员价值取向的影响。感觉需求是个体感觉是否存在需求,受个人看法和主观感受的影响,其本身不足以衡量评估对象的实际需求,会存在潜在需求、不愿意承认或过度夸大的情况。表达需求是个体主观表达出来的需求,需求有可能是真实的,也有可能不存在此项需求。比较需求通过对比接受服务人群的特征获得对需求的度量,如果具有类似特征的人群没有接受服务,即表示该类人群存在需求未满足或需求可能未得到满足的状况(Bradshaw J A,1972)。社会服务面临的最关键的问题之一是如何确定需求(Bradshaw J A,1972),老年人需求满足程度的研究也依赖于对需求的定义,这对理解国家如何设计与养老服务相关的政策至关重要(Vlachantoni A,2019)。

老年人的需求是心理健康和身体健康等各方面状况综合形成的结果(孙鹃娟,冀云,2017)。针对老年群体,Rose 于 1975 年提出了"3M"需求,即经济(money)、医疗(medical)和精神(mental)(Rose G,1975)。陈立行等人在福德(Forder)提出的老年人的需求(健康需求、经济需求、居住需求、心理及社会需求)的基础上进一步认为老年人的需求包括健康需求、经济需求、生活需求、精神需求和社会需求(陈立行,柳中权,2007)。张瑾在 2018 年归纳提出了老年人的需求包括生活、经济和精神方面的需求,将其与马斯洛的需求内容联系,再与国家提出的"五个老有"(张瑾,2018)的养老目标相结合,获得了老年人需求的分类图(见图 2-3)。老年人生理上的吃、穿和住等基本需求是不可或缺的(刘金华,2009),在老年人基本的物质和经济需求获得满足的前提下,有对来自家庭和社会环境的关心、爱护和尊重的需求(李松柏,2002;姜耀辉,田利,2017)。McCullough(1989)、裴晓梅(2009)和杨团(2016)等还提出老年人的需求是对健康护理、个人照料和社会服务项目的需求,应通过生活起居和治疗康复等一系列综合的、长期的服务促进和维持老年人的身体功能,增进他们独立生活的能力。

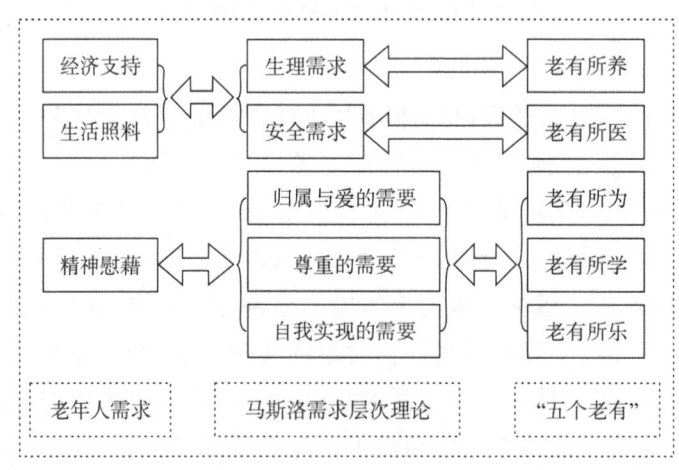

图 2-3 老年人的需求分类

资料来源:张瑾(2018)。

乔晓春(2020)基于马斯洛的需求层次理论建立了老年人的需求层次结

构。如图2-4所示,生理需求和生活需求是老年人最基本的需求,其中生理需求对应老年人的日常生活自理能力(ADL)的需求,包括洗澡、穿衣、如厕、转移、排泄和进食等;生活需求对应老年人的工具性日常生活活动能力(IADL),包括打扫房间、洗衣、出行、买菜、做饭、管理财务和使用电话等方面的需求。老年人的一般需求包括医疗需求、娱乐和健身需求、社会交往和融入需求以及自我实现需求,其中医疗需求包括看病、治疗、康复、取药和吃药等;娱乐和健身需求包括旅游、下棋、跳舞、书画和体育活动等内容(乔晓春,2020)。

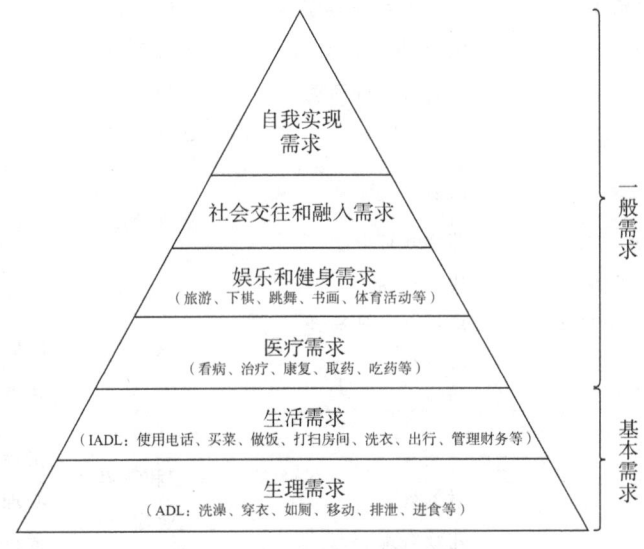

图2-4 老年人的需求层次结构

资料来源:乔晓春(2020)。

照料需求(care need)指老年人在生理和日常生活方面不能自理,需要持续和长期的生活照料服务(苏群,彭斌霞,2014)。照料需求由老年人的身体功能状态决定(尹尚菁,杜鹏,2012),涉及淋浴洗澡、梳头刷牙等个人卫生的护理,穿衣服和鞋子,往返于客厅、厨房、卧室和阳台的活动,如厕、吃饭、做饭和进行普通家务,使用电话和交通工具,购物和上下楼梯以及日间护理等内容,也即日常生活自理能力(ADL)和工具性日常生活活动能力(IADL)方面的需求(王大伟,2011;袁笛,陈滔,2019;Zhen Z H,Feng Q S,Gu D N,2013)。目前,我国老年人的生活照料需求、医疗保健需求和社会支持需求的满足渠道有家庭、社区和机构,详细的分类和对应的内容呈现在表2-1中。本研究中照料需求的概念对应于乔晓春(2020)老年人需求层次结构中的基本需求,但在

ADL 和 IADL 条目内容上有所区别。本研究中老年人照料需求的内容包括穿衣服、洗澡、吃饭、上下床、如厕和大小便六项 ADL 条目和做家务、做饭、购物、使用电话、药物处理和处理财务六项 IADL 条目。

表 2-1　老年人需求的内容及满足渠道

分类	生活照料		医疗保健	社会支持
	日常生活活动	工具性日常生活活动	预防和管理疾病	支持社会参与
家庭	家中的活动 个人卫生护理 提供饭菜	家政服务(普通家务) 购物/缴水电费用 出行和室外活动	家庭护理 保健营养 预防接种 远程医疗 姑息治疗	关心关爱 聚会社交 陪伴疏导
日照中心/社区卫生院	个人卫生护理 (助洁、助浴) 提供饭菜(助餐)	财务处理 药物管理 代购代缴 出行和室外活动 (助行)	健康管理 疾病预防 医疗康复 紧急救援	关怀访视 生活陪伴 心理咨询 情绪疏导 临终关怀 文教体娱乐服务
机构	饮食 起居 清洁 卫生	财务处理 药物管理 购物	康复护理 保健和营养 职业疗法 预防接种 健康档案 姑息治疗	情绪疏导 心理咨询 危机干预 探访服务 文教体娱乐活动

资料来源：作者依据国家相关的养老政策整理。

2.2.2　照料需求的评估

对照料需求的准确评估是提供有效照护和服务的重要依据(Diwan S, Moriarty D,1995)。随着长期照护服务和养老服务体系的发展，针对老年人的需求和照料需求所采用的评估工具可以归总为如下几类。

(1)坎伯韦尔老年人需求评估(Camberwell assessment of need for the elderly,CANE)。许多研究使用坎伯韦尔老年人需求评估(CANE)对老年人的需求和照料需求进行评估（Walters K，Iliffe S，Tai S S，et al.，2000；Szczepańska-Gieracha J，Mazurek J，Kropińska S，et al.，2015；Reynolds T，Thornicroft G，Abas M，et al.，2000；Orrell M，Hancock G，2004；Ferreira A R，Dias C C，Fernandes L，2016；Stein J，Luppa M，König H H，et al.，2014；Balsinha C，Marques M J，Gonçalves-Pereira M，2018；Orrell M，Hancock G，Hoe J，et al.，2008；Phelan M，Slade M，Thornicroft G，et al.，1995）。CANE是适用于医院、护理院和社区针对老年人的综合评估工具，涵盖了社会、身体、心理和环境需求的24个领域，是目前使用最广泛的对需求（包括照料需求）进行评估和测量的工具。CANE采用"自评＋他评"的方式，通过比较三方（老年人、他们的照料者和医护人员）的作答进行综合判定，已经被证实具有非常好的信度和效度，并且已经分别在内容和可靠性上于各个领域得到了验证（Reynolds T，Thornicroft G，Abas M，et al.，2000；Stein J，Luppa M，König H H，et al.，2014；Van Der Roesr H G，Meiland F J M，Van Hout H P J，et al.，2008）。CANE这种从多重视角评估长期照料需求的模式对初级的护理保健非常有用，还被护理人员用作了解老年人的需求范围和潜在需求并采取相关干预措施的指导方法。问题在于该评估方法对评估人员的要求较高，需要具备临床相关的专业知识或经验以有效地识别需求。另外，使用这类工具执行评估比较耗时，需要一种以现有信息为基础，着眼于需求或照料需求并可以用来触发全面评估过程的耗时更短、更实用和更友好的工具（Crome P，Phillipson C，2000）。对于临床实践而言，相关研究认为针对特定人群中最普遍的自我感知需求或照料需求的工具可能更合适（Illiffe S，Lenihan P，Orrell M，et al.，2004）。有些研究直接对老年人自我感知的需求进行评估，也被认为能够提供老年人有关需求和照料需求的重要信息（Rowland D，1989；Smith F，Orrell M，2007；Epstein R M，Street R L，2011；Hoogendijk E O，Muntinga M E，Van Leeuwen K M，et al.，2014）。

（2）日常生活活动能力（activities of daily living，ADL）。ADL最初是由Katz开发的一套常用来评估老年人基本日常生活功能的工具，Katz指数（Katz Index）也被称作ADL指数，评估的失能程度从最低到最高依次包括洗澡、穿衣、上厕所、床上位置转换和吃饭等。根据Katz的标准，这组ADL代表了层次结构或累积程度，一个人洗澡存在困难并不意味着存在其他方面的功能限制，但吃饭存在困难则会伴随着其他方面的功能限制，如无法自行洗澡和穿衣服。Katz版本的量表操作简单、使用普遍，是评估老年人日常生活活动能力最相宜的工具（Wallace M,Shelkey M,2007；Shelkey M,Wallace M,2000）。在后来的研究和实践中，研究者根据不同的文化背景和社会风俗对Katz指数的有些条目进行了修改以确保评估内容的适当性和相关性。MDS（The Minimum Data Set）版本的ADL包括八项条目：床上位置转移、家中的活动、床椅转移、上厕所、吃饭、个人卫生护理、穿衣服和洗澡（Natick M,1991）。美国Florence Mahoney和Dorothy Barthel设计提出的Barthel指数中的ADL包括进食、如厕、行走和上下楼梯、洗浴、修饰、控制大便和小便、穿衣服和床椅转移等内容（Wade D T,Collin C,1988）。interRAI（国际居民评估工具）中的ADL条目有洗澡、个人护理、穿上身衣服和穿下身衣服、行走、移动、上厕所、床上位置转移和吃饭。[①] ADL具有明确的失能界定标准和非常高的信效度，指标条目也被广泛用作评估老年人日常生活照料需求的工具（Williams J,Lyons B,Rowland D,1997；Katz S,Akpom C A,1976；Katz S,1979；Shelkey M,Wallace M,1999）。

（3）工具性日常生活活动能力（instrumental activities of daily living,IADL）。ADL反映的是老年人日常生活自理的能力，而IADL是维护和支持老年人进行社会活动的基本（宋新明，齐铱，2000）。通常来说，IADL用于考察老年人进行日常家庭事务的能力，一般由5～15个条目组成，基本包括了使用交通工具、购物、做普通家务、财务处理和做饭等内容，具体的条目内容取决于使用的IADL量表的版本。目前IADL已经被广泛用于研究和制订与服务相关的计划，对老年人来说首先是对ADL内容的需求，然后是对IADL内容的需求。IADL比ADL要求的复杂程度更高，对老年人的身体功能也更具有挑战性（Spector W D,Katz S,Murphy J B,et al.,1987），并且更多地与社区而不是机构相关，如做饭和普通家务（Allen S M,Mor V,1997），即相比于ADL，对社区老年人来说更容易存在IADL依赖（Williams J,Lyons B,Rowland D,1997；Lawton M P,Brody E M,1969）。MDS版本的IADL包括做普通家务、财务管理、处理药物、做饭、打电话、购物和乘坐交通工具出行七项内容（Natick M,1991），interRAI中的IADL条目包括做家务、财务管理、处理药物、做饭、拨打电话、上下楼梯、购物和乘坐交通工具。[②] 同样，IADL的这些指标条目也

---

① The interRAI Organization. Home Care (HC). [EB/OL]. [2021-03-26]. http://www.interrai.org/home-care.html.

② The interRAI Organization. Home Care (HC). [EB/OL]. [2021-03-26]. http://www.interrai.org/home-care.html.

被广泛用作评估老年人日常照料相关的需求。

(4)症状和医疗状况(symptoms and medical conditions)。疾病和并发症也是衡量身体功能和残疾情况、预测死亡以及照料需求的重要指标。身体功能存在限制的老年人更有可能患有慢性病和需要照料服务,相关的指标包括视力、失禁、听力和精神状态等。常见的有测量老年人认知状态的简易智力检查量表(mini-mental state examination,MMSE)。MMSE用于对语言、注意力和记忆力的评估,具体内容有定向力(地点定向力、时间定向力)、记忆力(即刻记忆)、延迟记忆、视空间、计算力和注意力以及语言能力(Folstein M F,Folstein S E,McHugh P R,1975)。其他与认知相关的量表还有简易精神状况量表(short portable mental status questionnaire,SPMSQ)(West R L,Welch D C,1999)、蒙特利尔认知评估量表(the Montreal cognitive assessment,MoCA)(Nasreddine Z S,Phillips N A,Bédirian V,et al.,2005)和老年人认知功能筛查量表(the cognitive abilities screening instrument,CASI)(Chiu D,Homma A,Imai Y,et al.,1994)等。

(5)国内外其他相关的评估和测量工具。桂前、严姝霞和王燕君等在2018年对国外养老机构护理需求的评估工具进行了总结和介绍(桂前,严姝霞,王燕君,等,2018),如表2-2所示。常用的评估量表除了CANE和interRAI外,还有护理依赖量表(care dependency scale,CDS)、老年护理资助工具(aged care funding instrument,ACFI)和护理需求评估工具(nursing needs assessment tool,NNAT),本书不再展开叙述。

国内还有一些针对需求和照料需求的评估工具,如有些研究自行研制了评估工具(金星,李春玉,顾瑗,等,2003;蒋丽娜,2003),但对需求的内容、种类和水平未展开深入分析,也没有明确量化的标准(曾友燕,王志红,周兰姝,等,2006)。2004年上海市社会福利行业协会开发了用于居家养老服务需求的评估工具,涵盖了老年人的生活自理和认知能力等六个方面,根据评估结果提供相应的服务项目和补贴。这一工具主要集中于老年人生活护理方面的评估,工具的研发表明我国养老服务的评估有了发展和进步,但是主观性较强,表现在评估方法上依赖于评估者的经验和观察。

在此之后,国家和地方政府(如上海、北京和广州)针对老年人的需求(包括照料需求)评估工作出台了一系列的政策。《上海市老年照护统一需求评估

表2-2 国外养老机构护理需求评估量表比较

量表名称	评估者	评估时间	使用场所（人群）	评估结果（划分等级）	优点	局限性
CANE	自评+他评	≤30 min	医院、护理员、社区（精神障碍老人）	将每项护理需求分为3个等级（0＝不需要；1＝满足需求；2＝未满足需要）	①具有心理学测量特征；②从多重视角进行评估	对评估人员有一定的临床专业需求，评估人员需要具备识别需求的能力
interRAI-LTCF	他评	40～60 min	长期照护机构	—	①可实现转介医疗的连续性；②具有成熟的网络平台管理	①耗时长；②无法进行需求等级划分，不适合我国国情
CDS	自评+他评	5～15 min	医院、护理员、社区（老年人及外科患者）	将每项护理需求划为5个等级（完全依赖＝1；很大程度依赖＝2；部分独立＝3；大部分独立＝4；几乎独立＝5）	①具有心理学测量特征；②操作简单	①评估内容维度主要为日常生活活动及社会心理方面，不全面；②评估人员专业性要求高
ACFI	他评	—	养老机构	将每项护理需求划为4个等级（标准护理；监督；中度援助；全力资助），最终划分为9个资助类别	①可以捕捉到老人的护理成本；②评估内容覆盖全面，需要时可增添其他评估内容	整合性评估，评估过程较为繁琐，评估人员工作负担大
NNAT	他评	—	护理院	将总体护理需求分为3个等级（低、中、高）	①强调"以人为本"理念；②突出护士在评估中的核心作用；③将护理需求按等级划分，符合中国国情，可以借鉴其理论框架	并未大范围使用，其适用性有待进一步研究

资料来源：桂前，严林霞，王燕君，等（2018）。

及服务管理办法》规定,评估人员使用《上海市老年照护统一需求评估调查表》对有需求的老年人进行现场评估。① 2019年3月发布的《关于印发〈北京市老年人能力综合评估实施办法(试行)〉的通知》规定,对申请享受养老服务或照护服务政策待遇的老年人开展能力综合评估和照护需求评估工作,依据评估结果提供照护和康复护理服务、配置康复辅助器具和办理护理补贴等。② 2019年国家卫生健康委员会、中国银行保险监督管理委员会联合国家中医药管理局发布的《关于开展老年护理需求评估和规范服务工作的通知》中提出了《老年人能力评估标准表(试行)》,对需要护理的60岁及以上的老年人的照护需求评估工作做了详细规定,评估的具体内容有日常生活活动能力、精神状态与社会参与能力、感知觉与沟通能力等。③ 这是国家层面目前最权威的老年需求评估规定和工具,其中也包括了对老年人照料需求的评估。广州市民政局和财政局2020年12月关于印发《广州市老年人照顾需求评估管理办法(试行)》的通知中规定按照统一的评估标准,由符合条件的专业评估人员开展定点评估或入户评估,明确老年人的能力和照顾需求等级,作为申请基本养老服务与服务补贴的基础。④ 除此之外,江苏、青岛等地方政府也已经开展了对老年人照顾需求的评估。国家和地方政府评估老年人照护需求的相关规定及做法,具有评估体系和评估内容涵盖范围广泛、由具有资质的专业人员进行评估、评估的标准客观操作性强、评估结果为安排相关的服务和补贴提供依据的特点。

总之,目前国内外广泛采用CANE、ADL和IADL等一系列工具评估老

---

① 上海市人民政府办公厅关于印发《上海市老年照护统一需求评估及服务管理办法》的通知(沪府办规〔2018〕2号)[EB/OL].(2018-01-05)[2021-03-02].https://www.shanghai.gov.cn/nw43203/20200824/0001-43203_55034.html.
② 北京市民政局等七部门关于印发《北京市老年人能力综合评估实施办法(试行)》的通知(京民养老发〔2019〕42号)[EB/OL].(2019-03-14)[2021-03-02].http://mzj.beijing.gov.cn/art/2019/3/25/art_413_314770.html.
③ 国家卫生健康委员会 中国银行保险监督管理委员会 国家中医药管理局《关于开展老年护理需求评估和规范服务工作的通知》(国卫医发〔2019〕48号)[EB/OL].(2019-07-25)[2021-03-02].http://www.nhc.gov.cn/yzygj/s7631/201908/426ace6022b747ceba12fd7f0384e3e0.shtml.
④ 广州市民政局 广州市财政局关于印发《广州市老年人照顾需求评估管理办法(试行)》的通知(穗民规字〔2020〕14号)[EB/OL].(2020-12-28)[2021-03-02].http://mzj.gz.gov.cn/gkmlpt/content/7/7001/post_7001782.html#345.

年人的需求和照料需求，国内也出台了不少针对老年人需求和照料需求进行评估的规定和管理办法。一些研究采用老年人患慢性病状况、自评健康状况等间接指标测量老年人的照料需求。间接指标的测量结果并非代表这类群体对照料服务有需求，有无照料需求还受家庭和社会支持的影响，老年人的照料需求可能被错误评估了，因为家庭和亲友的可及性会减少老年人对正式照料的依赖。

2.2.3 照料需求的发生率

老年人中存在广泛的照料需求，他们的身体健康问题、残疾和精神障碍的发生率很高，对健康和社会服务也有非常高的需求（Banerjee S，1998）。对加拿大的研究发现，33%～67%的老年人存在 ADL 和 IADL 相关的需求（Carrière G，2006），痴呆老年人的 ADL 或 IADL 需求的发生率为 9%（Forbes D A，Jansen S L，Markle-Reid M，et al.，2008）。1994 年美国有 1200 万人有长期照料相关的服务需求，其中 65 岁及以上需要长期照料服务的老年人有 730 万人（Lima J C，Allen S M，2001）。国内相关研究发现，老年人在 ADL 的六个方面至少有一项需求的比例为 17.5%（周云，柳玉芝，陈明灼，等，2010）。中国老年健康调查（Chinese Longitudinal Healthy Longevity Survey，CLHLS）的结果显示，我国总体上有 50%～60%的老年人存在日常生活照料需求，其中由于老年人自理和健康状况改善，身体照料相关的需求 2002—2008 年平均每年变化 1.3%；城市老年人的身体照料需求和疾病照料需求均高于农村老年人，养老院的老年人身体照料需求最高；独自居住和与家人共同居住的老年人对普通家务的需求相差不大，丧偶或离婚等婚姻状况的老年人对普通家务的需求和认知相关的照料需求分别都是有配偶老年人的 2 倍（黄匡时，2014a、2014b）。ADL 条目中老年人最大的需求是洗澡，IADL 条目中女性老年人最需要洗衣和做饭的帮助（尹尚菁，杜鹏，2012）。

分地区的研究发现，北京市城区老年人病后的照料需求高于农村老年人（刁丽君，汤哲，孙菲，2005）。石家庄居家老年人对日常生活、医疗护理和社会服务的各项需求均达到了 50%以上（张瑞丽，李慧娟，郭莉，等，2009）。对云南昆明机构和居家老年人健康方面的需求进行比较发现，分别有 11.8%和 37.3%的机构老年人和居家老年人存在自理困难和活动受限，需要 ADL 相关的照料服务（张河川，岑晓钰，郭良骥，2010）。除了照料需求之外，相关研究还发现随着老年人的年龄增长和身体机能下降,活动受限和抑郁的可能性的增加会使老年人产生更多精神方面的需求(Bookwala J,Zdaniuk B,Burton L,et al.,2004)。37%居住在公共住房中的非裔美国老年人需要心理健康相关的服务(Black B S,Rabins P V,German P,et al.,1997),巴尔的摩的这一群体中有57.6%的老年人需要精神方面的服务(Rabins P V,Black B,German P,et al.,1996)。对北京市老年人非医疗服务需求的研究发现,城区、城乡接合部和郊区农村老年人对社区服务的需求分别是51.4%、36.7%和14.1%,最需要的前三项服务分别是提供娱乐场所、非医疗应急帮助和心理慰藉(孙菲,汤哲,刁丽军,等,2005)。

2.2.4 照料需求的影响因素

需要照料的老年人是一个多样化的群体,包括体弱多病、瘫痪在床,以及虽然具有一定的日常生活自理能力,但由于身体或精神上的障碍偶尔需要帮助的老年人,他们的照料需求因年龄、性别和婚姻状况、居住地、经济状况、家庭和社会支持以及服务的可及性等而存在差异。

(1)年龄和身体状况。老年人的照料需求随着年龄的增加而增加,高龄老年人(80岁及以上)需要的照料需求最大(纪竞垚,2018;袁小波,2007)。70岁以下的老年人相对来说更加活跃并且具有更多的独立性,但是这部分老年群体的基数大,即使是其中一小部分的老年人需要照料,需要照料的总人数也会很多。70～80岁可以被视为从相对独立到依赖的过渡时期,这一过渡期也会带来风险和照料需求无法预料的情况。与身体机能相关的慢性疾病的数量也随着老年人年龄的增加而增多,共病(如共同患有糖尿病和高血压等两种及以上的慢性疾病)显著增加了他们对生活照料和医疗保健需求的强度(Sousa R M,Ferri C P,Acosta D,et al.,2010;Dunlop D D,Manheim L M,Sohn M W,et al.,2002;Wang X X,Lin W Q,Chen X J,et al.,2017)。老年人身体虚弱,丧失自主性(Pingquart M,Sörensen S,2002),与日常生活照料相关的需求也越来越多(Liu L J,Fu Y F,Qu L,et al.,2014)。

(2)性别和婚姻状况。女性老年人具有更高的预期寿命,但她们的健康状况通常比男性老年人更差,相关研究也发现女性老年人倾向于报告或者实际具有更大的照料需求(苏群,彭斌霞,2014;袁小波,2007;Zeng Y,Vaupel J W,Xiao Z,et al.,2019)。对女性老年人来说,她们的照料服务标准也高于男性老年人;男性老年人因整理家居、洗衣扫地等普通家务相关的工作没有完成而受到的困扰较小,而如果房间凌乱、无法清洁整理会被女性老年人看作是日常生活活动相关的需求未有效满足,但已婚女性老年人相对于未婚女性老年人来说,这一影响不大(Lima J C,Allen S M,2001)。部分原因也是女性普遍结婚早、寿命长,相比男性老年人更容易在以后的生活中没有配偶陪伴和照料,如缅甸一半以上的老年妇女丧偶,而男性丧偶的比例仅有五分之一。[①] 在配偶去世后,女性老年人比男性老年人更有可能与子女中的某一个居住在一起,而男性老年人在配偶去世后更倾向于选择独自生活(Zeng Y,Vaupel J W,Xiao Z,et al.,2019)。

(3)国家、地区和城乡因素。老年人所在的国家和地区不同,拥有的照料需求也不尽相同;同一国家内的不同地区,同一地区的农村和城市老年人的照料需求也存在差异。相关研究表明,中国和印度等国家农村地区的生活条件和获得服务的状况较差,城市和农村老年人所需要的照料服务存在较大的差异,农村相比城市老年人来说有更多的照料需求(Cai F,Giles J,O'Keefe P,et al.,2012;Brinda E M,Kowal P,Attermann J,et al.,2015)。但一项针对中国老年人的研究发现,老年人生活在农村还是城市,地处东部地区、中部地区还是西部地区,对他们的照料需求不产生影响(黄匡时,2014a、2014b)。

(4)社会经济状况。教育程度、职业、资产和收入等代表人们社会经济地位的因素影响了老年人的照料需求(Melzer D,Izmirlian G,Leveille S G,et al.,2001;Grundy E,Glaser K,2000)。除了从非正式照料者处获得照料服务之外,贫困老年人不太可能有能力支付正式服务的费用。除非某些特殊或紧急情况,否则政府也很少提供日常活动和出行方面的免费服务(Çelebioğlu A,Çiçeklioğlu M,2013)。老年人,尤其女性老年人的养老金和社会保障水平有限,限制了她们获得照料服务的能力(Zeng Y,Vaupel J W,Xiao Z,et al.,2019;黄匡时,2014a)。还有一种情况是无论经济状况如何,老年人通常都会拒绝付费的照料服务以免给家庭造成经济负担。大多数老年人与家人一起生活,许多照料需求在家庭中获得了满足(Zeng Y,Vaupel J W,Xiao Z,et al.,2019;Zimmer Z,Kwong J,2003)。年长的父母选择与子女生活在同一个家庭中,在经济上相互依赖:他们会帮助家庭照顾孙子女和做普通家务,成年子女

[①] HelpAge International. The Situation of Older People in Myanmar[EB/OL].[2021-03-02]. http://www.helpage.org/download/545b53c87f3e4.

也能够满足老年人吃饭和穿衣等最基本的需求(孙鹃娟,2013;Li H,Tracy M B,1999;张晓雷,2016)。但如果老年人需要更多的照料服务,则需要成年子女减少工作时间或牺牲工作机会,这会使家庭更加贫困(陈皆明,陈奇,2016)。

(5)家庭和社会支持。老年人家庭中有无照料者或其他的社会支持资源对他们的日常生活活动和照料需求产生了影响(孙鹃娟,杜鹏,2017)。Cantor提出的层次补偿模型(the hierarchical-compensatory model)将老年人置于一系列同心圆的中心(照料的中心地位),每一个同心圆包含不同种类的支持;该模型中,照料者的选择遵循照料者与老年人之间关系的优先顺序,范围从中心的非正式到外围的正式。老年人更可能寻求配偶的帮助,比如清洗护理和情感支持;在配偶缺席(亡故等)的情况下,他们转向求助其他的家人和亲戚,然后求助朋友或邻居。这些非正式组织是老年人首先也是最频繁接触的,为老年人提供了广泛的照料基础。志愿组织、政府提供的服务以及政治经济体制处于该系统的最外围,也是老年人最不经常寻求帮助的对象。在正式和非正式支持系统中间是类正式(准正式)支持系统(如宗教),充当着个人与社会之间的纽带,类似于非正式网络,有时候也提供非正式的帮助(Cantor M H,1979;Cantor M H,1991)。在研究领域和现实生活中,也都将有配偶和子女视为照料可及性和有照料资源的重要指标(Morgan M,Patrick D L,Charlton J R,1984),例如已婚老年群体中配偶提供照料者占多数,而丧偶女性老年人中女儿提供照料者居多(Lima J C,Allen S M,2001)。尽管性别期望或角色期望对照料需求的获得有影响,但是否有适当的照料者和社会支持非常重要。

(6)其他与服务相关的因素。服务的可用性(availability)、可及性(accessibility)、可负担性(affordability)、可接受性(acceptability)以及对服务的了解和知悉(recognition of need / knowledge of services)都会对老年人的照料需求产生影响。可用性指代资源,如是否有服务递送;可及性涉及交通等相关问题;可负担性涉及服务的费用高低;可接受性指代所提供服务的吸引力,涉及个人、社会文化以及对服务使用的态度等;对服务的了解和知悉可以理解为个体意识到自身存在障碍并认为存在潜在的补救措施。有些老年人即使身体失能,也未必会意识到自己需要某项服务,比如行动不便的老年人认为自己能够如厕且不需要辅助设施和他人的协助(Diwan S,Moriarty D,1995)。

2.3 需求满足程度和未满足需求

2.3.1 需求满足程度和未满足需求的概念

需求的满足程度是指老年人的需求在多大程度上得到了满足(Kennedy J,2001)。未被满足的需求被认为是重要的临床和研究目标,也被视为重要的生活质量指标(Kane R,Boult C,1998;Mor V,Guadagnoli E,Rosenstein R,1991)。基于是否有需求以及需求的满足程度,可以将需求划分为无需求(no need)、需求完全得到满足(met need)、需求未完全得到满足或需求部分得到满足(under-met need)以及需求完全未满足(unmet need)(Williams J,Lyons B,Rowland D,1997)。有需求但无人提供服务或有人提供服务但提供的服务不足以满足需求是两种不同的内容,都会产生未满足需求,前者是需求完全未得到满足,后者是需求仅部分得到了满足(Lima J C,Allen S M,2001)。

一些研究采取绝对和相对的方法定义需求的满足程度。绝对的定义方法将需求的满足程度直接分为需求未满足和需求得到满足,主要用于识别有需求但是没有得到任何帮助的对象(Vlachantoni A,2019;Allen S M,Piette E R,Mor V,2014;Davey A,Takagi E,Sundstrom G,et al.,2013;Low L F,Fletcher J,Gresham M,et al.,2015;Vlachantoni A,Shaw R,Willis R M,et al.,2011)。相对的方法在未满足需求的定义中进一步区分了需求部分得到满足或需求未完全满足的内容,可以用于识别存在某些困难或仅在获得相关帮助的情况下才能进行特定活动的对象(Maplethorpe N,Darton R,Wittenberg R,2015;Freedman V A,Spillman B C,2014;He S,Craif B A,Xu H,et al.,2015;Laplante M P,Kaye H S,Kang T,et al.,2004)。如果老年人报告他们没有得到足够的帮助,需要获得更多的帮助或在轮候名单中等待服务,都被认为存在需求未满足(Depalma G,Xu H,Covinsky K E,et al.,2013)。还可以从主观和客观、社会层面定义需求的满足程度。主观方面是个人感觉的需求的满足程度,比如对舒适的感受和同情的共鸣;客观方面是经过客观诊断的需求的满足程度;社会层面如为老年人提供日托服务或由非正式护理人员为他们提供志愿服务(Schölzel-Dorenbos C J M,Meeuwsen E J,Olde Rikkert M G M,

2010)。从主观需求的角度出发,还可以表述为感知的需求得到满足(self-perceived met need)和感知的需求未满足(self-perceived unmet care need)或需要更多的帮助(self-perceived under-met care need)。

将未满足需求与国家和地区的政策与环境联系起来,一些研究提出未满足需求与老年人从政府等相关部门获得帮助的资格挂钩(Dunatchik A A,Icardi R,Roberts C,et al.,2016),认为未满足需求是老年人获得的支持程度与国家针对不同状况的人群给予的平均护理支持计划之间的差距(Forder J,Fernandez J L,2010);未满足需求还被定义为"解决健康问题所必需的服务与实际接受的服务之间的差异,也即缺少充分的或适当的照料和服务"(Carr W,Wolfe S,1976)。Allin 等人提出当个体没有获得可以改善他们健康状况的有效服务时就会出现未满足需求,但由于资源有限,一些未满足需求是可以接受的;还提出了五种主观的未满足需求的可能,即潜在的未满足需求、主观的未满足需求、非自主选择的未满足需求、诊断的主观未满足需求和主观的未满足期望(Allin S,Grignon M,Le Grand J,2010),具体的内容和解释整理在表 2-3 中。

表 2-3 一种主观的未满足需求的分类

分 类	内容和解释
潜在的未满足需求 (unperceived unmet need)	个体没有意识或者未察觉到存在某项需求,例如患者在高血压的初期未表现出任何症状
主观的未满足需求 (subjective, chosen unmet need)	认为自己有某项需求但主观选择不使用该项服务,或基于个体选择和偏好去寻求补充或替代的服务
非自主选择的未满足需求 (subjective, not-chosen unmet need)	认为自己需要某项服务,但由于生活在偏远地区交通不便、贫穷负担不起费用等而无法获得该项服务
诊断的主观未满足需求 (subjective, clinician-validated unmet need)	个人认为需要且获得了该项服务,但可能未得到适当的治疗,如因为缺少服务质量的信息只能知悉是否使用了服务和使用了多少
主观的未满足期望 (subjective unmet expectations)	个人认为自己需要某项服务并得到了该项服务,但认为没有得到最合适的照料;是个体关于服务是否充分的评价

资料来源:作者根据 Allin S,Grignon M,Le Grand J(2010)整理。

由此可见,未满足的需求是一种评估,即个体没有得到服务或所获得的服务并不充分(Orrell M,Hancock G,2004;Illiffe S,Lenihan P,Orrell M,et al.,2004;Morrow-Howell N,Proctor E,Rozario P,2001;Desai M M,Lentzner H R,Weeks J D,2001),也可以是缺乏正式(社区和机构等)和非正式(配偶、子女和亲友等)的帮助或缺乏充分的帮助以解决问题(Hoogendijk E O,Muntinga M E,Van Leeuwen K M,et al.,2014;Sands L P,Wang Y,McCabe G P,et al.,2006)。减少未满足需求的压力,精准发展居家和社区养老服务,对日常生活活动的未满足需求和相关关系的研究非常重要,也是政策制定者优先考虑的事项(Vlachantoni A,2019;Desai M M,Lentzner H R,Weeks J D,2001)。本研究同意并认可上述研究中对需求满足程度和未满足需求概念的定义,认为老年人的需求满足程度是指他们的需求在多大程度上得到满足;未满足需求是需求满足程度中的一项分类,体现在老年人中存在需求但无人提供服务或有人提供服务但提供的服务不足以满足需求。本研究结合研究目的和现有的研究资料将需求满足程度的分类进行调整,分为需求得到满足(包括完全得到满足和部分得到满足)和需求未得到满足(即完全未得到满足)两类。

2.3.2 未满足需求的测量

对需求满足程度和未满足需求有诸多的测量方法,未满足需求的概念中映射的一些评估和测量指标也可用于阐明未满足需求的特定维度(Vlachantoni A,2019),比如从参与者、专业医生和照料者视角对需求的满足程度进行评估,或对不同的居家和社区老年人的需求满足程度进行比较(Stein J,Liegert P,Dorow M,et al.,2019;Casado B L,Van Vulpen K S,Davis S L,2011;Casado B L,Lee S E,2012)。相关的测量和评估方法可以归总为如下几个方面:

(1)客观评估与主观态度相结合。在需求和照料需求评估工具的基础上,进一步对照料需求的满足程度和存在的未满足需求进行评估和测量,如CANE、ADL和IADL。①如前所述,CANE除了能对需求和照料需求进行测量和评估外,还能对需求满足程度进行评估,并被认为能够成功地识别出未满足的需求(Reynolds T,Thornicroft G,Abas M,et al.,2000;Orrell M,Hancock G,2004)。该工具对每一项针对老年人需求的回答设定了如下几个等级:无需求(no need)、需求得到满足或部分满足(met / partially met need)和需求未满足(unmet need),进一步用于对老年人的需求满足状况和未满的需求状况进行测量,老年人的需求(包括照料需求)和需求满足程度的详细内容呈现在图 2-5 中。②基于 ADL 和 IADL,结合主观态度对老年人的日常照料的需求满足程度进行测量和评估。具体的操作方法是首先使用 ADL 和 IADL 评估老年人的需求,在此基础上继续询问他们对需求满足程度的态度(Peng R,Wu B,Ling L,2015;Allen S M,Mor V,1997;Kennedy J,2001;Hass Z,Depalma G,Craig B A,et al.,2017;Sands L P,Wang Y,McCabe G P,et al.,2006;Choi N G,McDougall G,2009;Hu B,Wang J,2019;Carpenter G I,2006;Lawton M P,Brody E M,1970;Morris J N,Fries B E,Morris S A,1999;Liu Y H,Chang H J,Huang C C,2012;Snowden M,McCormick W,Russo J,et al,1999)。在所选的评估条目中,如果老年人有一项内容需要帮助但却没有人提供帮助,或者虽然有人提供帮助但是提供的帮助不足以解决问题,都表示老年人日常生活中存在需求未被满足的情况。这种测量方法相对来说易于操作,结果较为客观可靠。相关研究也证实了 ADL 是未满足需求的最强预测因子,对特定 ADL 的未满足需求进行评估,还有助于理解人口老龄化的严重程度(Desai M M,Lentzner H R,Weeks J D,2001;Tennstedt S,McKinlay J,Kasten L,1994;Gibson M J,Verma S K,2006)。图 2-6 是利用 ADL 和 IADL 对需求满足程度和未满足需求进行测量的程序。

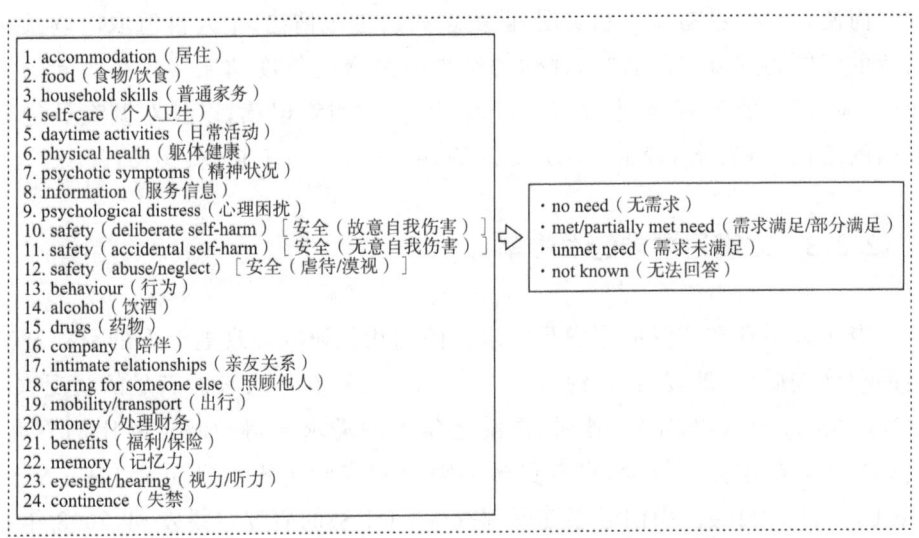

图 2-5 坎伯韦尔老年人需求评估对需求满足程度的测量

资料来源:作者根据 Reynolds T,Thornicroft G,Abas M,et al.(2000)整理。

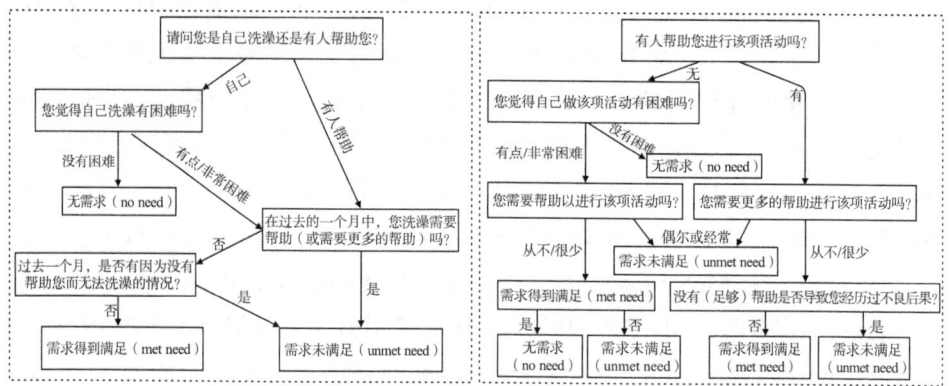

图 2-6 未满足需求指数(以洗澡为例)和对需求满足程度测量的改进

资料来源:左图来源:Allen S M,Mor V(1997);右图来源:Quail J M,Wolfson C,Lippman A (2011)。作者进行了整理。

(2)直接询问主观态度。这种方法直接提问被访者"日常生活照料相关的服务能满足您的需求吗?(可以满足/无法满足)""在多大程度上能够满足您的需求?(完全不能/基本不能/完全可以)""您是否还需要更多的服务?(需要/不需要)"等,以测量老年人的照料需求的满足程度。如果老年人回答"无法满足""需要更多的服务"等,则认为他们存在未满足的照料需求。这种测量方法简便、直接,容易操作和实现,但受被访者主观情绪、个人价值取向以及访问者的问题表述方式的影响,评估的结果容易遭受信度的质疑。在实际的操作中,应"尽可能简单、清晰地表述问题,不使被访者误读,以及对调查员进行严格的培训"(Wang J,Zhou B,Zheng W,et al.,2009;王晓波,2015)。

2.3.3 未满足需求的发生率

老年人中存在广泛的未满足需求。国内相关研究发现老年人的需求被满足的程度较低(王琼,2016),约有60%的老年人存在需求未被满足的状况(Gu D N,Vlosky D A,2008)。独居、高龄老年人的需求未得到满足的比例更高;空巢老年人的家庭支持少,也有更多的需求和未满足需求(Liu L J,Fu Y F,Qu L,et al.,2014)。中国老年健康调查(CLHLS)的研究结果发现,2008年相比2005年中国80岁及以上的老年人的未满足需求的发生率高,农村和城市均有50%的老年人的需求未得到有效满足(Peng R,Wu B,Ling L,2015)。未满足需求也是失能老年人长期照护中的普遍问题(吴丹贤,高晓路,2020)。我国当前 500 万失能老年人的照料需求完全未得到满足,9%居家失能的老年人中有 41%的老年人有家人照料且需求能够完全满足,有 54%的老年人的需求仅得到了部分满足,而 4%的老年人的需求完全未得到满足;独居老年人中,63.1%的照料需求未得到满足(陈娜,王长青,2020)。分地区来看,针对南京 15 个社区中的居家失能老年人的研究发现,93.1%的失能老年人至少存在一项照料需求未得到满足,ADL 条目中需求未得到满足的比例从 4.6% 到 77.2%不等(陈申,2018;Chen S,Zheng J,Chen C,et al.,2018)。对北京 5 个社区的研究发现,超过 40%的失能老年人的个人护理需求和生活照料需求均未得到充分满足,19.4%的自理老年人的生活照料需求未得到满足(吴丹贤,高晓路,2020)。我国中部地区和农村地区的失能老年人是高风险人群,存在的未满足需求较多(曹杨,Mor V,2017)。分城乡来看,城市和农村老年人的需求满足程度以及未满足需求的状况存在差异(Gu D N,Vlosky D A,2008)。在浙江展开的研究发现,农村地区仅有 5.9%的失能老年人报告接受了正规的护理,而 36.9%的城市失能老年人报告接受了正规的护理,即农村老年人需求未得到满足的比例高于城市老年人需求未得到满足的比例(Li M,Zhang Y,Zhang Z,et al.,2013)。相关研究还发现,大约 60%的城市居家失能老年人和 50%的农村居家失能老年人的需求部分未获得满足,分别不到 3%和 6%的城市和农村居家失能老年人的需求完全未获得满足(曹杨,2017)。总之,国内无论针对某个城市还是全国性调查数据的研究结果都显示老年人中存在大量的未满足需求,其中失能和独居等特殊群体的老年人、中西部地区和农村老年人的未满足需求的比例较高。

  国外较早针对老年人的未满足需求进行了相关的研究,当前已经有非常丰富的成果。许多社区中的老年人在日常生活活动如吃饭、如厕和洗澡等方面都存在困难(Stein J,Liegert P,Dorow M,et al.,2019),近半数的老年人报告存在一种或多种 ADL 方面的需求缺乏足够的帮助(Hancock G A,Woods B,Challis D,et al.,2006)。养老院和居家老年人中均存在需求未被满足的情况,居家老年人对适合他们参与的日间活动的需求未得到满足的水平更高(Beach S R,Schulz R,2017)。对社区老年人长期照护需求的研究发现,老年人未满足需求的水平在 3%~35%之间,具体的需求未被满足的程度取决于对照料需求和未满足需求内容的界定,即照料需求和未满足需求包括什么内容和不包括什么内容决定了需求得到满足和未获得满足的状况(Williams J,Lyons B,Rowland D,1997)。使用美国国家长期护理调查数据(the National Long-

Term Care Survey,NLTCS)的研究发现,34.6%的失能老年人至少存在一项ADL需求未得到满足,但有研究提出这一结果仅询问了未得到帮助的人,未询问接受帮助的人所接受的这种帮助是否足够,ADL或IADL需求的满足程度可能被低估了(Allen S M,Mor V,1997;Manton K G,Stallard E,Corder L S,1998)。有两个或多个ADL需求且需求未得到满足的老年人表示每周缺少16.6个小时的非正式帮助,独居老年人的这一缺口更大(Gaugler J E,Kane R L,Kane R A,et al.,2005)。同样对美国老年人的研究发现,34%有ADL和IADL困难的老年人至少有一项需求未得到有效满足,其中ADL项目如厕需求未被满足的比例最高(31.9%),IADL项目中普通家务的需求未被满足的比例最高(36%)(Schure M B,Conte K P,Goins R T,2015)。75岁以上的老年人中有30%至少有一种ADL需求未被满足,独居老年人ADL条目的需求满足程度更低;56%的ADL需求未满足的老年人在过去六个月中入院治疗过(相比于ADL需求得到满足的老年人)(Hu B,Wang J,2019)。对欧洲六个国家的研究发现,希腊、意大利和波兰的老年人大多使用以健康为导向的服务,总体上使用的服务较少且有较多的医疗方面的未满足需求;英国、德国和瑞典老年人使用的社会医疗服务相对较为平衡且使用服务的数量与未满足需求的数量呈负相关(Bień B,McKee K J,Döhner H,et al.,2013)。其他研究还发现英国大约55%ADL存在困难的老年人有未满足需求,24%的老年人IADL条目的需求未得到满足,其中有80%的老年人有出行方面的困难(Vlachantoni A,2019)。对新西兰75岁及以上老年人的研究发现,81%至少有1项IADL方面的需求,其中老年人普通家务的需求未被满足的比例最高,分别有65%和53%的老年人报告了繁重的家务和轻度的家务需求未得到满足(Wilkinson-Meyers L,Brown P,McLean C,et al.,2014)。对韩国老年人的研究发现,在调整了性别、年龄、社会经济变量和健康等相关特征后,患抑郁症状的老年人存在的未满足需求比例比无抑郁情绪的老年人的未满足需求比例高1.45倍(Kim Y S,Lee J,Moon Y,et al.,2018)。其他相关文献也对失能老年人和痴呆老年人(Hancock G A,Woods B,Challis D,et al.,2006),居家、社区和机构老年人,老年人的医疗服务、个人护理和日常活动等方面的未满足需求的发生率进行了研究,同样发现存在广泛的需求未被满足的情况(Freedman V A,Spillman B C,2014;Allin S,Grignon M,Le Grand J,2010;Casado B L,Van Vulpen K S,Davis S L,2011;Hoogendijk E O,Van Der Horst H,Deeg D J H,et al.,2013;Miranda-Castillo C,Woods B,Orrell M,2013)。尤其在机构护理中,许多痴呆老年人往往显示出非常复杂的未满足需求(Hancock G A,Woods B,Challis D,et al.,2006;Worden A,Challis D J,Pedersen I,2006;Challis D,Clarkson P,Williamson J,et al.,2004;Philp I,McKee K J,Meldrum P,et al.,1995)。由此观之,国外对未满足需求的研究非常丰富,一方面大多数研究都集中在英国、美国、新西兰、西班牙(Otero Á,García de Yébenes M J,Rodríguez-Laso Á,et al.,2003)和加拿大(Allin S,Grignon M,Le Grand J,2010)等发达国家,也有针对马来西亚(Momtaz Y A,Hamid T A,Ibrahim R,2012)和中国等发展中国家(He S,Craif B A,Xu H,et al.,2015)展开的研究;另一方面相关的研究对象非常丰富,相对国内研究来说除了居家老年人、失能老年人和独居老年人外,也涉及了对痴呆老年人等特殊人群的未满足需求发生率的研究。未满足的需求与更高的残疾和失能水平相关,特殊老年群体中更是显著,这也表明未来可以着眼于满足未满足的需求以延缓老年人进入失能阈值的时间(Williams J,Lyons B,Rowland D,1997)。

2.3.4 需求未满足的影响因素

(1)年龄和身体状况。年龄越大、身体(失能)状况越差(越严重),所患有的慢性病数量越多,老年人中存在未满足需求的比例也就越高(Allen S M,Piette E R,Mor V,2014;Desai M M,Lentzner H R,Weeks J D,2001;Hass Z,Depalma G,Craig B A,et al.,2017;Tennstedt S,McKinlay J,Kasten L,1994;Kadushin G,2004;Mor V,1998),反映了失能越严重的老年人越需要更多的照料和护理,从而增加了照护者无法满足所有需要的可能。照护者的负担增加通常还会使老年人从社区和居家养老模式转向机构养老(Desai M M,Lentzner H R,Weeks J D,2001)。存在功能限制和行动问题的老年人有更高的护理需求(Kennedy J,2001)。其他研究也发现年龄大和更多的 ADL 失能,健康状况不佳以及患慢性病多的老年人具有更高的未满足需求(Peng R,Wu B,Ling L,2015;Allen S M,Mor V,1997)。

(2)住房类型和种族。相关研究发现,住房类型和种族影响了老年人的未满足需求(Casado B L,Van Vulpen K S,Davis S L,2011;Newcomer R,Kang T,Laplante M,et al.,2005;Newman S,2003)。集体住宅中的老年人比社区住房的老年人需求未被满足的风险更高(Freedman V A,Spillman B C,2014)。种族显著影响了老年人的需求满足状况(Desai M M,Lentzner H R,Weeks J D,

2001)。1994年和1995年美国全国健康数据表明,与白人相比,其他种族的人群具有更高比例的未满足需求,西班牙裔和非洲裔人群的未满足需求分别是白种人群的1.5倍和1.9倍(Kennedy J,2001)。2004年的研究发现与白人相比,其他种族人群中ADL和IADL需求未满足的比例明显更高(Laplante M P,Kaye H S,Kang T,et al.,2004),即其他种族的人群相比白人有更多的未满足需求(Smith M Y,Rapkin B D,1995;Payne S M,Thomas C P,Payne S M C,1998);但全国性的数据也发现白人倾向于报告更多的未满足需求(Jackson M E,Doty P,1995)。

(3)性别和居住安排。需求的满足程度受性别的影响较大。受"男主外、女主内"思想的影响,普遍由女性操持家务,早期的男性在家庭中大多扮演赚钱养家和手艺人的角色,男性不会或者不愿意承担做饭和做家务的工作。伴随着身体机能下降和健康状况的恶化(男性更易患慢性疾病和更易死亡),家庭中IADL相关的事务往往由女性承担并由女性负责照顾男性伴侣,也即男性老年人在家庭中主要依靠女性配偶获得照料支持(Lahekma E,Martikainen P,Rahkonen O,et al.,1999;Allen S M,Goldscheider F,Ciambrone D A,1999;Allen S M,1994)。女性相比男性有更长的平均预期寿命,尤其农村地区的养老金收入难以覆盖老年人基本的生活开支,女性比男性老年人存在更多的未满足需求(Wilkinson-Meyers L,Brown P,McLean C,et al.,2014;Quail J M,Wolfson C,Lippman A,2011;Dubuc N,Dubois M F,Rache M,et al.,2011;Walter-Ginzburg A,Guralnik J M,Blumstein T,2001)。但也有研究发现,男性、独居的男性老年人和失能的男性老年人存在未满足需求的比例比同样状况下的女性老年人要高(Vlachantoni A,2019;Jackson M E,1991)。从老年人的居住安排方面进行判断,独居失能老年人存在需求未被满足的比例比与家人共同居住的老年人的高(Rowland D,1989;Allen S M,Piette E R,Mor V,2014;Hass Z,Depalma G,Craig B A,et al.,2017;Dubuc N,Dubois M F,Rache M,et al.,2011;Jackson M E,1991)。独居对老年人来说也是未满足需求的主要风险因素,当老年人有同住者时需求未被满足的风险会大幅度降低,这对身体失能的老年人来说尤其关键(Peng R,Wu B,Ling L,2015;Lima J C,Allen S M,2001)。

(4)教育和经济状况。教育水平对需求的满足程度产生影响,受过高等教育的老年人有可能获得更多服务资源相关的信息,有更多的收入和支付能力满足相关的需求(Hass Z,Depalma G,Craig B A,et al.,2017;Otero Á,García de Yébenes M J,Rodríguez-Laso Á,et al.,2003;Guo C,Du W,Hu C H,et al.,2016;Chen J,Millar W J,1998;Crimmins E M,Hayward M D,Saito Y,1996;Land K C,Guralnik J M,Blazer D G,1994)。在子女无法提供照料和日常护理服务以及家庭照料能力薄弱的情况下,如果老年人自身经济条件和家庭经济状况允许,会选择雇佣保姆、购买服务或者去专业的机构生活。而对经济条件差的老年人来说,可供选择有限就会产生未满足需求(Gornick M E,Eggers P W,Riley G F,2001;Komisar H L,Feder J,Kasper J D,2005;Rautio N,Adamson J,Heikkinen E,et al.,2006),如韩国9.2%的老年人由于经济困难而导致需求未得到满足(Kim Y S,Lee J,Moon Y,et al.,2018)。故此,一个人无法负担日常支出(支付能力差)与未满足需求的数量呈正相关,个人收入低或低收入家庭不太可能支付专业照料的费用(Gibson M J,Verma S K,2006;Desai M M,Lentzner H R,Weeks J D,2001;Kemper P,Weaver F,Short P F,et al.,2008;Lima-Costa M F,Mambrini J V M,Peixoto S V,et al.,2016)。长期照护中 ADL 需求的满足状况很大程度上受老年人的经济状况影响,相关研究认为向老年人提供经济援助和增加正式照料服务以减轻照料的负担有助于减少高龄老年人的未满足需求(Zhu H,2015)。

(5)社会支持和社会网络。许多研究对老年人的社会支持和社会网络展开了研究,认为老年人所拥有的社会支持资源是影响他们需求满足程度的重要因素。社区和居家老年人普遍获得来自家庭成员所提供的日常生活照料服务,子女数量少或照料资源不可用、照料者身体状况差和照料负担重都会导致他们无法为老年人提供照料服务或者为老年人提供的照料服务不合格,造成诸多的需求未得到满足(Beach S R,Schulz R,2017;Schaefer J P,Allwardt D,Montgomery R J V,et al.,2002)。针对美国需要日常生活照料人群的照料不足和无照料的研究发现,社会支持的可获得性是无照料的关键因素(Lima J C,Allen S M,2001)。有非正式的照料者为老年人提供照料服务,某种程度上能够减少正式照料服务的费用和降低未满足需求的程度(Yoo B K,Bhattacharya J,McDonald K M,et al.,2004)。不同文化背景下老年人的非正式照料资源的可及性不相同,通过美国和瑞典老年人的对比研究发现,美国老年人非正式照料资源的可及性高于瑞典(Davey A,Femia E E,Shea D G,et al.,1999)。将美国和韩国子女在家庭中发挥的作用与老年人未满足需求之间关系进行对比研究发现,韩国老年人与子女共同生活是事实,而不是取决于老年人的身体健康状况;进一步对不同类型的生活安排、子女和家庭成员数量与未满足需求关系进行研究发现,韩国老年人的未满足需求受老年人的生活和家庭情况影响较大,也即韩国老年人在家庭中能够更好地获得所需要的服务,而美国老年人的未满足需求的发生率较为一致,受家庭和居住安排的影响很小(Crowell S,1997)。由于大量农村劳动力迁移,农村老年人的非正式照料资源薄弱,获得的非正式照料较少,因而农村老年人中存在未满足需求的比例更高(孙鹃娟,冀云,2017;苏群,彭斌霞,2014;袁小波,2007;Liu J,2014;Liu X,John P,2015;Guo M,Aranda M P,Silverstein M,2009)。另外,对农村老年人来说,子女外出打工会有其他的亲戚暂替他们为老年人提供非正式的照料支持(Lawton M P,Brody E M,1970)。国内相关研究提出,虽然子女数量对老年人需求满足程度产生影响,但是儿子和女儿发挥的作用存在差异;女儿充当聊天解闷的角色,儿子大多承担照料工作,儿子数量多可能还会引起财产分配不均和造成家庭矛盾(王琼,2016)。

(6)制度和服务供给。政府的财政安排和法律法规等制度方面的因素、正式照料服务的供给和服务的可及性、个人对可用服务的了解等都会影响老年人对服务资源的使用,产生不同程度的未满足需求(Reder S,Hedrick S,Guihan M,et al.,2009;Harrington C,Leblanc A J,Wood J,et al.,2002;Houde S C,1998;Li H,2006;Winslow B W,2003;Kinney J M,1996;Jenkins K R,2004;Herr M,Arvieu J J,Aegerter P,et al.,2013)。老年人的未满足需求会受到居住地的政策环境和服务供给的影响;受服务的可用性、可及性和可接受性的影响,许多正式服务的利用率较低也会产生需求未满足的情况(Carpenter G I,2006),正式照料服务的供给也是需求未满足的重要因素(袁笛,陈滔,2019;陈宁,石人炳,2020)。受地理位置以及地方经济发展水平的影响,地区和城乡之间的服务利用不均衡。偏远地区可能无法提供正式服务,对老年人和照料者来说,认为服务不可及或受谣言传言等信息的影响而认为服务不可用都会影响需求的满足程度,如中国西北地区的老年人有广泛的医疗保健需求未获得满足(Luo J H,Zhang X L,Jin C G,et al.,2009)。农村地区的人口居住较为分散,地理隔离加上道路运输的困难,偏远的农村老年人经常面临着服务供给不足和可及性差的问题,显著影响了需求的满足程度(Lawton M P,Brody E M,1970;Zhou J,Walker A,2016)。对英国、加拿大和美国的研究也指出对老年人来说,居住在农村地区减少了他们获得健康和正式社会服务的机会(Manthorpe J,Iliffe S,Clough R,et al.,2008;McAuley W J,Spector W,Van Nostrand J,2009;Goodridge D,Lawson J,Reenie D,et al.,2010;

Ryan-Nicholls K D,2004;Walsh K,O'Shea E,2008)。但有研究发现,在控制了相关变量之后,城乡差异对老年人的未满足需求的影响并不显著(Liu J,2014)。

许多研究利用安德森卫生服务利用行为模型(Andersen healthcare utilization model,安德森模型)(Andersen R,Newman J,1973;Anderson R M,1995)或者扩展的安德森模型,在倾向性因素、使能性因素和需求因素的基础上加入了照料者方面的需求或文化背景因素(Casado B L,Van Vulpen K S,Davis S L,2011;Chen Y M,Thompson E A,2010;Fu Y Y,Guo Y,Bai X,et al.,2017),分析了老年人中存在未满足需求的影响因素。安德森模型以及扩展的安德森模型对影响因素的分析也被证实非常有效(Suanet B,Van Groenou M B,Van Tilburg T,2012;Jacobs M T,Van Groenou M I B,Aartsen M J,et al.,2018;Murphy C M,Whelan B J,Normand C,2015)。如利用安德森模型的研究发现,年龄越高的老年人其护理需求越大,低收入家庭不接受护理的可能性较高(Chae S,Lee Y,Kim J,et al.,2017)。国内相关研究同样利用安德森模型对农村老年人、居家失能老年人和独居失能老年人等群体的日常照料和医疗需求未满足的影响因素进行了分析,结果发现老年人的经济状况、患有的慢性病数量、子女数量、受教育水平、居住地、社会支持、个人卫生保健开支和心理困扰等因素都会影响他们的需求满足状况(Wang J,Zhou B,Zheng W,et al.,2009;吴丹贤,高晓路,2020;Hu B,Wang J,2019;侯冰,2018),如独居失能且患有两种及以上慢性病的老年人的照料需求未满足的比例高于其他人群的比例(陈娜,王长青,2020)。一些研究的结论呈现出不一致的结果,如贫穷、家庭照料资源少和独居的老年人有更多的未满足需求,但年龄、性别、婚姻状况、居住安排、受教育程度和患有的慢性病数量对老年人的未满足需求不产生影响(Kennedy J,2001;Schure M B,Conte K P,Goins R T,2015)。

综合国内外对老年人需求的满足程度和未满足需求的影响因素的分析,上述影响因素可以归纳为三个方面:人口和社会经济特征、正式和非正式照料资源和老年人自身的健康状况。人口和社会经济特征,包括老年人的年龄、种族、文化程度、性别、婚姻状况、居住地和住房类型以及个人或者家庭的经济状况。正式和非正式照料资源包括服务的可及性、交通的挑战和个人对服务的了解,老年人的居住安排、在世的子女数量以及照顾者与老年人的关系、社会支持和照护者的心理压力状况等。老年人的健康状况主要指身体方面的健康状况,相关的因素比如患有的慢性疾病数量、身体功能或失能状况等。受研究目的、研究设计、研究对象的选择和研究内容的影响,与老年人的需求满足程度和未满足需求的影响因素相关的研究也呈现出不一致的结论。

2.4 福祉和老年人的福祉

2.4.1 福祉的概念及其表现形式

福祉一词来源于英文的 well-being 或 wellfare,代表"安乐的人生之路"、"快乐的生活"和"追求快乐的人生"(沈洁,赵军,1998)。福祉关注人类现实生活,有追求美好和理想状况之义,是一种健康的、满意的和幸福的状态(秦永超,2015),是好的生活质量和福利制度的终极目标(彭华民,2012)。在经济学中,个体层面的福祉被认为是一个人生活幸福情形的综合反映,更直接地说,福祉是个人的快乐,这种快乐不仅是感觉器官上的喜悦和疼痛,更包含了精神上的欢快和困苦(黄有光,张清津,2005)。福祉不仅涉及收入水平、贫困程度等经济方面的状况(economic well-being),也涉及躯体的健康状况(physical well-being)和生活满意度、幸福感等社会心理方面的状况(subjective well-being)(骆为祥,2016)。按照发展中国家福祉研究小组对福祉的定义,福祉是一种与他人共处的状态,发生在人们的需要得到满足、通过有意义行动以实现目标和享受令人满意的生活质量的时候(Loveridge R,Sallu S M,Pesha I J,et al.,2020)。

客观的福祉与个人的物质条件或经济状况相关联,通常以财富指标来表示(Smith C L,Clay P M,2010)。除此之外,福祉还包括健康、社会关系和自然环境等影响人们生活条件的非经济因素,如将患病状况作为检验福祉的直接指标(李树苗,徐洁,左冬梅,等,2017)。老年人的福祉建立在生活质量和主观幸福感综合的基础上(李树苗,徐洁,左冬梅,等,2017;贺春临,周长城,2002;刘继同,2003),例如采用疼痛和跌倒对老年人的生活质量指标进行考察。疼痛是老年人常见的护理问题,是药物管理和医疗服务缺乏的表现,会增加急诊、门诊和住院服务的使用,造成家庭疾病负担和医疗费用增加(Torvik K,Kaasa S,Kirkevold Ø,et al.,2010;Takai Y,Yamamoto-Mitani N,Okamoto Y,et al.,2010)。疼痛已经成为老年人生活质量和福祉的重要衡量标准(Szczerbinska K,Jantzi M R,Hirdes J P,et al.,2007;Xu Y B,Jiang N,Wang Y A,et al.,2018),未经治疗的疼痛会导致功能下降,而无法识别疼痛也会导致老年人的生活质量降低(Şimşek I E,Şimşek T T,Yümin E T,et al.,2010；Tse M M Y,Wan V T C,Vong S K S,2013)。跌倒会对老年人的身心健康产生影响,表现为骨折和住院以及严重残疾甚至死亡,导致护理费用和医疗成本负担(Florence C S,Bergen G,Atherly A,et al.,2018；Houry D,Florence C,Baldwin G,et al.,2016)。相关研究发现,我国社区老年人的跌倒风险是11%～34%；老年人在自己家中发生跌倒的概率达到了44%,在户外街道和人行道发生跌倒的概率在22%～76%之间,且多数跌倒发生在白天(Kwan M M S,Close J C T,Wong A K W,et al.,2011；WHO,2016)。老年人还可能在跌倒后担心再次跌倒,这影响了他们的功能能力和社交活动,从而导致生活质量下降(Rubenstein L Z,2006；Gill T M,Murphy T E,Gahbauer E A,et al.,2013)。相关研究也表明,跌倒导致的严重伤害(如髋部骨折)是老年人死亡和残疾的主要原因,并会造成独立性丧失和生活质量下降(Peel N M,2011)。主观幸福感是对个人情况的评估,如采用生活满意度量表衡量老年人福祉水平的正向维度和用抑郁作为衡量老年人福祉水平的负向维度(Silverstein M,Cong Z,Li S,2006；秦永超,2019)。生活满意度是人们基于主观感受所做出的总体评价,评价的维度不仅涵盖生存环境等外在因素,还包括物质生活和精神文化生活、身心健康和享受的权利权益等内容(李建新,2007),是相对的和主观的(George L K,1979)。同时,生活满意度作为心理健康和生活质量的重要测量指标之一(曾毅,顾大男,2002；Andrews F M,Withey S B,1976),直接关系到老年人的精神面貌和心态调整(Diener E,Suh E M,Lucas R E,et al.,1999)。心理健康是整体健康水平的重要组成部分,抑郁是反映心理健康的重要指标,即与总体健康状况的重要组成部分直接相关。抑郁症状的治疗费用较高,老年人的抑郁经常未被认识或治疗不充分,因此对症状的筛查有助于增加诊断和治疗率,提高老年人的主观满意度(Chen Y,Hicks A,While A E,2012)。

本研究同意并认可上述相关文献中对老年人福祉的概念界定,即认为老年人的福祉表现在生活质量和主观幸福感两方面,使用疼痛和跌倒等指标衡量老年人的生活质量,使用抑郁和生活满意度等衡量老年人的主观幸福感。满足老年人的需求能够改善他们的生活状况,提高生活质量和主观满意度(Johnson L C,Schwartz C L,1997),也即生活状况的改善与福祉水平的提高反映在基本需求范围扩大和需求满足程度的提高上(刘继同,2003),核心概念仍然是人的需求,关注点是需求的满足程度。从这一角度探之,承认需求的满足程度是衡量福祉状况的主要指标,可以建立以需求为基础的侧重于需求满足程度的社会保障政策模式(刘继同,2003)。国家"十四五"规划和2035年远景目标纲要将改善民生置于更加突显的位置,重要性被提高到历次五年规划中的最高层级,其中超过三分之一的题项属于民生福祉类,涵盖了医疗和养老等领域,提出"增进民生福祉,不断实现人民对美好生活的向往"。老年人在生命的最后阶段,其生理功能和认知能力衰退,各种慢性病发病率上升,参与社会经济工作和独立生活的能力下降,需要生活照料、医疗康复、经济和社会支持的程度提高。从完善养老服务体系的角度来看,老年人的基本需求得到切实有效的满足有助于他们福祉水平的提升,也有助于评估相关措施的福利效果(郭瑜,王非,2020),更是解决当前人民追求美好生活所面对的不平衡不充分矛盾的可行机制。

2.4.2 未满足需求对老年人福祉的影响

与身体或认知功能等生活自理能力或照料需求的常规指标相比,未满足的需求被普遍用作预测与老年人生活质量和主观幸福感相关的诸多不良后果发生的指标,更多的未满足需求往往与最糟糕的结果相关(Ferreira A R,Dias C C,Fernandes L,2016;Quail J M,Wolfson C,Lippman A,2011;Li H,Morrow-Howell N,Proctor E,2006)。老年人中存在未满足需求会对他们的身体和心理健康带来诸多影响,导致跌倒和受伤,行为障碍、焦虑和抑郁,甚至过早地进入机构和死亡(Zhen Z H,Feng Q S,Gu D N,2015;He S,Craif B A,Xu H,et al.,2015;Depalma G,Xu H,Covinsky K E,et al.,2013;Choi N G,McDougall G,2009;Hoe J,Hancock G,Livingston G,et al.,2006;Slade M,Leese M,Cahill S,et al.,2005)。

(1)生活质量方面。国外相关研究发现,接近一半的存在ADL未满足需求的老年人受到未满足需求的负面影响(Desai M M,Lentzner H R,Weeks J D,2001)。由于需求未满足导致了老年人饥饿口渴的时候无法进食喝水,长时间无法洗澡而产生不舒服和异味,居住环境和着装脏乱不整齐,无法自行如厕而直接大小便弄脏身体、衣服和床褥等(Desai M M,Lentzner H R,Weeks J D,2001)。药物处理,例如定时吃药、打开药瓶、按剂量服药、打针和涂药,这些方面的需求未满足可能导致老年人疾病的恶化(Kuzuya M,Hirakawa Y,Suzuki Y,et al.,2008)。日常生活活动需求未满足还会导致跌倒(Choi N G,McDougall G,2009),相关研究发现ADL需求未满足的老年人(例如从床上移动到椅子上)更容易发生跌倒,IADL需求未满足会对个体购买医疗用品或进行必要的就医产生影响(Allen S M,Mor V,1997)。美国一项研究报告指出,在过去的180天中,有34%的机构老年人经历了至少1次跌倒,至少9%的老年人在最近30天中经历了跌倒,而居家环境中老年人发生跌倒的比例更高(Jones A L,Dwyer L L,Bercovitz A R,et al.,2009)。

通常来说,个人可以通过使用辅助装置来避免跌倒等相关问题,失能老年人需要从其他方面获得帮助来执行日常生活活动相关的项目(Allen S M,Mor V,1997;Hartke R J,Prohaska T R,Furner S E,1998;Norburn J E,Bernard S L,Konrad T R,et al.,1995;Manton K G,Corder L,Stallard E,1993;Verbrugge L M,Rennert C,Madans J H,1997)。如果没有为老年人特别是高龄、虚弱和失能等老年群体提供所需的服务和护理,会对老年人的安全以及处理急性和慢性的健康问题产生威胁,这会导致健康状况的进一步恶化和发生一系列的负面事件,如不适、痛苦、饥饿、脱水、受到伤害、长褥疮和卫生服务利用的增加(Gaugler J E,Kane R L,Kane R A,et al.,2005;Laplante M P,Kaye H S,Kang T,et al.,2004;Hu B,Wang J,2019;Manton K G,Stallard E,Corder L S,1998;Martin M D,Hancock G A,Richardson B,et al.,2002)。

(2)心理健康和生活满意度方面。老年人需要正式或非正式的支持来满足需求,需求未满足会导致他们出现心理和精神健康方面的问题,如IADL相关的条目未得到满足会使老年人的心理压力水平提高,造成严重的心理困扰(Quail J M,Wolfson C,Lippman A,2011)。存在未满足需求的老年人中42.5%会出现抑郁症状(Ferreira A R,Dias C C,Fernandes L,2016),社区65岁及以上的人群中,有25%的老年人的抑郁情绪严重到需要干预的程度(Lee M,2007)。其他相关研究也发现,老年人的未满足需求与抑郁状况相关(Gaugler J E,Kane R L,Kane R A,et al.,2005;Stein J,Liegert P,Dorow M,et al.,2019;Lawton M P,Brody E M,1970;Stein J,Pabst A,Weyerer S,et al.,2016;Stein J,Pabst A,Weyerer S,et al.,2016;Xiang X L,An R P,Heinemann A,2018)。分人群的研究发现,老年人未满足的特定护理需求与抑郁情绪的严重程度相关,存在相关需求未满足的社区老年群体患抑郁症状的风险比需求得到满足的老年人群高4.8倍(Alltag S,Stein J,Pabst A,et al.,2018)。低收入老年人未满足需求的数量与抑郁情绪显著正相关(Carpenter G I,2006),需求未得到满足的患抑郁症状的老年人的比例是需求得到满足的老年人群的2倍(Quail J M,Wolfson C,Lippman A,2011)。国内使用中国健康与养老追踪调查(China Health and Retirement Longitudinal Study,简称 CHARLS)数据的研究发现,未满足需求显著影响了农村老年人的抑郁情绪,但未对城市老年人产生影响(Lawton M P,Brody E M,1970)。除了直接对老年人产生影响外,未满足的需求还会因为照料者情绪紧张而进一步导致老年人的心理状况不佳(Carpenter G I,2006;Li H,Morrow-Howell N,Proctor E,2006)。老年人中存在未满足需求会产生孤独等不良影响(曹杨,Mor V,2017;吴丹贤,高晓路,2020;陈申,崔焱,郑静,等,2019),还会影响他们对生活的满意程度,如对老年人经济支持的满足程度显著影响了城市老年人的生活满意度,而为农村老年人提供生活照料服务与他们对生活的满意程度呈正相关(王琼,2016;高琳薇,2012)。

部分研究使用横截面数据表明老年人的未满足需求与抑郁相关,但有研究发现抑郁也是老年人未满足需求的影响因素(Schure M B,Conte K P,Goins R T,2015)。也就是说,受截面数据的限制,无法明晰老年人的未满足需求与抑郁之间的因果关系,变量之间关联方向的结论受到质疑(Chen S,Zheng J,Chen C,et al.,2018;Miranda-Castillo C,Woods B,Orrell M,2013;Herr M,Arvieu J J,Aegerter P,et al.,2013;Stein J,Pabst A,Weyerer S,et al.,2016;Stein J,Pabst A,Weyerer S,et al.,2016;Abdul-Hamid W K,Lewis-Cole K,Holloway F,et al.,2015)。还有研究发现未满足需求与焦虑相关(Quail J M,Wolfson C,Lippman A,2011;Jayasinghe N,Rocha L P,Sheeran T,et al.,2013;Mackenzie C S,Reynolds K,Chou K L,et al.,2011;Norton J,Ancelin M L,Stewart R,et al.,2012;Richardson T M,Simning A,He H,et al.,2011),但同样可能存在双向的影响关系,老年人的需求未得到满足会增加焦虑的风险,而焦虑也会增加老年人照料需求未满足的程度(Zuverink A,Xiang X,2020)。

(3)入住机构和死亡方面。缺少对日常生活足够的照料和支持也是预测老年人入住养老机构和医院概率的重要因素(Luppa M,Luck T,Weyerer S,et al.,2009)。一项前瞻性队列研究发现,缺乏药物相关的支持所产生的未满足需求会导致老年人更高的死亡率(Kuzuya M,Hirakawa Y,Suzuki Y,et al.,2008)。针对痴呆症患者、身体功能受损老年人的研究发现,老年人的感官、心理健康需求和社会需求经常没有得到满足,并且痴呆症的诊断和严重程度直接与老年人入住机构和医院挂钩(Gaugler J E,Kane R L,Kane R A,et al.,2005;Hu B,Wang J,2019;Hancock G A,Woods B,Challis D,et al.,2006;Van Der Roest H G,Meiland F J M,Maroccini R,et al.,2007;Miranda-Castillo C,

Woods B, Galboda K, et al., 2010; Miranda-Castillo C, Woods B, Orrell M, 2010)。在老年人中存在未满足需求还会引起自杀行为,需求未得到满足的老年人自杀的风险明显高于需求得到满足的老年人(Peng R, Wu B, Ling L, 2015; Allen S M, Mor V, 1997; Long S K, King J, Coughlin T A, 2005)。其他研究还发现,存在长期照料需求未满足的失能老年人的死亡风险更高（He S, Craif B A, Xu H, et al., 2015;陈宁,2020）。在这种情况下,未满足的需求不仅有助于预测未来医院和养老机构的入住率,还可以比通常的功能或认知功能下降指标更好地预测最坏的结果以识别老年人的死亡风险(Gaugler J E, Kane R L, Kane R A, et al., 2005)。

国外一项研究在马斯洛需求层次理论的基础上,将老年人的需求与健康相关的生活质量之间的关系用两个平行的金字塔做了形象的描述:正金字塔描述了老年人的需求分类和需求层级,倒金字塔描述了这些需求未得到满足对生活质量的影响,可以作为理解老年人照料需求和福祉关系的新范式,理想情况下还可以为适当的财政分配和失能老年人的照料评估提供一种决策模型。如图2-7所示,最低级别的是老年人的生理需求,包括个人卫生、住所和饮食;安全需求涉及防止因失智等行为和功能障碍而造成伤害;爱与归属需求包括亲情、爱和接纳,如果缺乏会阻碍人们的社交活动;尊重需求涉及对失去自主性和独立性的恐惧和对逐渐社会脱离的老年人的尊重和欣赏;自我实现处于这四种需求之上,可以激发或驱动人们的行为。生理需求是老年人的基本需求,基本的生理需求都无法满足的老年人是状态最差的群体,他们更可能会因为身体状况差而进入机构;安全需求未得到满足会导致老年人健康相关的生活质量降低;归属和爱的需求不能得到满足会使照料者的负担增加,尊重的需求未得到满足会增加行为问题,而满足自我实现的需求是老年人和照护者的终极目标(Schölzel-Dorenbos C J M, Meeuwsen E J, Olde Rikkert M G M, 2010)。

许多需求因为很多原因而被忽略了,比如老年人无法表达、顺从、忍受和绝望等致使需求无法满足(Smith F, Orrell M, 2007; Diener E, Suh E M, Lucas R E, et al., 1999; Mozley C G, Huxley P, Sutcliffe C, et al., 1999; Holmquist I B, Svensson B, Höglund P, 2003)。再如缺乏认识和不情愿,没有可供使用的社区和居家养老服务或服务不可用、负担不起服务费用等(Casado B L, Van Vulpen K S, Davis S L, 2011; Mozley C G, Huxley P, Sutcliffe C, et al., 1999; Walters K, Iliffe S, Orrell M, 2001)。值得注意的是除了年龄之外,未满足需求与可改变或可治疗的特征（例如存在抑郁症状或行为问题）呈正相关。这些

领域也被发现适合精神卫生专业人员采取相关的干预措施进行改善(Orrell M, Hancock G, Hoe J, et al., 2007), 而不是仅仅依靠药理学的方法解决(Fossey J, Ballard C, Juszczak E, et al., 2006)。因此针对这些因素的适当评估和干预可以为减少未满足需求的频率提供机会(Miranda-Castillo C, Woods B, Galboda K, et al., 2010; Cadieux M A, Garcia L J, Patrick J, 2013)。通过有针对性的干预措施充分满足这些护理需求,还会延缓或防止脆弱人群出现不利的健康结果(Ferrucci L, Guralnik Ā J M, Studenski S, et al., 2004)。

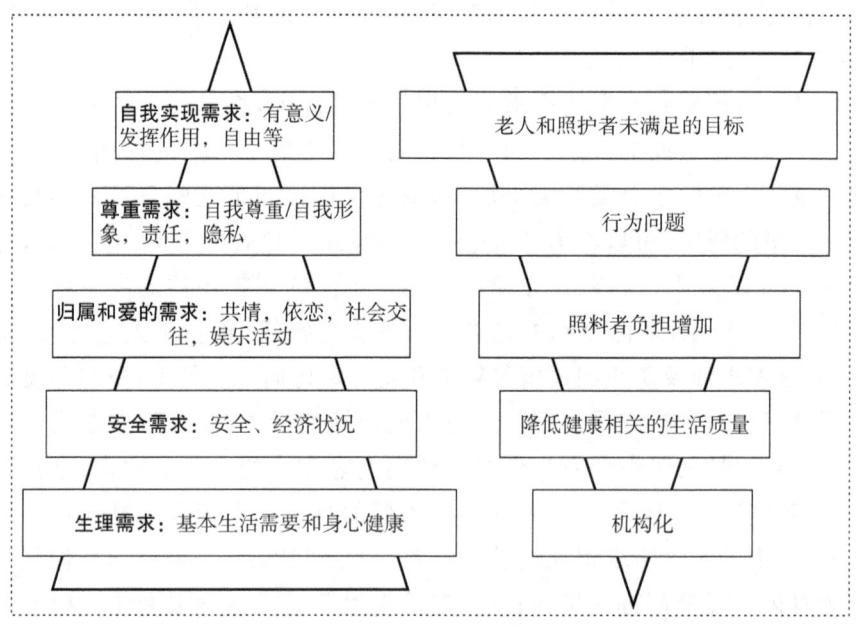

图 2-7　老年人的需求和需求未满足结果的层级结构

资料来源:作者根据 Schölzel-Dorenbos C J M, Meeuwsen E J, Olde Rikkert M G M, et al. (2010)整理。

2.5　理论基础

2.5.1　社会支持理论

相关文献中有很多关于社会支持(social support)的定义,当研究社会支持的主要理论定义时,大体可以划分为五类。第一类是提供的支持类型,具有代表性的是 Cobb 提出的社会支持是一种信息,使人们相信自己受到照顾和爱(通常被称为情感支持)、尊重和重视(尊重支持)以及属于交流和共同义务的网络(Cobb S,1976)。第二类与接受者的认知有关,如"认为自己的支持、信息和反馈需求获得满足的程度"(Procidano M E,Heller K,1983)。第三类是支持提供者的希图及行径,如"社会支持是指提供者或接受者认为旨在增强接受者福祉的两个人之间资源的交换"(Brownell A,Shumaker S A,Brownell A,1984)。第四类与互惠有关,认为是支持的提供者和支持的接受者之间的一种资源互换,"给予、接受和交换通常被称为社会支持的功能"(Antonucci T C,1985)。第五类是社交网络,与支持网络相关的各个方面通常在社会支持研究中进行衡量,"社会支持可以定义为个人通过与其他个人、群体和更大社区的社会联系而获得的支持"(Lin N,Ensel W M,Simeone R S,et al.,1979)。可见,相关研究对社会支持的概念进行了广泛的研究,但鉴于定义和衡量的多方面性,社会支持的概念仍然很模糊,甚至说几乎所有可以推断出社会互动的东西都可以被归作社会支持(Hupcey J E,1998)。还有研究提出社会支持是一个元结构,因此没有一个简单的社会支持的定义会被证明是适当的,继而提出社会支持包括三种结构:支持网络、支持行为以及对支持的主观评判(Vaux A,1988)。此后,国外关于社会支持理论的重点转向了社会网络如何构成和怎样为个体提供社会支持方面(梁君林,2013;张一,2018),相关研究结果发现,提供何种社会支持受不同网络关系的影响(贺寨平,2001)。

老年人能够获得的支持资源因所具有的社会网络的不同而存在差异。老年人能够从家庭、社区、市场和政府等社会网络获得物质帮助、生活扶持和精神慰藉,这些支持也可以归结为工具性支持、经济支持和情感支持,它们对老年人需求的满足程度至关重要。如果老年人无法获得或负担不起正式的照料费用,而他们的家人和朋友也无法支持和照料他们,老年人的照料需求将无法得到满足。聚焦于老年人领域的研究还发现,社会支持可以抵御生活压力对老年人健康造成的不良结果(周林刚,冯建华,2005)。与社会网络相对应,获得的社会支持会遵循老年人与社会支持者之间关系的有限顺序。"少年夫妻老来伴",老年人首先获得来自配偶的支持,如清洗护理和情感支持等;在配偶缺席(亡故等)或单纯依靠配偶获得的支持不足以满足日常生活需要的时候,老年人可能获得子女等其他家人和亲戚的支持,然后是朋友和邻居、市场和政府(Cantor M H,1979;Cantor M H,1991)。老年人处于家庭(配偶、子女和其他亲属)、社区(邻居和朋友)、志愿者、市场及政府等各类照料资源所形成的社会网络中,彼此之间的互动产生了老年人的日常生活照料现状和照料方式(刘妮娜,郭月青,2016)。基于此,社会支持理论为本研究分析居家老年人日常生活照料现状和需求未得到满足的原因提供了理论基础和分析途径。老年人的日常生活照料现状在一定程度上决定了其日常需求的满足程度(照料质量或者说是否存在未满足需求),进而对他们的福祉状况产生影响。随着老年人年龄的增加和生理机能的下降,依靠自身能够实现的需求满足程度更低,所拥有的社会支持和社会网络有助于他们需求满足程度的提高,如子女可以帮助老年人做饭做家务,生病的时候带他们上医院看病。同样,当老年人不能够独立获得吃饭、穿衣、如厕和洗澡等基本需求时,即处于失能状态时,来自家人、亲属和朋友等的社会支持还有助于他们生活质量和主观幸福感的提高。

2.5.2　社会保护理论

社会保护(social protection)可以定义为采取公共行动避免或改善影响人们福祉的风险境况。包括三个方面:首先,个体面临对他们健康构成威胁的风险或需要付出成本以规避风险;其次,政府可以采取一些措施来规避风险或降低个体要付出的成本(即公共行动);最终的结果是减少了风险或者降低了成本(Muir T,2017)。

老年人面临着身体机能下降和在日常生活中需要帮助的风险,为老年人尤其失能老年人提供照料服务越来越重要。如上所述,社会支持理论认为老年人可以从其家人或其他非正式网络和正式的专业服务机构获得照料帮助,但无论通过非正式或正式的资源来满足需求,都需要付出相应的代价。居家老年人获得来自家人和朋友等非正式网络提供的无偿照料,这是以家人和朋友放弃他们的工作或休闲时间的机会来提供照料为代价的,如果非正式的照料者存在身体或精神等方面的问题,则无法完成或高质量完成照料老年人的工作(Colombo F,Llena-Nozal A,Mercier J,et al.,2011)。在非正式资源之外,老年人还可以从社区和机构获得专业人员提供的正式照料服务以满足他们部分或全部的需求,但使用正式照料服务会产生较高的经济成本。如果老年人无法获得或负担不起正式照料服务的费用,而他们的家人和朋友等非正式网络无法或不会支持他们,老年人尤其失能老年人的照料需求将无法得到满足,或者所获得的照料服务质量不佳而需求未充分满足(Nozal A L,2020),这时他们失去了执行大多数理所当然的活动(如吃饭和穿衣服)所需要的支持。在缺乏公共行动的情况下,老年人寻求正式或非正式资源帮助的结果是自付费用较高而使大多数老年人陷入贫困和老年人的需求未得到有效满足,也会增加来自家人和亲戚朋友等非正式照料的机会成本(Muir T,2017)。社会保护通过公共服务、实物或现金方式为老年人(包括他们的非正式照料者)提供支持以实现风险共担,这些公共行动可以确保高质量的照料服务的可及性和可负担性以降低需求未得到满足的风险。政府可以通过风险共担机制支付部分或全部费用并减少个体的自付费用,提供非正式照料的家人和朋友可以得到放弃工作和休闲时间的机会成本的补偿,最终致力于满足老年人的服务需求,减少他们的自付费用和贫困风险,给予了非正式照护补偿的同时也减少了计划外入住机构的老年人数量。如果没有社会保护,大多数老年人将难以负担长期护理的费用,除非他们有积蓄可以使用。即使有了社会保护,需要照料的人群的贫困风险仍然比一般老年人高,许多地方的老年人无法仅凭自己支付自付部分的服务费用,因而仍有一些老年人陷入贫困。在此情况下,提供普惠型的收入保障和社会服务政策有助于问题的解决(Social Protection Committee and the European Commission,2014)。

长期照护服务是老年人社会保护体系的关键组成部分,对保障居家和社区养老服务的可及性和可负担性至关重要。基本的社会保护方法涵盖了一套完整的社会保护政策,目的在于确保所有人的收入安全和获得基本社会服务的能力,特别关注弱势人群并保护和赋权所有年龄的对象。包括基本的收入保障和根据国家优先事项普遍获得基本的负担得起的社会服务的保障(Scheil-Adlung X,2015)。例如出于公平和效率的考虑需要针对照料风险给予社会保护,旨在确保由于失能等有长期照护需求的人群能够获得满足他们有尊严的生活所需要的物品和服务,并且不会陷入贫困。社会保护对减少老年贫困风险的作用是必不可少的,除了服务的可负担性和可及性问题,社会保护对老年人长期照料的有效性能避免老年风险的发生。没有日常生活的支持会给他们的生活质量和主观幸福感带来灾难性的影响,如在日常生活中发生跌倒和疼痛、抑郁和生活满意度下降以及过早地进入机构甚至导致死亡(Muir T,2017;OECD/European Commission,2013)。

2.5.3 健康老龄化理论

发达国家普遍重视健康老龄化(healthy aging)的理论和实践,并努力探讨衡量健康老龄化的客观标准和度量方法（邬沧萍，穆光宗，1997）。世界卫生组织于1987年将认识健康老龄化的决定因素，增强健康寿命作为老龄研究的重要课题（WHO，1987），但对什么是健康老龄化未达成共识。1997年相关研究提出了成功老龄化的概念，认为衰老不仅与年龄有关，还会受内在生理因素和外在社会因素的作用，具体可分为成功老龄化（successful aging）和正常老龄化（normal aging），后者指随着年龄的增长会出现与疾病有关的衰退和能力的丧失，而前者认为在衰老过程中生理功能不会下降或只有很小幅度的下降，具有低疾病率、高认知和身体能力以及积极的社会参与的特点（Rowe J W，Kahn R L，1991；Rowe J W，Kahn R L，1987）。成功老龄化与健康老龄化经常互换概念使用，且这一概念排除了大部分出现衰退与能力损失的老年群体（Lowry K A，Vallejo A N，Studenski S A，2012），也未形成统一定义和具有广泛意义的公共政策（Beard J R，Officer A，De Carvalho I A，et al.，2016；Depp C A，Jeste D V，2012）。2002年世界卫生组织提出了积极老龄化的政策框架，关注老年人的健康、参与和社会保障，强调了社会环境对于实现积极老龄化的重要性（WHO，2012）。2015年，世界卫生组织《关于老龄化与健康的全球报告》从功能角度出发，基于全生命历程将健康老龄化定义为"发展和维护老年人健康生活所需的功能发挥的过程"（范方春，吴湘玲，2018），内在能力的展现和功能的发挥是个体与所处的环境持续互动的结果（WHO，2015）。2016年世界卫生大会《老龄化与健康的全球战略与行动计划》认可上述报告对健康老龄化的定义，健康老龄化取代积极老龄化成为世界卫生组织2015—2030年应对老龄化工作的重点（范方春，吴湘玲，2018；WHO，2016）。目前，健康老龄化已经成为国际社会应对人口老龄化的重要战略。在我国，健康老龄化的概念和策略已经从学术讨论（杜鹏，董亭月，2015；耿爱生，杨文娴，2014；葛延风，王列军，冯文猛，等，2020）上升为政府的政策框架。如相关研究提出了健康老龄化的中国方案，如图2-8所示（陆杰华，阮韵晨，张莉，2017），《"健康中国2030"规划纲要》强调"立足全人群和全生命周期两个着力点"[①]，"十四五"规划和2035年远景目标纲要也提出"十四五"时期"要把保障人民健康放在优先发展的战略位置，坚持预防为主的方针，深入实施健康中国行动，为人民提供全方位全

---

① 中共中央国务院印发《"健康中国2030"规划纲要》[EB/OL].（2016-10-25）[2021-03-02]. http://www.gov.cn/xinwen/2016-10/25/content_5124174.htm.

生命期健康服务"①。

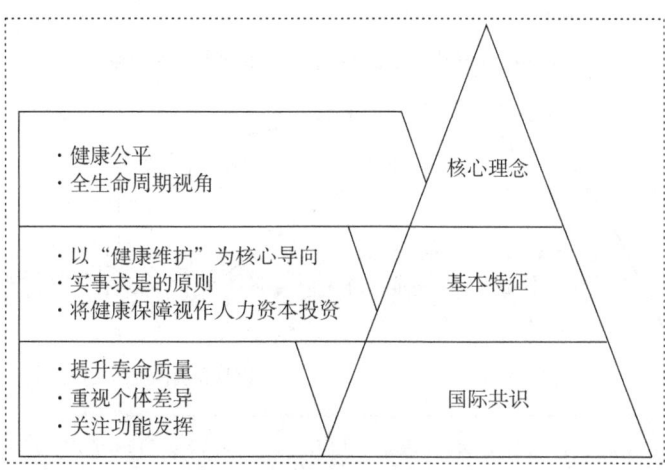

图 2-8 健康老龄化的中国方案

资料来源：陆杰华，阮韵晨，张莉（2017）。

上述对健康老龄化理论的叙述中提到了全生命周期（全生命历程）视角，世界卫生组织于 2000 年制定了个体功能能力和生命历程的框架，提出老龄化贯穿了个体终身发展的过程，个体的功能能力随着年龄的增加不断发生变化。如图 2-9 所示，曲线 1 代表健康个体的功能能力和生命历程轨迹，曲线 2 代表失能个体的功能能力和生命历程轨迹。儿童时期个体的功能能力随着身体的发育和成长而不断增强，到成年初期达到峰值并随着年龄的进一步增加呈现出开始下降的趋势（曲线 1）。从个体的成年时期到老年时期的这种功能能力持续下降的态势会受到个体及政策等的影响，下降的速度很大程度上取决于成年个体的生活方式。如果个体功能能力下降的梯度过于陡峭会导致较早的失能（曲线 2）。生活质量和主观幸福感是整个生命过程中主要考虑的因素，生活环境的变化可以极大地改善或降低生活质量。从家庭和朋友处获得照料和帮助，通过适当的环境变化如电梯、坡道和家庭改造可以确保个体在年龄更大时也能够独立生活。

2015 年世界卫生组织《关于老龄化与健康的全球报告》提出"促进健康老

---

① 《中华人民共和国国民经济和社会发展第十四个五年规划和 2035 年远景目标纲要》第四十四章"全面推进健康中国建设"规定[EB/OL].(2021-03-13)[2022-03-04].http://www.gov.cn/xinwen/2021-03/13/content_5592681.htm.

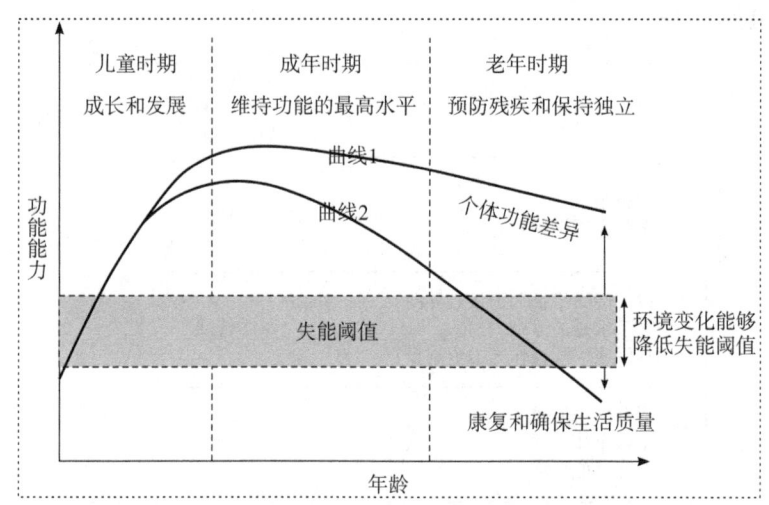

图 2-9　个体生命历程的一般轨迹和失能老年人的生命历程

资料来源：WHO(2000)。

龄化的公共卫生体系：生命历程中的公共卫生行动时机"。图 2-10 展示了中老年时期的变化轨迹。其中，图(1)是假设的三条身体机能变化轨迹，A、B 和 C 开始于同一起点，A 代表的是最优轨迹，个体拥有不错的身体机能，内在能力维持在高水平直至终老；B 的轨迹与 A 相似，代表的是受到干扰的轨迹，即出现某个或某些事件导致能力下降，随后有所恢复但仍然逐渐衰退；C 代表一种下降轨迹，能力逐渐下降直至死亡。横轴是年龄，A、B 和 C 几乎死于同一年龄，但存活期间身体机能的差异很大。图(1)中的各种虚线代表 B 和 C 的替代轨迹，他们接受康复治疗会获得良好的生命轨迹。图(2)代表个体从中年

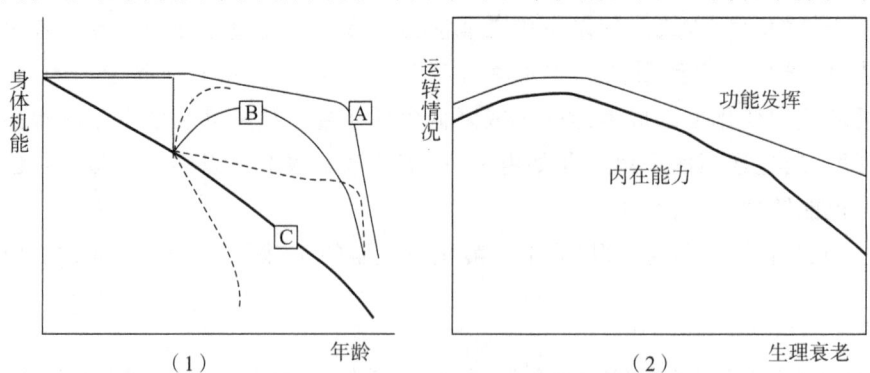

图 2-10　中老年时期身体机能变化轨迹

资料来源：WHO(2015)。

时期开始功能发挥和内在能力的平均趋势,考虑了个体生活环境对功能发挥的净效益,认为环境会对个体生命轨迹中的能力产生积极或消极的影响(WHO,2015)。

基于此,世界卫生组织提出了促进健康老龄化的干预措施,即通过增强和维护内在能力、使身体机能衰退的个体能够做其认为重要的事情这两种方式尽可能改善功能发挥,如图 2-11 所示。人生后半历程的功能发挥分为能力强而稳定、能力衰退和严重失能三个阶段:第一阶段,可以通过卫生服务和改善环境尽可能长久地维持这种状态;第二阶段,对能力衰退者而言,卫生服务的重点从预防或治疗转变为保持或延缓身体机能衰退,而环境促进功能发挥的作用更加明显,同时帮助老年人克服能力衰退的战略越发突出;第三阶段,老年人严重失能或面临严重失能的风险,需要提供长期照护服务,确保内在能力拥有最优轨迹且能够有尊严地完成福祉所需的基本任务,如家属帮助洗衣做饭、轮椅在家中可通行等(WHO,2015)。

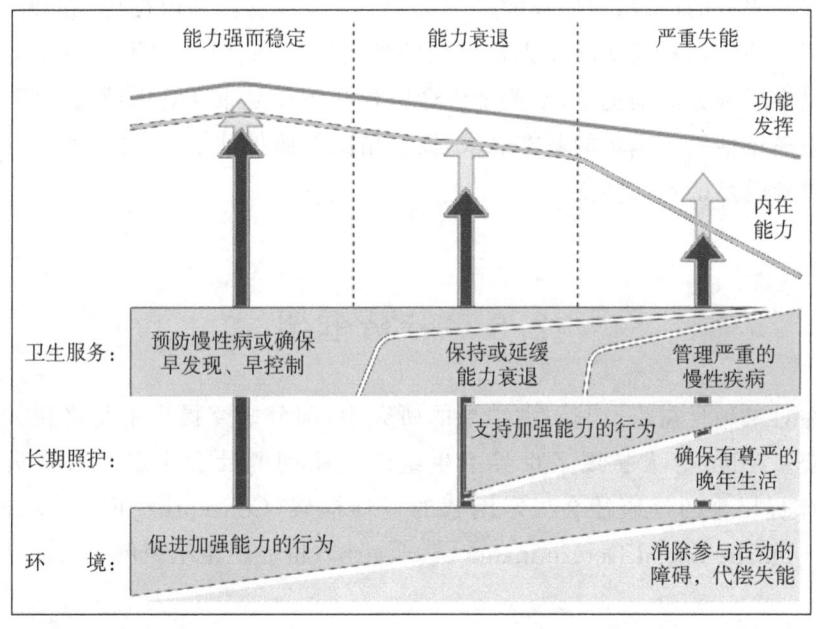

图 2-11 促进健康老龄化的公共卫生体系:生命历程中的公共卫生行动时机
资料来源:WHO(2015)。

全生命历程视角(全生命周期理念)为促进健康老龄化的政策创新,结合医疗卫生、长期照护和环境建设提供了一种有效途径,健康老龄化理论也为本研究对身体机能处于下降状态的老年群体、针对老年人需求满足程度的研究和提出应对策略提供了一种理论借鉴。习近平总书记在中共中央政治局第三十二次集体学习时也强调了全生命周期理念——"加强全生命周期养老准备"[1]，还在十九大报告中强调了"要完善国民健康政策，为人民群众提供全方位全周期健康服务"[2]。我国老年人口数量众多，随着年龄的增长，身体机能下降、生理功能衰退，依靠自己满足日常基本生活的能力也逐渐下降。老年时期的不同时候，个体所处的环境和身体机能也存在较大差异，老年人的照料需求也不尽相同。以老年人的日常照料需求为例，如果他们的照料需求得不到满足，福祉状态将直线下降。反之，对老年人日常照料需求的有效满足、康复和确保生活质量等干预措施能够维持个体机能的下降幅度（即达到替代轨迹），延缓老年人进入失能阈值的时间，有利于提升他们晚年的主观幸福感和生活质量。在操作层面上，健康老龄化的政策框架不仅包含了照护服务，更强调面向广大老年群体开展预防和健康管理。养老服务体系建设在做好失能老年人照护服务的同时，需要提前关注对老年人身体功能和内在功能的维护，从而尽可能地干预和延缓老年人进入失能的时间。在社区、居家和机构为老年人提供多项服务的前提下，借鉴全生命历程视角和健康老龄化理论，针对老年人着重满足他们未满足的基本需求，提供精准的照护计划，有助于实现老年人从获得到满足的状态转变。

2.6　分析框架

在对未满足需求及其不良结果的研究中，部分研究提出了与之相关的分析框架。Allen 等人扩展了世界卫生组织健康问题社会决定因素委员会于 2008 年提出来的健康社会决定因素的行动框架（Conceptual Framework for Action on the Social Determinants of Health）（世界卫生组织健康问题社会决

---

[1] 中共中央政治局就我国人口老龄化的形势和对策举行第三十二次集体学习[EB/OL]. (2016-05-28)[2021-03-02]. http://www.gov.cn/xinwen/2016-05/28/content_5077706.htm.

[2] 习近平:决胜全面建成小康社会夺取新时代中国特色社会主义伟大胜利——在中国共产党第十九次全国代表大会上的报告[EB/OL]. (2017-10-27)[2021-03-02]. http://www.12371.cn/2017/10/27/ARTI1509103656574313.shtml.

定因素委员会,2008;李鲁,吴群红,郭清,等,2017),在2014年提出了由疾病或功能障碍向未满足需求及其结果转变的路径模型,并发现了照料资源的可及性是重要的调节变量(Allen S M,Piette E R,Mor V,2014),具体的路径模型如图2-12所示。疾病或功能障碍会产生需求的满足程度,由家庭、社区或者机构提供的相关服务充分,那么需求即得到满足,而如果提供的相关服务不充分,即认为存在需求的未满足状态,继而对未满足需求的不良结果进行测量。

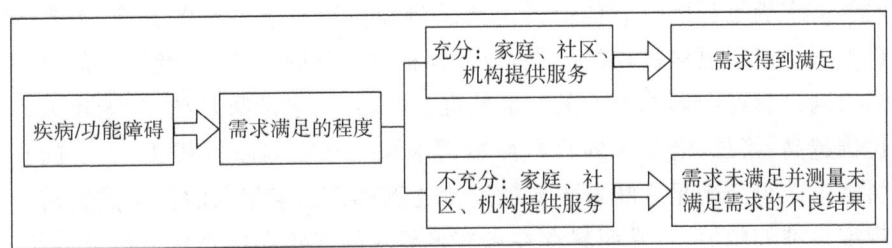

图2-12 未满足需求及其结果的路径

资料来源:作者根据 Allen S M,Piette E R,Mor V(2014)整理。

在 Allen 等人的这一分析框架的基础上,曹杨和 Vincent 在2017年针对失能老年人的研究中将部分未满足的需求加入需求满足程度的内容中,构建了关于未满足需求的理论分析框架(见图2-13)。如果获得家庭照料不充分则认为是需求部分得到了满足,即需要补充提供相关的家庭照料,而如果需求完全未被满足,则表明家庭无法提供照料或无人提供照料,应该替代家庭的照料功能。无论是补充还是替代家庭照料的功能,都说明了需要社区和居家养老服务发挥作用进行填补。

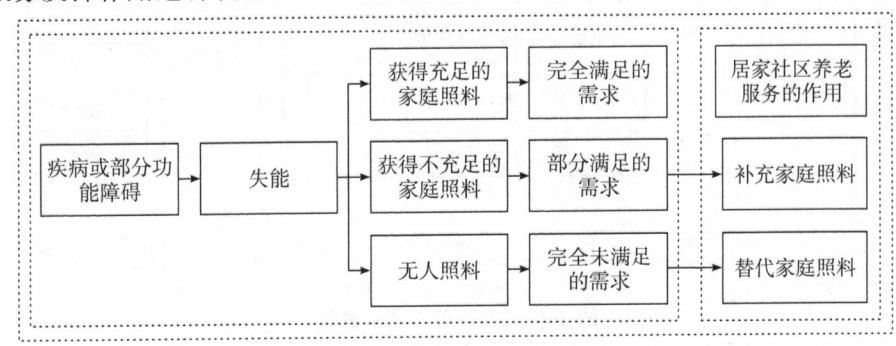

图2-13 未满足需求的形成路径

资料来源:曹杨,Mor V(2017)。

在对老年人需求与照料需求、需求满足程度与未满足需求相关的文献、理论、分析视角和路径进行综述的基础上,构建了本研究的分析框架。疾病或部分功能障碍会产生需求,需要相关的照料服务,这些照料服务可以由老年人配偶和子女提供,或者通过雇佣保姆和在社区及机构中获得。照料服务的获得即产生了不同的需求满足程度,包括从家庭、社区和机构获得充足的照料服务情况下的需求完全得到满足、获得不充足照料下的需求部分得到满足以及无人照料下的需求完全未满足,后两者都属于未满足需求的内容。老年人的日常照料需求满足程度会对他们的生活质量和主观幸福感产生影响,更多的未满足需求会产生更多糟糕的结果,导致福祉水平下降。第一,老年人的日常照料需求满足程度会影响他们的疼痛状况,未满足需求的数量越多,老年人疼痛的比例越高;第二,老年人的日常照料需求满足程度与跌倒相关,更多的日常照料需求未得到满足意味着更高的跌倒比例;第三,老年人的日常照料需求满足程度与抑郁相关,日常照料存在未满足需求的老年人更容易患抑郁症状;第四,老年人的日常照料需求满足程度与生活满意度状况相关,日常照料存在未满足需求的老年人的生活满意度更低;第五,老年人的日常照料需求满足程度与死亡相关,日常照料存在未满足需求的老年人的死亡风险更高。需要针对相关方面提供干预措施和精准的照护服务计划,进一步健全中国养老服务体系和完善相关政策规划。详细的分析框架呈现在图 2-14 中。

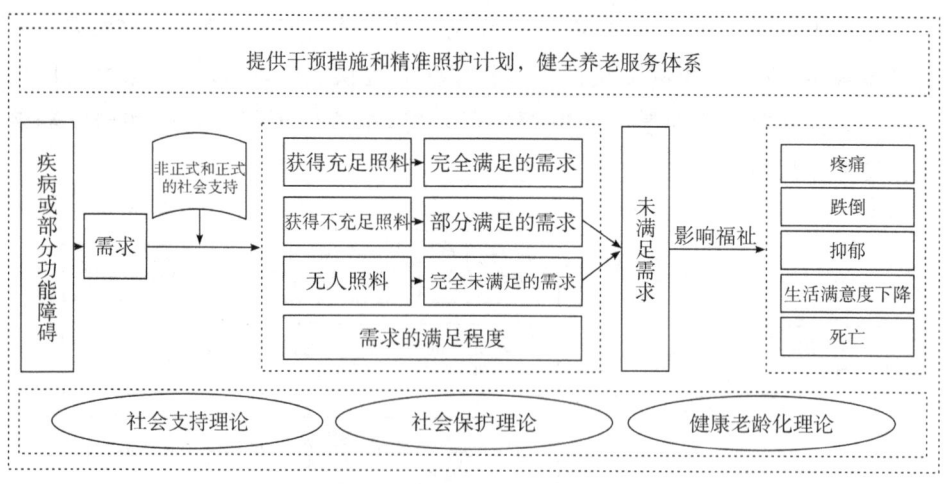

图 2-14 本研究的分析框架

2.7 本章总结

本章首先阐述了中国养老服务体系的建设和发展历程，辨明了需求和照料需求、需求满足程度和未满足需求的概念。老年人的需求涵盖了生活照料需求、医疗保健需求和社会支持需求等内容。照料需求偏重于日常生活的照料和护理，主要内容基本指向 ADL 和 IADL 相关的条目，是老年人最基本的生活需求。需求是未满足需求的基础和前提，有需求才会谈及需求的满足程度。需求的满足程度可以分为需求完全得到满足、需求部分得到满足和需求未完全满足，后两者也即未满足需求。老年人的未满足需求被认为是重要的临床和研究目标，通常指代老年人由于身体机能下降、无法独立解决日常生活中的问题而又缺乏必要的帮助或缺乏充分的帮助以解决问题。国内的研究大多集中在对需求的研究上，部分研究对未满足需求的概念和需求满足程度展开了研究和辨析。

其次，本章综述了需求和照料需求、未满足需求的测量和评估方法，归总了照料需求和未满足需求的发生率以及影响照料需求和未满足需求的因素。国外很早开始对未满足需求进行测量和评估以预测服务的使用和供给，精准的照护计划、干预措施和养老服务政策的制定依赖于对需求和未满足需求的评估和测量。相比采用患慢性病状况、自评健康等间接测量老年人的需求和照料需求的指标（间接指标的评估结果可能不准确），目前很多研究采用坎伯韦尔老年人需求评估、日常生活活动能力、工具性日常生活活动能力或症状和医疗状况相关的方法测量需求和照料需求。我国上海、北京、青岛和江苏等地目前已经开展了老年人照料需求的评估工作，并根据评估结果为老年人提供相关的照料服务和补贴。相关研究在 CANE、ADL 和 IADL 等工具的基础上结合主观态度对老年人中存在的未满足需求进行评估，相比直接询问主观态度的结果更为客观和可靠。居家、社区和机构老年人，特殊群体如痴呆、失能和农村老年人中均存在广泛的未满足需求，具体的未满足需求的发生率在 ADL 和 IADL 内容上存在差异。通常来说，老年人的年龄和身体状况，性别和婚姻状况，国家、地区和城乡因素，经济状况和社会支持以及服务的可及性等因素都会对照料需求产生影响，但由于各项研究的目的和研究方案的设计不同，获得的研究结论也不相一致。在未满足需求的影响因素方面，除了直接对影响因素展开的研究，不少研究还采用安德森模型或者扩展的安德森模型，利用横截面数据对未满足需求的影响因素进行了分类研究。这些影响因素可以归总为人口和社会经济特征(年龄、种族、文化程度、性别、婚姻状况、居住地和住房类型、个人和家庭的经济状况)、正式和非正式照料资源(服务的可及性和可用性、子女数量、照料者关系、社会支持和服务供给)和老年人自身的健康状况等。国内外采用全国或某一地区的研究数据对未满足需求的影响因素展开研究的结论不一致,部分研究对未满足需求的测量采用自我报告的主观方法,获得的研究结论可能存在偏倚。

再次,本章对福祉的概念及其表现形式、未满足需求对老年人福祉的影响相关的文献进行了归总和述评。福祉关注人类现实生活,有追求美好和理想状况之意,是好的生活和福利制度的终极目标。本研究中老年人的福祉主要指代他们的生活质量和主观幸福感,生活质量方面表现为疼痛、跌倒等,主观幸福感表现在生活满意度和心理健康等方面。生活状况改善与福祉水平的提高反映在基本需求范围扩大和需求满足程度的提高上,承认需求的满足程度是衡量福祉状况的主要指标,可以建立以需求为基础的侧重于需求满足程度的社会保障政策模式。目前针对未满足需求对老年人福祉影响的研究多集中在发达国家,并已有丰富和重要的研究成果,国内也有一些针对老年人未满足需求产生的不良结果的研究,但是对需求满足程度和相关关系的研究不够深入。老年人未满足需求导致的不良结果可以归总为生活质量下降、心理健康和生活满意度下降,更严重的情况下导致入住机构和死亡。在研究方法上,采用横截面数据研究未满足需求对老年人的生活质量和主观幸福感的影响,变量间的因果关系难以推断(比如未满足需求与抑郁、未满足需求与焦虑)。相关研究对存在未满足需求的原因进行了归总,除了老年人自身身体状况外,还有缺乏认识、服务不可及和经济负担大等因素。与身体或认知功能等照料需求的常规指标相比,未满足的需求被普遍用于结果发生的指标,更多的未满足需求与更糟糕的结果相关。在中国社会和文化背景下,亟须对老年人日常照料需求的满足程度、未满足需求的发生率和对老年人福祉的影响展开研究。

最后,社会支持理论、社会保护理论和健康老龄化理论为本研究研究和分析老年人日常照料状况和存在未满足需求的原因、需求的满足程度及其对福祉的影响提供了重要的理论和分析基础。随着老年人年龄增加和身体机能不断下降,依靠自身能够实现的需求满足程度更低,所拥有的社会支持有助于老年人尤其失能老年人需求满足程度的提高和抵御生活压力对健康造成的不良结果,更有助于老年人福祉的提升。社会保护理论认为个体无论通过非正式或正式的资源来满足需求都要付出一定的代价(如牺牲工作和休闲时间或经济成本),当非正式网络无法获得且老年人负担不起正式照料的服务费用的时候,他们的照料需求将无法得到满足。政府可以采取公共行动,如提供收入保障和社会服务来降低成本或规避风险。在社区和机构为老年人提供多项服务的前提下,基于全生命历程视角的健康老龄化理论为老年人需求满足程度及其对福祉的影响研究和基于个体差异提出应对措施提供了理论借鉴。针对老年人着重满足他们未满足的基本需求,从获得到满足的理念转变有助于延缓或防止脆弱人群出现不利的健康结果、提高老年人的生活质量、改善心理健康、提升生活满意度和降低死亡风险,更有助于养老服务体系的进一步健全。在对需求的满足程度、未满足需求及其不良结果的研究中,部分研究提出了相关的分析视角和分析路径。结合文献、理论、分析视角和分析路径,本章构建了契合本研究研究主题的分析框架。疾病或部分功能障碍会产生需求并需要相关的照料服务,这些照料服务可以由正式和非正式资源提供。照料服务的获得即产生了不同的需求满足程度,老年人的照料需求满足程度会影响对他们的福祉状态,更多的未满足需求会产生更多糟糕的结果,旨在针对相关方面提供干预措施和精准照护服务计划,进一步健全中国养老服务体系和相关政策规划。

第 3 章 研究方法

本研究采用定量研究和定性研究相结合的研究方法分别解释和回应所提出的三个研究问题。其中,定量研究使用 CHARLS 数据对居家老年人日常照料需求满足程度和未满足需求的发生率、照料需求满足程度对福祉的影响进行分析;定性研究采用深度访谈和焦点小组的方法获得研究资料,对居家老年人的日常生活状况和日常生活照料困境进行分析,在此基础上进一步总结了老年人的未满足需求和需求未得到满足的原因。

3.1 定量研究方法

3.1.1 数据和样本

定量研究数据来自 CHARLS 数据。该调查是一项旨在"分析我国人口迅速老龄化,推动老龄化问题跨学科"的全国代表性调查,调查了中国 45 岁及以上的中、老年个体及其家庭的社会、经济和健康状况。2008 年 CHARLS 在中国浙江和甘肃两个省份进行了试点,并于 2011 年 6 月至 2012 年 3 月进行了全国基线调查。以后每两年到三年时间调查一次,2012 年完成了浙江和甘肃两个省份的追踪调查,2013 年完成了第一次追踪调查,2014 年夏天对全体受访者进行了一次生命历程的专题访问调查,2015 年夏天完成了第二次追踪调查,2018 年完成了第三次追踪调查,基线数据于 2013 年 1 月发布。

CHARLS 数据通过阶段概率抽样选择样本。第一阶段在除西藏及港澳台地区以外的中国所有县级城市构成的抽样框中,采用按规模大小成比例的概率抽样方法(probability-proportional-to-size,PPS),随机抽取 28 个省(自治区/直辖市)的150个县(区)单位。样本按地区、城乡以及人均国内生产总值进行分层。第二阶段使用了最低级别的政府组织,如农村地区的行政村和城市地区的社区或居委会作为初级抽样单元并制作了抽样框,每个县级城市选择3个初级抽样单元,共计450个村级单位。第三阶段在由村庄或者社区组成的初级抽样单元中划分制作住宅地图和住户列表,从中随机抽取若干住所。在具体的抽样中排除了集体住所如居住在军事基地、学校和单位宿舍等的人群和住家保姆。如果一个住宅单元中居住了超过一户家庭,则随机选择一个成员年龄在39岁及以上的家庭;如果所选择的家庭中有超过一位成员符合调查的资格条件,则随机选择其中的一位进行调查并自动包括主要受访者的配偶;如果所选择的人员年龄在39岁到45岁之间,则作为将来的调查对象予以考虑并不会接受当次调查;如果选择的人员年龄在45岁及以上,则进行当次调查。为了避免人为操控,所有的抽样程序均使用计算机进行操作(Zhao Y, Hu Y,Smith J P,et al.,2014)。

  CHARLS数据涵盖了经济学、医学和公共管理学等方面的重要信息,2011年、2013年、2015年和2018年的数据都覆盖了28个省(自治区/直辖市)的城市和农村人群,有助于分析照料服务以及需求满足程度在地域、城乡等维度上的现实表征和差异状况,其结果具有可靠的推广性和代表性。CHARLS 2011年的数据对身体功能障碍及辅助者部分仅向老年人询问了执行该项活动是否存在困难(没有困难、有困难但仍可完成、有困难需要帮助和无法完成),没有追问执行该项活动是否有人帮助以及帮助是否充分,无法单从"是否有困难"的问答中判断老年人的需求满足状况。在2013年、2015年和2018年的调查中均详细询问了老年人的日常照料需求满足情况,包括穿衣服、洗澡、吃饭、上下床、如厕和大小便[①]六项ADL条目是否困难,做家务、做饭、购物、使用电话、药物处理和处理财务六项IADL条目是否困难。每一项条目存在困难是否有人帮助以及都有谁提供帮助(配偶、父母子女等非正式帮助,养老院、志愿机构人员、社区等正式帮助),能够获得老年人日常照料需求满足状况的丰富信息。此外,CHARLS数据的调查对象除了家庭住宅的老年人,还包括居住类型在养老院或其他养老机构、医院等的老年人,本研究排除了这部分

[①] "控制大小便"条目仅询问了老年人执行是否有困难,无法提供帮助因此未询问是否有人帮助。

研究对象,仅包括家庭住宅的老年人。总之,本研究的研究对象是60岁及以上的居家老年人,分析数据是CHARLS 2013年、2015年和2018年的横截面数据和追踪数据。三期数据原始样本的应答率、应答家户数和应答人数以及本研究的分析样本数归总在表3-1中。

表3-1 CHARLS 2013—2018年原始样本和本研究的分析样本

样本	应答情况	2013年		2015年		2018年	
		截面	面板	截面	面板	截面	面板
原始样本	应答率/%	82.63	88.30	82.13	87.15	83.84	86.46
	应答家户数/户	10629	9022	11797	8715	10524	8288
	应答人数/人	18264	15196	20284	14522	17970	13567
分析样本	应答人数/人	5425	2033	5957	2033	7100	2033

注:(1)2013年、2015年和2018年三期横截面数据应答率的计算方法:至少完成问卷中一个主要板块的家庭数除以符合年龄条件的家庭数;(2)2013年、2015年和2018年数据中面板数据的应答率计算:基线中接受访谈并完成了当期问卷调查中至少一个主要板块的受访者人数除以基线中受访者的人数;(3)由于CHARLS数据每次不仅包括前一期的受访者,而且每期还增加新的调查对象,因此面板数据和横截面数据的样本量不相同;(4)表格中原始样本的数据资料来源:2019年5月《中国健康与养老报告》,作者结合了2018年的样本情况进行了整理;(5)本研究的分析样本除了限定60岁及以上的居家老年人,还排除了缺失数据较多、关键变量缺失的样本;(6)在照料需求影响死亡的分析中样本量是5425个,主要因为CHARLS数据中关于死亡老年人仅有存活和死亡,追踪过程中仅对存活老年人进行调查,加之排除了失访和缺失数据较多的样本,存活老年人样本有4665个(602位老年人死亡)。

3.1.2 变量和测量

以2018年CHARLS数据的家户调查问卷为例,主要涵盖了六大板块的信息:①基本信息,包括性别、出生日期、居住和户口类型、教育情况、婚姻状况、民族和宗教信仰等内容;②家庭,包括受访者父母、子女以及兄弟姐妹信息,家庭交往与经济帮助等内容;③健康状况和功能,包括自评健康和比较的自评健康状况、残疾和慢性疾病信息、生活习惯和行为、生理功能和帮助者情况、认知状态和抑郁情绪、满意度及知情人信息等内容;④医疗保险、医疗成本与使用情况;⑤工作和退休、养老金情况;⑥收入、支出与资产,包括家户收入与支出、家户和个人资产、房产和住房情况。① CHARLS 数据其他年份的问卷内容大体相似,不过在具体章节的分类上有所改变,如 2018 年问卷区别于 2015 年将知情人信息收集部分加入健康状况和功能版块中。在本研究对老年人日常照料需求满足程度及其对福祉的影响的研究中,结合问卷内容,对核心自变量和因变量的测量说明如下:

(1)自变量:照料需求的满足程度

按照国际的测量标准,本研究聚焦于从 ADL 和 IADL 两个客观方面结合老年人的主观态度综合评估老年人的日常照料需求的满足程度。ADL 和 IADL 条目都包括六项内容,分别向老年人询问"1. 在日常生活中,您自己完成该项活动是否有困难?",答案包括四项"a.没有困难;b.有困难但仍可以完成;c.有困难,需要帮助;d.无法完成",如果老年人在 1 题作答中选择了 b、c、d 选项,则继续追问老年人"2. 执行该项活动的时候是否有人帮助您?",答案包括两项"a.有人帮助;b.无人帮助"。如果老年人选择自己完成该项活动没有困难,则视为需求得到了满足;如果在 1 题中选择了 b、c、d 选项并在 2 题中选择了"a.有人帮助",代表老年人即使完成该项活动有困难但有人帮助执行该项活动,同样视为老年人的需求得到了满足;如果老年人在 1 题中选择了 b、c、d 选项,在 2 题中选择了"b.没人帮助",代表老年人完成该项活动有困难且无人帮助自己执行该项活动,即老年人的照料需求未得到满足。把老年人完成活动均不存在困难或者虽然存在困难但有人帮助执行各项活动归为需求得到满足,主要是因为如果老年人能自己穿衣服则表明穿衣服这件事情的相应需求得到了满足,无论是自己穿还是别人帮忙穿,其结果都是衣服穿在身上,也即需求指的是完成某项活动是否需要别人的帮助,而不是不需要做这项活动,而需求满足程度是指这个活动是否做到了,不仅仅指由别人帮助的活动。由此得到照料需求满足程度变量,包括 ADL 需求满足程度、IADL 需求满足程度和 ADL+IADL 需求满足程度,均是二分类变量。ADL 需求满足程度=0,代表老年人在 ADL 的各项条目中均不存在困难或者虽然存在困难但有人帮助执行各项活动;=1 代表老年人在 ADL 各项条目中至少有一项存在困难并且没有人提供帮助。ADL+IADL 需求满足程度=0,代表老年人在 ADL 和

---

① CHARLS 2018 年追访问卷[EB/OL].(2020-09-14)[2020-10-14].https://charls.charlsdata.com/Public/ashelf/public/uploads/document/2018-charls-wave4/application/CHARLS_2018_Household_Questionnaire.pdf.

IADL各项条目中均不存在困难或虽然存在困难但有人帮助执行各项活动；=1代表老年人在ADL和IADL的各项条目中至少有一项存在困难且无人提供帮助。IADL需求满足程度的测量和解释亦是如此。在此基础上，本研究区分了老年人未满足需求的项目数量，将ADL需求未满足、IADL需求未满足和ADL+IADL需求未满足进一步分为仅1项需求未满足、2~3项需求未满足和4项及以上的需求未满足，用于进一步分析需求满足程度及其对老年人福祉的影响。

CHARLS数据在调查的时候还向被访者询问了"3.请问在以上（上下床、洗澡、穿衣服、如厕和吃饭，购物，拨打电话、处理财务和药物、做饭和普通家务）困难中，都有谁帮助您？"，答案包括"a.配偶；b.父母、岳父母、公公和婆婆；c.女儿和女婿、儿子和儿媳、外孙子女和孙子女；d.兄弟姐妹及他们的配偶和子女，自己配偶的兄弟姐妹及其配偶和子女；e.其他亲属；f.雇佣人员（如保姆）；g.志愿者或者志愿机构人员；h.养老院人员；i.社区提供的帮助；j.其他人员"，能够获得老年人生活照料及帮助者的相关信息。对本研究中照料需求满足程度变量进行测量的图解如图3-1所示。

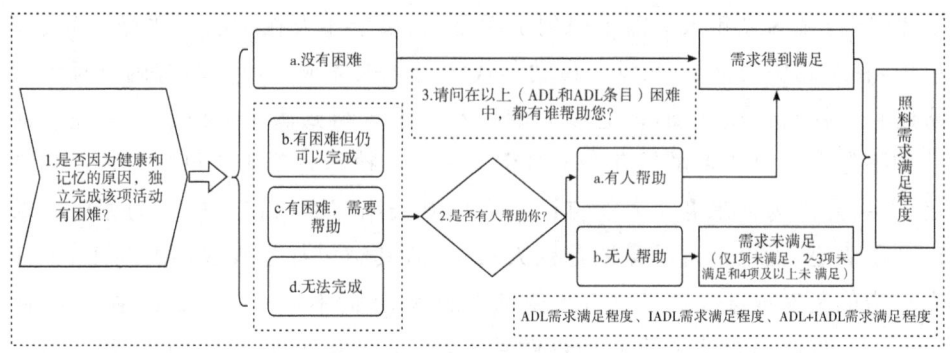

图3-1 需求满足程度的测量

资料来源：作者根据研究内容，结合CHARLS问卷内容绘制。

（2）因变量

本研究中老年人的福祉主要表现在疼痛、跌倒、抑郁、生活满意度和死亡五个方面，每个方面的测量如下：

①疼痛，询问老年人"您是否经常因为疼痛而难受？"答案有五项，=1代表完全没有；=2代表有一点；=3代表有一些；=4代表比较多；=5代表非常多。对其做虚拟变量处理为二分类变量，=1代表没有疼痛，=2/3/4/5代表有疼痛。

②跌倒,询问老年人"自上次访问以来您有没有摔倒过?"回答＝0代表未摔倒过,回答＝1代表摔倒过。这是一个二分类变量。

③抑郁,采用问卷中的CES-D(Center for Epidemiologic Studies Depressing,简称CES-D)量表来评估老年人的抑郁。CES-D量表共10个项目,8项负面措辞分别询问老年人过去一周内的感受或行为:"因一些小事而烦恼""做事时很难集中精力""感到情绪低落""觉得做任何事都很费劲""感到害怕""我的睡眠不好""我感到孤独""我觉得我无法继续我的生活",2项积极措辞分别询问老年人的感受"我对未来充满希望"和"我很愉快"。每个项目的得分范围从1分(很少或根本没有＜1天)、2分(不太多,1～2天)、3分(有时或有一半的时间,3～4天)到4分(大多数时间,4～7天),实际分析中将积极措辞的问答反向后再将10道题目的4个选项分别赋值0～3分,获得抑郁的总分范围是0～30分,得分越高表示老年人的抑郁状况越严重,而总分≥15分表示被访问对象患有抑郁情绪(Radloff L S,1977;黄庆波,王晓华,陈功,2015)。CES-D10量表已经被证明可以预测当前和未来的临床抑郁症状并具有令人满意的信效度(Beekman A T F,Deeg D J H,Van Limbeek J,et al.,1997;Andresen E M,Malmgren J A,Carter W B,et al.,1994;Roberts R E,Vernon S W,1983)。

④生活满意度,向老年人询问"您对自己的生活是否感到满意?"答案包括极其满意、非常满意、比较满意、不太满意和一点也不满意五项,进行虚拟变量处理:＝0表示老年人对生活感到满意(包括极其满意、非常满意和比较满意);＝1表示老年人对生活感到不满意(包括不太满意和一点也不满意)。这是一个二分类变量。

⑤死亡,定义为从2013—2018年追踪的过程中老年人是否死亡,是一个二分类变量。如果2013年接受调查的老年人在2013—2018年间死亡则赋值死亡＝1,代表老年人在2013—2018年追踪期间死亡;否则死亡＝0,代表在追踪期间存活的老年人,即既接受了CHARLS 2013年的调查也正常接受了2018年的调查。

3.1.3 分析方法

(1)老年人日常照料需求满足程度的分析

采用单变量描述分析和双变量交叉分析的方法,分别对CHARLS 2013

年、2015年和2018年的横截面数据进行分析,给出了连续变量的均值和标准误、分类变量的频数和百分比。具体呈现的内容包括样本特征、老年人日常照料需求、需求满足程度和帮助者信息,并利用年龄、性别、城乡、区域分布和家庭人均收入等变量分层分析了老年人照料需求的满足程度。

(2)对日常照料需求满足程度影响老年人福祉的分析

①在日常照料需求满足程度对疼痛的影响中,首先,采用CHARLS 2013年、2015年和2018年的横截面数据对老年人的疼痛状况、照料需求满足程度与疼痛状况进行单变量描述分析和双变量交叉分析,并对自变量与因变量之间的关联性做卡方检验。其次,采用2013—2018年的追踪数据,利用二元Logit模型对老年人日常照料需求满足程度(需求得到满足和需求未得到满足)对疼痛的影响进行分析。以ADL需求满足程度影响疼痛为例,需求满足程度的对照组是2013年ADL需求得到满足且2018年ADL需求得到满足以及2013年ADL需求虽然未得到满足但2018年ADL需求得到满足的老年人(即需求得到满足的老年人),分析组是2013年ADL需求得到满足但2018年ADL需求未得到满足和2013年ADL需求未得到满足且2018年ADL需求未得到满足的老年人(即需求未得到满足的老年人)。在此基础上,分别利用固定效应模型和随机效应模型对老年人日常照料需求满足程度(区分未满足需求的项目数量:仅1项未满足、2~3项未满足和4项及以上未满足)对疼痛的影响进一步展开分析,对结果进行检验获得最优的分析模型并对结果进行解释。采用相同的步骤和分析策略分别对日常照料需求满足程度对老年人的跌倒(二分类变量)、日常照料需求满足程度对老年人的生活满意度(二分类变量)的影响进行分析。

②在日常照料需求满足程度影响老年人抑郁的分析中,首先,采用CHARLS 2013年、2015年和2018年的横截面数据对老年人的抑郁状况(分类变量)、照料需求满足程度与抑郁状况(分类变量)进行单变量描述分析和双变量交叉分析。其次,对照料需求满足程度与老年人的抑郁状况(连续变量)做方差分析以分析二者之间的关联性。最后,采用2013—2018年的追踪数据,利用OLS模型对老年人日常照料需求满足程度(需求得到满足和需求未得到满足)对抑郁(连续变量)的影响进行分析。在此基础上,分别利用混合OLS模型、固定效应模型和随机效应模型对老年人日常照料需求满足程度(区分未满足需求项目的数量)对抑郁(连续变量)的影响做进一步的分析和检验,选择最优的分析模型并对结果进行说明和解释。

③在老年人日常照料需求满足程度对死亡的影响中,首先对老年人的死亡状况、照料需求满足程度与死亡状况进行单变量描述分析和双变量交叉分析。CHARLS 2013年、2015年和2018年数据中的死亡为存活或死亡两种状态,每期仅对存活老年人进行追访,故数据分析中死亡老年人的基本特征和日常照料需求满足程度均为2013年调查开始之时,即死亡老年人存活(基线)时候的信息。其次,在对自变量与因变量间的相关关系做卡方检验的基础上,采用二元Logit模型对老年人日常照料需求满足程度对死亡的影响进行分析。上述所涉及的所有操作和步骤均利用STATA 14.0软件实现。

利用OLS模型和二元Logit模型的原理简单阐述如下:

自变量 X 关于 Y 的一元线性回归模型表示为式(3-1):

$$Y_i = \beta_0 + \beta_1 X_i + u_i \tag{3-1}$$

其中,β_0 表示直线的截距,β_1 表示总体回归线的斜率,代表 X 变化1个单位引起 Y 的变化,u_i 是误差项。如老年人的照料需求满足程度 unmet 影响抑郁 cesd(连续变量)的公式可以表示为式(3-2),其中联系老年人照料需求满足程度和抑郁的直线斜率 β_1 和截距 β_0 可以采用普通最小二乘(Ordinary Least Squares,OLS)法进行估计。

$$cesd = \beta_0 + \beta_1 unmet + u_i \tag{3-2}$$

当因变量是分类变量的时候,适用Logistic回归或Logit回归模型,区别在于Logit属于对数线性模型。二元Logit模型即因变量是二分类变量,由于二值因变量 Y 的回归建立了 $Y=1$ 的概率模型,因此采用使预测值落在0到1之间的非线性形式。二值因变量 Y 包含多个回归变量的总体Logit模型如公式(3-3)所示,模型的系数可以采用最大似然方法进行估计(Stock J H,Waston M W,沈根祥,等,2012)。

$$Pr(Y=1)|X_1, X_2, \cdots, X_k = F(\beta_0 + \beta_1 X_1 + \beta_2 X_2 + \cdots + \beta_k X_k)$$
$$= \frac{1}{1+e^{-(\beta_0+\beta_1 X_1+\beta_2 X_2+\cdots+\beta_k X_k)}} \tag{3-3}$$

在本研究中,结合研究目的和面板数据①的特性,选择使用固定效应、随机效应和混合效应模型对数据进行处理和分析的原理及相关的检验方法如下:面板数据由每个截面单元的一个时间序列组成,同时考虑了截面维度和时间维度两个方面,拥有截面数据没有的优势,如便于控制个体的异质性、降低

---

① 皆来源于英文的panel data,可翻译为面板数据、追踪数据或随访数据等。

了变量间共线性的可能等。横截面数据无法获得有关个体特性的信息,这些可以用 a_i 表示。面板数据近似认为个体在各个时期的 a_i 不变,因此将其从误差项中拉出来,即可以通过前一期减去这一期的数据以消去 a_i。以连续变量为例,具体的公式呈现在方程(3-4)中:

$$y_{it} = \mu_t + \beta x_{it} + \gamma z_i + a_i + \varepsilon_{it} \quad t = 1,2\cdots,T \tag{3-4}$$

其中,y_{it} 是因变量,x_{it} 表示在不同时点有所变化的自变量,z_{it} 表示不随时间变化的自变量,μ_t 是截距,每一个时期都可以不同,β 和 γ 是系数,a_i 和 ε_{it} 都是误差项但特性表现不同,每一个个体在不同时点都有一个不同的 ε_{it},但 a_i 只在不同个体之间有所不同且不随时间的变化而变化,即 a_i 代表着所有未被观测的非时变量对于 y 的综合影响。

面板数据回归分析的实现通常包括固定效应模型(Fixed Effects Model)、随机效应模型(Random Effects Model)和混合效应模型(Pooled Effects Model)三种处理方法。固定效应模型是最常用的方法,主要通过将每一期的数据减去几期数据的均值消去 a_i,特点在于能高效地控制所有非时变预测变量,无论是得到测量还是没有被测量的。当变量只被观察两次($t=2$)时,上述方程(3-1)对应的两个方程分别是:

$$y_{i1} = \mu_1 + \beta x_{i1} + \gamma z_i + a_i + \varepsilon_{i1} \quad t = 1 \tag{3-5}$$

$$y_{i2} = \mu_2 + \beta x_{i2} + \gamma z_i + a_i + \varepsilon_{i2} \quad t = 2 \tag{3-6}$$

方程(3-6)减去方程(3-5),即得到方程(3-7),可以被改写成方程(3-8),其中 Δ 表示差分值。如此,a_i 和 γz_i 即被差分消除了,a_i 不再可能会与 Δx_i 存在相关。

$$y_{i2} - y_{i1} = (\mu_2 - \mu_1) + \beta(x_{i2} - x_{i1}) + (\varepsilon_{i2} - \varepsilon_{i1}) \tag{3-7}$$

$$\Delta y_i = \Delta \mu + \beta \Delta x_i + \Delta \varepsilon_i \tag{3-8}$$

由于 x_{i1} 和 x_{i2} 分别与 ε_{i1} 和 ε_{i2} 无关,Δx_i 与 $\Delta \varepsilon_i$ 也相互独立。因此对差分进行一般最小二乘(OLS)回归就能得到 β 的无偏估计。

与固定效应模型紧密相关的模型是随机效应模型和混合效应模型,最关键的不同在于不能把 a_i 当作固定不变的,即是随机的,与 x_{it} 之间可能存在相关性,能够纳入非时变变量是随机效应模型与固定效应模型的最大区别。如果不考虑个体特征(a_i)进行混合回归,即混合效应模型不考虑样本的个体差异。Hausman 检验方法通常被用来判断选择固定效应模型或随机效应模型哪个更优(Allison P D,李丁,2018)。考虑到一般的 Hausman 检验可能为负值且存在检验异方差和自相关情况下的失效风险问题,还可以采用稳健的 Hausman 检验、修正的 Hausman 统计量、基于 Bootstrap 法的 Hausman 检验和基于过度识别检验的 Wald 统计量等方法进一步进行检验。

以老年人日常照料需求满足程度对抑郁的影响为例,抑郁 cesd 为因变量(连续变量,取值范围在 0~30 之间),老年人日常照料需求满足程度 unmet 是自变量,建立如式(3-9)所示的模型(β 是待估计系数)。分别采用混合 OLS 模型、固定效应模型和随机效应模型对区分未满足需求项数的照料需求满足程度对抑郁的影响进行分析,并采用固定效应的 F 检验、随机效应的 BP 检验、Hausman 检验和修正的 Hausman 统计量检验哪种分析模型最优。

$$\text{cesd}_{it} = \mu_t + \beta \text{unmet}_{it} + \gamma z_i + a_i + \varepsilon_{it} \quad t = 1, 2 \cdots, T \qquad (3\text{-}9)$$

3.2 定性研究方法

3.2.1 研究对象的选择

研究资料所具有的典型性,代表了当前社会发展阶段中研究对象和研究问题的普遍性特征。本研究基于研究问题和现有条件,采取目的性的抽样方法在湖北襄阳、广西南宁和广西贺州各选择 10 位居住在城市的居家失能老年人,总共有 30 位老年人进行深度访谈;分别在三个地方选择 10 位居住在城市的居家老年人组织焦点小组访谈。对三个城市的居家老年人进行深入研究有助于深化对研究议题的理解,能够比较好地代表研究对象的一般发展形势。广西南宁和贺州的访谈时间在 2019 年 2 月至 3 月,湖北襄阳的访谈时间在 2019 年 9 月。广西南宁和湖北襄阳也是 CHARLS 数据收集的城市,本研究在此基础上还补充了广西贺州老年人的深度访谈和焦点小组访谈资料,以获得对经济欠发达地区和养老服务欠缺地方的老年人照料服务的可及性和未满足状态的深度剖析。广西壮族自治区地处我国西部地区,经济相对来说欠发达,访谈当时老年人居家和社区养老服务和项目较少。省会南宁从 2010 年开始试点居家养老服务,是广西养老服务改革的核心城市,与广西其他城市相比经济发达一些,老年人的经济也相对更为独立,大多居住在楼房。贺州相对较小,城市定位是休闲旅游养生,老年人多与子女共居在一栋楼中,经济更为依赖,"养儿防老"的特征也更明显,地方层面与养老服务相关的文件下发于2016年及以后。贺州街道上有不少私人诊所,老年人出于便捷经常会去这些诊所看病。湖北省地处我国中部地区,襄阳是湖北的地级市,访谈当时相关的社区和居家养老服务项目较少。不同的是,CHARLS数据在这几个城市分别收集了城市和农村老年人的数据,考虑到广西南宁、广西贺州和湖北襄阳三个城市中城市地区的社区和居家养老服务如日方升,而农村地区的社区和居家养老服务项目虽然初露雏形但是发展非常不健全,本研究仅对居住在城市地区的老年人进行了访谈。

深度访谈入户进行,访谈对象的纳排标准是老年人失能或部分失能。焦点小组参与者选择的标准包括:(1)老年人年龄在70岁及以上;(2)听力和表达能力良好。分别在广西南宁、广西贺州和湖北襄阳三个地方组织了焦点小组访谈,最终广西南宁焦点小组访谈有8人参加,广西贺州焦点小组访谈有8人参加,湖北襄阳焦点小组访谈有8人参加,共计24人(分别排除了夫妻同来参加焦点小组的情况)。焦点小组的参与者大多由当地居委会招募符合条件的老年人,并在当地居委会办公室或会议室进行,行动不便的老年人由照料者陪同参加。

3.2.2 资料收集方法

主要包括半结构式的深度访谈、焦点小组讨论、非参与式观察以及查阅政策资料四种方法。由具有老年调查经验的研究者进行访谈、录音、转录和讨论分析,并回访当地社区工作者与老年人核实相关信息。

深度访谈以半结构的形式进行,每次访问之前都征集了老年人及其家人的知情同意。访谈的主要内容包括:(1)老年人的个人情况:年龄、家庭成员、同住成员、养老金和医保报销情况、健康状况、生活自理情况(什么事情需要帮助)和每天的主要活动。(2)照顾者情况:平时谁来照顾您?她/他的年龄和性别、与您的关系、是否工作、居住情况(是否与您住一起或距离您多远)、主要为您做什么事情、每天花多少时间照顾您、您对她/他的照顾是否满意、您觉得她/他照顾您有什么困难?(3)社区服务的使用情况:询问老年人有没有使用过社区和居家养老服务。如使用过,使用过什么服务?您对该项服务是否满意？为什么？如未使用过，为什么（提示：没有服务、价格高或服务质量不好等）？(4)您如何满足日常生活中的需求？在日常生活中遇到什么挑战或困难？您现在的日常生活有什么不方便或困难的地方？您希望社区或政府提供什么服务？如何提供？

焦点小组同样采取半结构式的访谈方案展开，每次访问之前均征集了老年人或他们家人的知情同意。焦点小组中首先由每位参与的老年人就自己的年龄、健康和日常活动的状况、子女数、生活安排和社会保险等情况做简单的介绍，之后集中讨论如下三个问题：(1)如何满足日常生活中的需求？(2)在日常生活照料需求中有什么没有满足的？遇到什么挑战或困难？(3)对社区和居家养老服务的使用和态度。

非参与式观察(non-participant observation)也称局外观察，特点是访问人尽量不对被访者及其环境造成影响，不参与他们的生活和活动，可以看作"冷眼旁观"或"坐山观虎斗"（风笑天，2018）。在本研究中采用这种方法对老年人最基本的状态进行观察，帮助形成本研究问题的焦点。具体的观察内容包括(1)家居环境：家居是否失修，是否杂乱、光线不足或没有照明，地面是否有洞或水管渗漏，环境是否干净，老鼠、苍蝇、蟑螂或其他昆虫是否横行，不足的暖气或冷气设施（夏天太热、冬天太冷）；(2)老年人的身体状况和行动能力：进出家门有困难、无法上下楼梯、房间内难以活动等；(3)住房及生活设施：住宅类型，是否有自来水、电视机、冰箱和洗衣机等；(4)居家便利情况：是否有楼梯或电梯，是否有辅助移动的设施（比如易抓握的扶手），轮椅是否能够到达每个房间，是否有求助器或报警器，居所是否改装以照顾老年人的生活便利等；(5)居所外环境，如街上交通繁忙混乱、备有紧急求生设备、社区或超市容易抵达或提供送货服务等情况。

查阅政策资料，主要查阅关于养老服务供给和服务体系建设的地方政策和行政文件。

3.2.3 资料分析方法

分析资料是比收集资料更难的工作，其实质是研究者在编码、逐步集中和浓缩的过程中获得对资料条理化和系统化的分析，最终对原始资料进行意义的解释（李晓凤，佘双好，2006）。本研究中收集、分析和对文本的解释是同步进行的,是一个持续的过程。具体的资料分析方法包括比较分析、文本分析和三角验证等。

深度访谈和焦点小组讨论获得的资料都是以录音的形式存在的,访谈和讨论过程中的观察笔记以文本形式存在。第一,对录音资料进行精准转写,整体转写完成后再根据录音资料进行文本核实、补充和修正,防止误听、漏记和误记等情况,对资料不全或错误记录之处及时增补和改正,做到忠实于研究对象;还与访谈和讨论过程中记录的关键信息和非语言行为等观察笔记的内容进行融合整理,补充遗漏的细节和补全简录的内容,形成完整的文本资料并打印以备分析。第二,在对文本资料进行充分分析之前,遵循"置身事外"的原则,即研究者保持中立和不掺杂个人的主观经验和情感,以自然的态度分析和理解文本资料。第三,在开始分析的时候,首先通读所有资料,获得一般性的感受并记录感受,写下关于如何组织资料的想法;然后围绕如何回应本研究中的研究问题,详细和深入地阅读资料,并对资料进行开放式编码,在这个过程中做到一边读一边编码和一边思考。第四,编码结束之后把所有的编码列出来,合并与连接所有的编码,即"合并同类项",将所有的编码压缩到合适的数量和维度。第五,将压缩后的编码与原始的文本资料做对照,将相似的编码合在一起形成主题,通过不断地阅读文本资料,将发现的模式与资料做对比并凝练主题。文本分析的过程中还使用了三角验证对分析结果进行对比和查验,保证结果的准确性。

3.2.4 研究对象的基本信息

通常来说,对配偶健在和子女在身边的老年人,家庭成员的照料是主要的照料模式。在本研究的定性分析中,将严重失能定义为老年人 ADL 项目失能,日常生活无法自理;将部分失能定义为老年人可以自理,但执行 IADL 存在困难。其中 ADL 的内容包括进食、穿衣、洗澡、位置转移、如厕和上下楼梯;IADL 的内容包括使用电话、使用交通工具、购物、煮饭、普通家务、洗衣、吃药和财务管理。

深度访谈对象的基本信息如表 3-2 所示,根据老年人的居住安排将他们的照料模式分为四种:由配偶提供照料(包括配偶提供照料和子女辅助照料的情况)、仅由子女提供照料、没有配偶和子女老年人的自我照料以及通过雇佣保姆获得照料。深度访谈对象中,严重失能的老年人有 14 位,其中 5 位老年人配偶健在,7 位老年人由子女提供照料,3 位老年人雇佣保姆提供照料;16 位部分失能的老年人中,6 位老年人由配偶提供照料,8 位老年人由子女提供照料,2 位老年人独居自己照顾自己。老年人的年龄在 70 岁到 92 岁之间,除了 1 位老人无子女,2 位老人分别仅有 1 位健在子女外,大多数老年人都有多个在世的子女,潜在的照料资源丰富。30 位老年人中的 2 位没有退休金,3 位老年人的退休金在 100 元左右,其余老年人均有几千元不等的退休金。

对广西南宁、广西贺州和湖北襄阳 30 位深度访谈的老年人和 24 位焦点小组访谈的老年人进行编码(不是对文本信息的编码,可看作是被访老年人的代号),规则如下:

(1)访谈城市:南宁(N)、贺州(H)、襄阳(X);
(2)访谈形式:焦点小组(F),深度访谈(D);
(3)老人性别:男性(M)、女性(F);
(4)失能程度:严重失能(1)、部分失能(2)、能够自理(3);
(5)照料模式:配偶照料(S)、子女照料(C)、雇佣保姆(E)、自我照料(A);
(6)老年人的年龄。

编码示例:如果广西南宁第 2 位参加深度访谈,70 岁身体严重失能的男性老年人,与配偶共同居住,则其对应的编码是 ND2-M1-S70。深度访谈和焦点小组访谈老年人对应的编码情况见表 3-2 和表 3-3 的内容。

表 3-2　深度访谈老年人的编码与基本情况($N=30$)

失能程度	照料模式	编码	年龄	性别	退休金/(元/月)	子女数与同住	城市
严重失能 ($n=14$)	配偶照料	ND1-M1-S76	76	男	115(低保金)	2;配偶	南宁
		ND2-M1-S70	70	男	3350	3;配偶	
		HD1-M1-S79	79	男	2000	2;配偶和子女	贺州
		XD1-M1-S79	79	男	4000	5;配偶	襄阳

续表

失能程度	照料模式	编码	年龄	性别	退休金/（元/月）	子女数与同住	城市
严重失能（n=14）	子女照料	ND3-F1-C74	74	女	2000	2;子女	南宁
		ND4-F1-C88	88	女	3000	3;独居（二媳妇送饭）	
		HD2-F1-C85	85	女	3000	5;子女	贺州
		HD3-F1-C81	81	女	300	3;儿媳妇	
		HD4-F1-C84	84	女	90	8;子女	
		HD5-F1-C78	78	女	90	6;子女	
		XD2-F1-C88	88	女	1100	4;子女	襄阳
	雇佣保姆	ND5-F1-E86	86	女	2795	0;保姆	南宁
		HD6-F1-E74	74	女	3500	1;配偶和保姆	贺州
		HD7-F1-E84	84	女	4000	5;子女和保姆	
部分失能（n=16）	配偶照料	ND6-M2-S78	78	男	2000	4;配偶和子女	南宁
		ND7-F2-S80	80	女	2000	2;配偶	
		ND8-M2-S72	72	男	1700	3;配偶和子女	
		HD8-F2-S70	70	女	0	1;配偶	贺州
		XD3-M2-S82	82	男	5600	2;配偶和子女	襄阳
		XD4-M2-S86	86	男	5000	3;配偶	
	子女照料	ND9-F2-C86	86	女	3600	2;子女	南宁
		ND10-F2-C86	86	女	3000	3;孙子	
		HD9-M2-C92	92	男	3000	5;子女	贺州
		HD10-F2-C89	89	女	0	5;子女	
		XD5-M2-C79	79	男	3000	5;子女	襄阳
		XD6-F2-C87	87	女	1500	5;子女	
		XD7-M2-C83	83	男	5000	4;子女	
		XD8-M2-C72	72	男	2100	2;子女	
	自我照料	XD9-F2-A82	82	女	1500	2;独居	襄阳
		XD10-F2-A85	85	女	4175	3;独居	

资料来源：作者根据访谈资料和内容进行整理。

表 3-3 焦点小组访谈老年人的编码与基本情况 ($N=24$)

失能程度	照料模式	编码	年龄	性别	退休金/(元/月)	子女数与同住	城市
部分失能 ($n=3$)	配偶照料	NF1-M2-S85	85	男	3000	1；配偶	南宁
	子女照料	NF2-F2-C73	73	女	700(低保金)	2；儿子	
	自我照料	NF3-F2-A84	84	女	3000	3；独居	
能够自理 ($n=21$)	配偶照料	NF4-M3-S83	83	男	5000	3；配偶	南宁
		NF5-M3-S85	85	男	4000	3；配偶	
		HF1-M3-S72	72	男	300(低保金)	3；配偶和子女	贺州
		HF2-M3-S71	71	男	2500	3；配偶	
		XF1-M3-S72	72	男	3000	2；配偶	襄阳
		XF2-M3-S78	78	男	3000	3；配偶	
		XF3-F3-S73	73	女	2000	2；配偶和子女	
		XF4-F3-S70	70	女	1400	1；配偶和子女	
		XF5-M3-S70	70	男	70(1500元工资)	2；配偶	
	子女照料	NF6-M3-C84	84	男	6000	0；孙子	南宁
		NF7-F3-C75	75	女	无退休金	4；儿子	
		HF3-M3-C74	74	女	2000	3；子女	贺州
		HF4-M3-C86	86	女	无退休金	5；子女	
		HF5-M3-C78	78	女	1900	5；子女	
		HF6-M3-C81	81	女	1300	2；子女	
		XF6-M3-C74	74	女	2100	2；子女	襄阳
		XF7-M3-C76	76	女	1600	2；子女	
		XF8-M3-C70	70	女	2700	1；子女	
	自我照料	NF8-F3-A72	72	女	2400	0；独居	南宁
		HF7-M3-A75	75	男	2200	2；独居	贺州
		HF8-M3-A83	83	男	2500	0；独居	

资料来源：作者根据访谈资料和内容整理获得。

排除了老年夫妻均来参与焦点小组访谈的情况（视为仅1位男性老年人或1位女性老年人参加），表3-3列出了焦点小组访谈对象的基本信息，广西南宁、广西贺州和湖北襄阳三个地方分别有8位老年人参加了焦点小组访谈。老年人的照料模式划分与深度访谈对象相同，这里仅有三种结果，即配偶照料、子女照料和自我照料。不同于深度访谈的老年人,焦点小组的参与者身体健康状况较好,在广西南宁仅有3位部分失能老年人参与了焦点小组访谈,他们分别由配偶、子女和自我提供照料。其余老年人的生活均能自理,其中9位老年人由配偶提供照料(南宁2位,贺州2位,襄阳5位),9位老年人由子女提供照料(南宁2位,贺州4位,襄阳3位),3位老年人独居是自我照料(南宁1位,贺州2位)。24位老年人中有11位男性老年人,最年长的老年人86岁与子女居住在一起由子女提供照料。老年人普遍有多个子女,个别老年人的子女去世或无子女或仅有1位在世子女。南宁和贺州分别有1位老年人无退休金,个别老年人享受低保待遇;襄阳1位老年人(XF5-M3-S70)虽然居住在城市,但是是农村户籍每月有70元的养老金,老人通过自己当保安每月有1500元工资,其余老年人每个月均有几千元不等的退休金收入。

第4章 居家老年人日常照料需求满足程度的分析

4.1 样本特征

排除了关键变量缺失的样本后,2013年、2015年和2018年的CHARLS横截面数据中60岁及以上居家老年人的样本量分别是5425、5957和7100,详细的人口统计学分布见表4-1。2013年老年人的平均年龄是69.1岁,与2015年和2018年老年人的平均年龄无显著差别(分别是69.3岁和70.0岁)。三期数据中80岁及以上的高龄老年人所占的比例在6.7%~8.9%之间,女性老年人的占比均超过总体的一半;调查时大多数老年人的婚姻状况是已婚有配偶,其他婚姻状况(离婚/丧偶/从未结婚等)的老年人数量不超过各年样本总量的25%。2013年和2018年60岁及以上的农村老年人的比例大约是61%,2015年稍有增加达到了63.2%。2013年、2015年和2018年受教育程度是小学的老年人占各年份样本的比例最高,其次是未接受过教育的老年人,占比分别是35.5%(2013年)、35.7%(2015年)和31.0%(2018年),2018年初中及以上受教育水平的老年人数量超过了样本总数的22%。三期数据的样本数量在区域间的分布较为均衡,西部、中部和东部地区老年人所占比例均在33%左右。

考虑到我国各个省区市的经济发展状况差异,对老年人家庭人均收入高低的处理如下:(1)计算老年人的家庭人均收入[①];(2)将家庭人均收入按照老年人所在省区市进行高低划分,家庭人均收入位于所在省区市所有老年人家

[①] 家庭总收入包括每个家庭成员的工作收入、补助、奖金;农业、畜牧业和农副产品收入,自开公司收入和家户政府转移收入;各类养老金、高龄补贴等;除以家庭成员数即为家庭人均收入。

表 4-1 2013—2018 年的样本分布

变量	2013 年（N=5425）		2015 年（N=5957）		2018 年（N=7100）	
	频数/n	百分比/%	频数/n	百分比/%	频数/n	百分比/%
年龄（mean,SD）	69.1,6.6		69.3,6.5		70.0,6.7	
低龄组（年龄<80）	5064	93.3	5550	93.2	6467	91.1
高龄组（年龄≥80）	361	6.7	407	6.8	633	8.9
性别						
男性	2484	45.8	2630	44.2	3152	44.4
女性	2941	54.2	3327	55.8	3948	55.6
婚姻状况						
已婚有配偶	4197	77.4	4556	76.5	5375	75.7
未婚/丧偶/离婚/分居等	1228	22.6	1401	23.5	1735	24.3
城乡						
农村	3309	61.0	3764	63.2	4340	61.1
城市	2116	39.0	2193	36.8	2760	38.9
受教育水平						
未上过学	1925	35.5	2124	35.7	2201	31.0
小学	2476	45.6	2685	45.1	3284	46.3
初中及以上	1024	18.9	1148	19.3	1615	22.8
区域分布						
西部	1891	34.9	2021	34.0	2392	33.7
中部	1802	33.2	1972	33.1	2347	33.1
东部	1732	31.9	1964	33.0	2361	33.3
家庭人均收入						
收入低	2651	48.9	3073	51.6	3728	52.5
收入高	2774	51.1	2884	48.4	3372	47.5

庭人均收入排序的二分位数以上，则为家庭人均收入高；家庭人均收入位于所在省（区、市）所有老年人家庭人均收入排序的二分位数及以下，则属于家庭人均收入低的群组。举例如老年人所在地为北京，收入高表示其家庭人均收入大于50%的所有参与调查的北京老年人的家庭人均收入。从样本分布来看，2015年和2018年家庭人均收入低的老年人数量多于家庭人均收入高的老年人数量，2013年家庭人均收入高的老年人占比稍高于家庭人均收入低的老年人占比。

4.2 老年人照料需求的满足程度

4.2.1 照料需求及满足程度的整体情况

老年人日常照料需求主要包括日常生活活动能力(ADL)和工具性日常生活活动能力(IADL)两部分。按照老年人完成该项活动的困难程度分为四个等级：没有困难、有困难但仍然可以完成、有困难需要帮助和无法完成。根据CHARLS问卷如果被访老年人回答有困难但仍然可以完成、有困难需要帮助和无法完成三项中的任何一项，则继续询问老年人是否有人帮助执行该项活动。对老年人自己执行活动是否存在困难的分析结果如表4-2所示，2013年、2015年和2018年绝大部分老年人完成ADL和IADL的条目都没有困难，少部分老年人无法执行这些条目或者执行这些条目存在困难。分具体的ADL和IADL活动条目来看，2013年、2015年和2018年ADL中吃饭没有困难的老年人占比最高(三期均约96%)；如厕没有困难的老年人占比最低，三期数据中均在80%左右；其他项目从低到高老年人独自执行存在困难或无法完成的依次是控制大小便、穿衣、上下床和洗澡。IADL中2013年、2015年和2018年老年人处理药物没有困难的占比都超过了90%，为占比最高的项目；2013年使用电话存在困难或无法完成的老年人比例最高(21.6%)，其次是做家务(17.2%)；2015年和2018年做家务存在困难或无法完成的老年人比例最高(21.1%和22.9%)，其次是使用电话(20.1%和17.5%)。对比ADL和IADL条目，基本呈现出执行IADL没有困难的老年人的比例整体低于ADL的特征，也即IADL存在困难和无法完成的老年人占比整体高于ADL，IADL需要的复杂程度高于ADL。

表 4-2　老年人的照料需求：自己执行活动是否存在困难　　单位：%

日常生活照料需求		2013 年 (N=5425)		2015 年 (N=5957)		2018 年 (N=7100)	
		没有困难	有困难但仍可完成/需要帮助/无法完成	没有困难	有困难但仍可完成/需要帮助/无法完成	没有困难	有困难但仍可完成/需要帮助/无法完成
ADL	穿衣	92.1	7.9	90.1	9.9	89.3	10.7
	洗澡	89.8	10.2	87.7	12.3	87.2	12.8
	吃饭	96.8	3.2	96.0	4.0	96.1	3.9
	上下床	91.2	8.8	88.2	11.8	88.8	11.2
	如厕	80.4	19.6	77.4	22.6	81.0	19.0
	控制大小便	93.4	6.6	92.5	7.5	92.6	7.4
IADL	做家务	82.8	17.2	78.9	21.1	77.1	22.9
	做饭	85.9	14.1	85.1	14.9	83.1	16.9
	购物	87.1	12.9	86.7	13.3	86.2	13.8
	使用电话①	76.4	21.6	77.8	20.1	80.0	17.5
	处理药物	93.8	6.2	93.1	6.9	92.4	7.6
	处理财务	85.3	14.7	84.6	15.4	84.3	15.8

向老年人询问执行 ADL 五项条目②是否有人帮助，穿衣、吃饭、上下床和如厕四项条目中老年人选择没有人提供帮助的占比在 2013 年、2015 年和 2018 年均超过了 50%，2013—2018 年五项 ADL 条目中如厕没有人帮助的老年人占比最高，均超过了回答该项问题的老年人总数的 85%。2015 年和 2018 年老年人在洗澡条目上选择无人提供帮助的占比超过了 50%，2013 年洗澡无人帮助的比例少于回答该项问题的老年人总数的一半。与 ADL 条目的回答结果相反，2013 年、2015 年和 2018 年 IADL 六项条目中没有人帮助的老年人占比基本不到 50%（仅 2015 年处理药物无人帮助的比例达到了 51.2%）。其

---

① 使用电话除与其他活动有相同的前 4 项回答之外，还包括第 5 项回答"不适用，家里没有电话"，2018 年选择该回答的人群占比 2.5%，2015 年选择该回答的人群占比 2.1%，2013 年是 2.0%。结果未呈现在表格中，特此说明。

② CHARLS 问卷中 ADL 包括 6 项条目，其中控制大小便这一条目仅向老年人询问了执行该项活动是否有困难，无法询问是否有人帮助老年人控制大小便。因此在照料需求的满足程度中，ADL 包括了前 5 项条目而未包括控制大小便。

中,2013 年和 2015 年无人帮助处理药物的老年人比例最高(2013 年是 47.2%),2018 年无人帮助做家务的老年人占比最高(47.2%),而 2013 年、2015 年和 2018 年无人帮助购物的老年人占比均为最低(均不到 26%)。对比 ADL 和 IADL 条目发现,2013 年除了洗澡条目(有人帮助的比例是 54.1%)外,2013 年、2015 年和 2018 年 3 个年份中 IADL 条目有人帮助的老年人比例整体高于 ADL 条目有人帮助的比例,而 2015 年和 2018 年 ADL 无人帮助的老年人比例整体高于 IADL 无人帮助的老年人比例,详细的结果如表 4-3 所示。

表 4-3 老年人照料需求的满足程度:是否有人帮助执行该项活动

照料需求满足程度		2013 年(n,%)		2015 年(n,%)		2018 年(n,%)	
		有人帮助	无人帮助	有人帮助	无人帮助	有人帮助	无人帮助
ADL	穿衣	149(34.7)	281(65.3)	205(34.5)	389(65.5)	263(34.7)	495(65.3)
	洗澡	300(54.1)	254(45.9)	352(47.3)	392(52.7)	448(49.4)	459(50.6)
	吃饭	61(35.1)	113(64.9)	80(32.4)	167(67.6)	79(28.8)	195(71.2)
	上下床	110(22.9)	370(77.1)	122(17.2)	589(82.8)	173(21.8)	622(78.2)
	如厕	130(12.2)	932(87.8)	134(9.9)	1223(90.1)	147(10.9)	1205(89.1)
IADL	做家务	508(54.3)	428(45.7)	683(54.0)	583(46.1)	860(52.8)	768(47.2)
	做饭	529(69.0)	238(31.0)	630(70.5)	264(29.5)	764(63.5)	439(36.5)
	购物	539(76.4)	167(23.7)	615(76.0)	194(24.0)	730(74.8)	246(25.2)
	使用电话	833(71.1)	338(28.9)	852(70.8)	351(29.2)	864(69.5)	379(30.5)
	处理药物	181(52.8)	162(47.2)	205(48.8)	215(51.2)	197(55.0)	243(45.0)
	处理财务	509(61.7)	316(38.3)	566(59.4)	387(40.6)	699(62.5)	419(37.5)

综合表 4-2 老年人自己执行 ADL 和 IADL 活动是否存在困难和表 4-3 是否有人帮助执行相关活动的内容后,获得老年人 ADL 和 IADL 需求得到满足和未满足的状况。ADL 需求得到满足包括老年人自己执行 ADL 活动均没有困难以及虽然执行某一项或多项活动有困难但有人帮助执行这些活动;ADL 需求未得到满足表示老年人执行该类活动中至少一项有困难且没有人帮助执行这些活动。同理获得 IADL 需求满足程度和 ADL+IADL 需求满足程度的定义和分布状况,ADL+IADL 需求得到满足代表老年人 ADL 和 IADL 需求均得到满足,而 ADL+IADL 需求未满足代表老年人在 ADL 和 IADL 条目上至少存在一项活动未得到满足。详细结果呈现在表 4-4 中,其中 2013 年、

2015年和2018年ADL需求未得到满足的老年人分别占当年样本总数的25.4%、30.4%和27.3%，高于IADL需求未得到满足的老年人比例（分别是19.6%、22.0%和21.7%），而三期数据中ADL+IADL需求未得到满足的老年人比例均超过了当期样本总数的三分之一。

进一步对老年人的ADL需求未得到满足、IADL需求未得到满足和ADL+IADL需求未得到满足的情况按照各自有几项需求未得到满足进行分析，结果发现2013年、2015年和2018年仅1项ADL需求未得到满足的比例均在16%左右，仅1项IADL需求未得到满足的比例在13%~15%之间。三期数据中4项及以上的ADL需求未得到满足的老年人比例不到当期样本总数的3%，IADL 4项及以上的需求未得到满足的老年人比例在0.9%~1.3%之间，ADL+IADL的这一比例分别是5.4%（2013年）、6.8%（2015年）和7.1%（2018年）。

表4-4 2013—2018年老年人照料需求的满足程度

照料需求满足程度		2013年 (N=5425)		2015年 (N=5957)		2018年 (N=7100)	
		频数/n	百分比/%	频数/n	百分比/%	频数/n	百分比/%
ADL	需求得到满足	4047	74.6	4148	69.6	5161	72.7
	需求未得到满足	1378	25.4	1809	30.4	1939	27.3
	其中:仅1项未满足	832	15.3	1044	17.5	1094	15.4
	2~3项未满足	445	8.2	592	9.9	652	9.2
	4项及以上未满足	101	1.9	173	2.9	193	2.7
IADL	需求得到满足	4362	80.4	4648	78.0	5562	78.3
	需求未得到满足	1063	19.6	1309	22.0	1538	21.7
	其中:仅1项未满足	704	13.0	895	15.0	952	13.4
	2~3项未满足	313	5.8	355	6.0	492	6.9
	4项及以上未满足	46	0.9	59	1.0	94	1.3
ADL+IADL	需求得到满足	3578	66.9	3608	60.6	4500	63.4
	需求未得到满足	1847	34.1	2349	39.4	2600	36.6
	其中:仅1项未满足	938	17.3	1179	19.8	1258	17.7
	2~3项未满足	615	11.3	763	12.8	841	11.8
	4项及以上未满足	294	5.4	407	6.8	501	7.1

关于有哪些人帮助老年人执行上述 ADL 和 IADL 条目,相关的帮助者信息呈现在了表 4-5 中。2013 年老年人最多获得来自配偶的帮助(50.6%),其次是来自子女/儿媳/女婿、孙子女/外孙子女的帮助(44.3%)。2015 年和 2018 年老年人最多获得来自子女/儿媳/女婿、孙子女/外孙子女的帮助(占比分别是 48.6% 和 51.3%),其次获得来自配偶的帮助(分别是 45.5% 和 41.4%)。三期数据中来自志愿者、社区和养老院人员帮助的老年人数量均为最低(所占比例不到 1%),雇佣人员帮助自己执行 ADL 和 IADL 相关活动的老年人占比次低(2015 年雇佣人员占比与志愿者/社区/养老院的帮助者比例相同,均为 0.6%;2013 年和 2018 年分别是 1.3% 和 0.8%,高于志愿者/社区/养老院帮助的老年人比例)。

表 4-5 老年人执行 ADL 和 IADL 活动的帮助者情况

帮 助 者	2013 年 (n,%)	2015 年 (n,%)	2018 年 (n,%)
配偶	201(50.6)	823(45.5)	882(41.4)
父母/岳父母、公公/婆婆,兄弟姐妹等其他人员	14(3.5)	88(4.9)	128(6.0)
子女/儿媳/女婿、孙子女/外孙子女	176(44.3)	879(48.6)	1093(51.3)
雇佣人员	5(1.3)	10(0.6)	16(0.8)
志愿者/社区提供帮助/养老院人员	1(0.3)	10(0.6)	12(0.6)
合 计	626(100.0)	2230(100.0)	2645(100.0)

4.2.2 照料需求满足程度的年龄差异

按照老年人年龄高低将其分为高龄老年人和低龄老年人,年龄大于等于 80 岁的老年人是高龄老年人。将年龄与老年人的照料需求满足程度进行交叉分析,结果发现无论是 ADL、IADL 还是 ADL+IADL,2013 年、2015 年和 2018 年高龄老年人比低龄老年人的照料需求未满足的比例都高,如 2013 年低龄老年人 ADL 需求未满足的比例占当期低龄老年人总数的 25.1%,高龄老年人的这一比例是 29.6%;2018 年低龄老年人和高龄老年人的这一比例分别是 26.5% 和 35.4%。对比三期数据中老年人的需求满足程度状况,2015 年低龄老年人和高龄老年人的 ADL 需求未得到满足的比例均高于 2013 年和

2018年低龄和高龄老年人ADL需求未得到满足的比例；IADL需求满足程度中，2013年高龄老年人未满足需求的比例最高（30.5%）。无论高龄还是低龄老年人，2015年老年人ADL＋IADL需求未满足的比例均高于2013年和2018年老年人需求未满足的比例。对区分需求未得到满足的项数进行分析，2013年、2015年和2018年仅1项ADL需求未得到满足、2~3项ADL需求未得到未满足和4项及以上ADL需求未得到满足的低龄老年人比例分别在15%~18%、8%~10%和1%~3%之间。三期数据中无论ADL还是IADL，仅1项需求未满足、2~3项需求未满足和4项及以上需求未满足的高龄老年人比例均高于低龄老年人的比例，具体结果见表4-6。

4.2.3 照料需求满足程度的性别差异

2018年男性和女性老年人中分别有76.3%和69.8%的老年人的ADL需求得到了满足，IADL需求得到满足的这一比例分别是82.6%和74.9%。无论ADL、IADL还是ADL＋IADL需求满足程度，2013—2018年女性老年人需求未得到满足的比例均高于男性老年人需求未得到满足的比例，男性和女性ADL需求未得到满足的老年人比例均高于IADL需求未得到满足的老年人比例。在需求未得到满足的老年人中，三期数据中仅1项ADL需求未得到满足、2~3项ADL需求未得到满足的女性老年人比例均高于各自对应的男性老年人的比例；4项及以上的ADL需求未得到满足的老年人中，2013年男性老年人所占比例高于女性老年人，2015年女性老年人所占比例多于男性老年人，2018年男性和女性老年人所占比例相同（2.7%）。2013年、2015年和2018年男性老年人中仅1项IADL需求未得到满足的比例分别是11.8%、13.5%和11.5%（女性老年人的这一比例分别是14.0%、16.2%和14.9%），2~3项IADL需求未得到满足的女性老年人的比例同样高于男性老年人的比例；而2013年4项及以上的IADL需求未得到满足的男性老年人比例稍高于女性老年人，2015年和2018年女性老年人的这一比例均高于男性老年人。ADL＋IADL需求未得到满足的老年人中，无论1项、2~3项还是4项及以上的需求未得到满足，女性老年人所占比例均高于男性老年人所占的比例。对比ADL、IADL和ADL＋IADL需求未满足的情况，无论哪期数据和老年人的性别如何，ADL＋IADL需求未满足的老年人比例均高于ADL需求未满足的老年人比例，IADL需求未满足的老年人比例最低。具体的老年人性别和照料需求满足程度的数量及比例分布呈现在表4-7中。

表 4-6 老年人照料需求满足程度的年龄差异

照料需求满足程度		2013年($N=5425$)		2015年($N=5957$)		2018年($N=7100$)	
		60~80岁 (n,%)	80岁及以上 (n,%)	60~80岁 (n,%)	80岁及以上 (n,%)	60~80岁 (n,%)	80岁及以上 (n,%)
ADL	需求得到满足	3793(74.9)	254(70.4)	3897(70.2)	251(61.7)	4752(73.5)	409(64.5)
	需求未得到满足	1271(25.1)	107(29.6)	1653(29.8)	156(38.3)	1715(26.5)	224(35.4)
	其中:仅1项未满足	768(15.2)	64(17.7)	963(17.4)	81(19.9)	980(15.2)	114(18.0)
	2~3项未满足	409(8.1)	36(10.0)	533(9.6)	59(14.5)	580(9.0)	72(11.4)
	4项及以上未满足	94(1.8)	7(1.9)	157(2.8)	16(3.9)	155(2.4)	38(6.0)
IADL	需求得到满足	4111(81.2)	251(69.5)	4358(78.5)	290(71.3)	5116(79.1)	446(70.5)
	需求未得到满足	953(18.8)	110(30.5)	1192(21.5)	117(28.8)	1351(20.9)	187(29.5)
	其中:仅1项未满足	629(12.4)	75(20.8)	820(14.8)	75(18.4)	842(13.0)	110(17.4)
	2~3项未满足	284(5.6)	29(8.0)	321(5.8)	34(8.4)	429(6.6)	63(10.0)
	4项及以上未满足	40(0.8)	6(1.7)	51(0.9)	8(2.0)	80(1.2)	14(2.2)
ADL+IADL	需求得到满足	3376(66.7)	202(56.0)	3400(61.3)	208(51.1)	4163(64.4)	337(53.2)
	需求未得到满足	1688(33.3)	159(44.0)	2150(38.7)	199(48.9)	2304(35.6)	296(46.8)
	其中:仅1项未满足	858(16.9)	80(22.2)	1083(19.5)	96(23.6)	1130(17.5)	128(20.2)
	2~3项未满足	566(11.2)	49(13.6)	701(12.6)	62(15.2)	744(11.5)	97(15.3)
	4项及以上未满足	264(5.2)	30(8.3)	366(6.6)	41(10.1)	430(6.7)	71(11.2)

表4-7 老年人照料需求满足程度的性别差异

照料需求满足程度		2013年(N=5425) 男性(n,%)	2013年(N=5425) 女性(n,%)	2015年(N=5957) 男性(n,%)	2015年(N=5957) 女性(n,%)	2018年(N=7100) 男性(n,%)	2018年(N=7100) 女性(n,%)
ADL	需求得到满足	1898(76.4)	2149(73.1)	1894(72.0)	2254(67.7)	2405(76.3)	2756(69.8)
	需求未得到满足	586(23.6)	792(26.9)	736(28.0)	1073(32.3)	747(23.7)	1192(30.2)
	其中:仅1项未满足	346(13.9)	486(16.5)	443(16.8)	601(18.1)	435(13.8)	659(16.7)
	2~3项未满足	191(7.7)	254(8.6)	228(8.7)	364(10.9)	227(7.2)	425(10.8)
	4项及以上未满足	49(2.0)	52(1.8)	65(2.5)	108(3.3)	85(2.7)	108(2.7)
IADL	需求得到满足	2056(82.8)	2306(78.4)	2157(82.0)	2491(74.9)	2604(82.6)	2958(74.9)
	需求未得到满足	428(17.2)	635(21.6)	473(18.0)	836(25.1)	548(17.4)	990(25.1)
	其中:仅1项未满足	292(11.8)	412(14.0)	355(13.5)	540(16.2)	362(11.5)	590(14.9)
	2~3项未满足	114(4.6)	199(6.8)	99(3.8)	256(7.7)	153(4.9)	339(8.6)
	4项及以上未满足	22(0.9)	24(0.8)	19(0.7)	40(1.2)	33(1.1)	61(1.6)
ADL+IADL	需求得到满足	1713(69.0)	1865(63.4)	1700(64.6)	1908(57.4)	2159(68.5)	2341(59.3)
	需求未得到满足	771(31.0)	1076(36.6)	930(35.4)	1419(42.7)	993(31.5)	1607(40.7)
	其中:仅1项未满足	397(16.0)	541(18.4)	503(19.1)	676(20.3)	508(16.1)	750(19.0)
	2~3项未满足	255(10.3)	360(12.2)	286(10.9)	477(14.3)	312(9.9)	529(13.4)
	4项及以上未满足	119(4.8)	175(6.0)	141(5.4)	266(8.0)	173(5.5)	328(8.3)

4.2.4 照料需求满足程度的城乡差异

按照调查时老年人生活在城市还是农村地区进行城乡类型的划分,其与老年人日常照料需求的满足程度进行交叉分析,结果如表4-8所示。分城市和农村来看,2013年、2015年和2018年城市老年人ADL需求得到满足、IADL需求得到满足和ADL+IADL需求得到满足的比例均高于农村老年人的三类需求得到满足的比例。ADL需求未得到满足和IADL需求未得到满足的老年人中,仅1项需求未满足、2~3项需求未满足和4项及以上需求未满足的老年人比例同样呈现出农村老年人多于城市老年人的特征。ADL+IADL需求未得到满足的老年人中,2015年城市和农村老年人ADL+IADL仅1项需求未得到满足的比例相同(19.8%),2013年和2018年老年人的ADL+IADL需求未满足的项数所占的比例同样也呈现出农村老年人高于城市老年人的特征。比对ADL、IADL和ADL+IADL需求未得到满足的状况,三期数据中,城市和农村老年人均表现出ADL+IADL需求未得到满足的老年人比例高于ADL需求未得到满足的老年人比例,二者均高于IADL需求未得到满足的老年人比例的特征。

4.2.5 照料需求满足程度的区域差异

按照接受调查的老年人所在省区市地处的区域,分为西部、中部和东部地区。CHARLS数据调查了全国28个省(自治区/直辖市),西部省(自治区/直辖市)有10个,分别为陕西、四川、云南、贵州、广西、甘肃、青海、新疆、内蒙古和重庆;中部地区有8个省份,分别是山西、河南、安徽、湖北、江西、湖南、吉林和黑龙江;东部省(直辖市)共有10个,分别是河北、北京、天津、山东、江苏、上海、浙江、福建、广东和辽宁。表4-9是2013年、2015年和2018年老年人日常照料需求满足程度的区域分布状况,总体发现西部和中部地区的老年人有更多的未满足需求。具体来说,2013年和2015年西部地区的老年人ADL需求未满足的比例高于中部和东部地区老年人ADL需求未满足的比例,东部地区这一比例最低;2018年中部地区老年人ADL需求未满足的比例高于西部地区老年人ADL需求未满足的比例(东部地区的这一比例同样为最低)。三期数据中的西部地区老年人IADL需求未得到满足的比例最高,中部地区次高,东

表 4-8 老年人照料需求满足程度的城乡差异

	照料需求满足程度	2013 年 (N=5425) 农村 (n,%)	2013 年 城市 (n,%)	2015 年 (N=5957) 农村 (n,%)	2015 年 城市 (n,%)	2018 年 (N=7100) 农村 (n,%)	2018 年 城市 (n,%)
ADL	需求得到满足	2396(72.4)	1651(78.0)	2518(66.9)	1630(74.3)	3007(69.3)	2154(78.0)
	需求未得到满足	913(27.6)	465(22.0)	1246(33.1)	563(25.7)	1333(30.7)	606(22.0)
	其中:仅1项未满足	523(15.8)	309(14.6)	682(18.1)	362(16.5)	721(16.6)	373(13.5)
	2~3项未满足	321(9.7)	124(5.9)	430(11.4)	162(7.4)	459(10.6)	193(7.0)
	4项及以上未满足	69(2.1)	32(1.5)	134(3.6)	39(1.8)	153(3.5)	40(1.5)
IADL	需求得到满足	2555(77.2)	1807(85.4)	2838(75.4)	1810(82.5)	3252(74.9)	2310(83.7)
	需求未得到满足	754(22.8)	309(14.6)	926(24.6)	383(17.5)	1088(25.1)	450(16.3)
	其中:仅1项未满足	490(14.8)	214(10.1)	600(15.9)	295(13.5)	648(14.9)	304(11.0)
	2~3项未满足	227(6.9)	86(4.1)	275(7.3)	80(3.7)	361(8.3)	131(4.8)
	4项及以上未满足	37(1.1)	9(0.4)	51(1.4)	8(0.4)	79(1.8)	15(0.5)
ADL+IADL	需求得到满足	2075(62.7)	1503(71.0)	2163(57.5)	1445(65.9)	2553(58.8)	1947(70.5)
	需求未得到满足	1234(37.3)	613(29.0)	1601(42.5)	748(34.1)	1787(41.2)	813(29.5)
	其中:仅1项未满足	588(17.8)	350(16.5)	745(19.8)	434(19.8)	829(19.1)	429(15.5)
	2~3项未满足	434(13.1)	181(8.6)	543(14.4)	220(10.0)	580(13.4)	261(9.5)
	4项及以上未满足	212(6.4)	82(3.9)	313(8.3)	94(4.3)	378(8.7)	123(4.5)

表4-9 老年人照料需求满足程度的区域差异

照料需求满足程度		2013年(N=5425)			2015年(N=5957)			2018年(N=7100)		
		西部/%	中部/%	东部/%	西部/%	中部/%	东部/%	西部/%	中部/%	东部/%
ADL	需求得到满足	69.8	73.7	80.8	67.0	67.1	74.9	70.7	70.4	77.0
	需求未得到满足	30.2	26.3	19.2	33.0	32.9	25.2	29.3	29.7	23.0
	其中:仅1项未满足	16.3	16.8	12.8	18.8	19.0	14.8	15.5	17.0	13.8
	2~3项未满足	11.2	7.9	5.3	10.8	10.9	8.1	10.6	9.9	7.1
	4项及以上未满足	2.7	1.6	1.2	3.5	3.0	2.2	3.3	2.8	2.1
IADL	需求得到满足	76.3	79.8	85.6	76.0	76.8	81.4	75.8	77.0	82.3
	需求未得到满足	23.7	20.2	14.4	24.0	23.2	18.6	24.2	23.0	17.7
	其中:仅1项未满足	15.3	13.4	10.0	16.7	15.0	13.3	14.5	14.0	11.7
	2~3项未满足	7.2	5.9	4.1	6.2	7.1	4.5	7.9	7.6	5.3
	4项及以上未满足	1.2	0.9	0.4	1.1	1.1	0.8	1.8	1.4	0.8
ADL+IADL	需求得到满足	60.1	65.0	73.4	57.3	58.4	66.1	60.6	60.9	68.7
	需求未得到满足	39.9	35.0	26.6	42.8	41.6	22.9	39.4	39.1	31.3
	其中:仅1项未满足	18.8	17.5	15.4	20.6	20.4	18.3	17.7	19.1	16.4
	2~3项未满足	13.8	12.1	7.9	14.7	13.3	10.3	13.1	12.4	10.0
	4项及以上未满足	7.3	5.4	3.4	7.4	7.8	5.2	8.6	7.6	5.0

部地区最低,老年人 ADL＋IADL 需求未满足的比例呈现出与 IADL 需求满足程度同样的特征。区分老年人需求未得到满足的项数的结果发现,2013 年和 2018 年西部地区老年人中 2～3 项和 4 项及以上的 ADL 需求未得到满足的老年人比例、IADL 需求未得到满足的老年人比例均高于中部和东部地区对应的老年人需求未得到满足的比例。2015 年仅 1 项 IADL 需求未得到满足的西部地区老年人的比例高于中部和东部地区的比例;2～3 项 IADL 需求未得到满足的中部地区老年人比例高于西部和东部地区的比例,而西部和中部地区 4 项及以上的 IADL 需求未得到满足的老年人比例相同(都是 1.1%),高于 IADL 4 项及以上需求未得到满足的东部地区的老年人比例。比较 ADL、IADL 和 ADL＋IADL 需求未得到满足的老年人比例,除 2015 年东部地区外,其余无论西部、中部还是东部地区,均呈现出 ADL＋IADL 需求未得到满足的老年人比例高于 ADL 需求未得到满足的老年人比例,二者均高于 IADL 需求未得到满足的老年人比例的特征。

4.2.6　照料需求满足程度的家庭人均收入差异

老年人照料需求满足程度与家庭人均收入高低的交叉分析结果呈现在表 4-10 中。2013 年、2015 年和 2018 年家庭人均收入低的老年人的 ADL 需求未满足的比例均高于家庭人均收入高的老年人的 ADL 需求未满足的比例,IADL 未满足需求和 ADL＋IADL 未满足需求的状况也呈现出家庭人均收入低的老年人未满足需求的比例高的特征。2013 年、2015 年和 2018 年家庭人均收入低的老年人中,2～3 项和 4 项及以上 ADL 需求未满足或 ADL＋IADL 需求未满足的比例均高于家庭人均收入高的老年人的比例;2015 年和 2018 年仅 1 项 ADL 需求未满足或仅 1 项 ADL＋IADL 需求未满足的家庭人均收入低的老年人的比例高于家庭人均收入高的老年人的比例。无论有 1 项 IADL 需求未满足、2～3 项 IADL 需求未满足还是 4 项及以上 IADL 需求未满足,家庭人均收入低的老年人的比例均高于家庭人均收入高的老年人的比例。对比 ADL、IADL 和 ADL＋IADL 需求未得到满足的老年人比例,结果发现三期数据中无论老年人家庭人均收入高还是低,均呈现出 ADL＋IADL 需求未得到满足的比例高于 ADL 需求未得到满足的比例,IADL 需求未得到满足的老年人比例最低的特征。

表4-10 老年人照料需求满足程度的收入差异

照料需求满足程度		2013年(N=5425) 收入低 (n,%)	2013年(N=5425) 收入高 (n,%)	2015年(N=5957) 收入低 (n,%)	2015年(N=5957) 收入高 (n,%)	2018年(N=7100) 收入低 (n,%)	2018年(N=7100) 收入高 (n,%)
ADL	需求得到满足	1944(73.3)	2103(75.8)	2086(67.9)	2062(71.5)	2537(68.1)	2624(77.8)
	需求未得到满足	707(26.7)	671(24.2)	987(32.1)	822(28.5)	1191(32.0)	748(22.2)
	其中:仅1项未满足	402(15.2)	430(15.5)	545(17.7)	499(17.3)	626(16.8)	468(13.9)
	2~3项未满足	247(9.3)	198(7.1)	336(10.9)	256(8.9)	431(11.6)	221(6.6)
	4项及以上未满足	58(2.2)	43(1.6)	106(3.5)	67(2.3)	134(3.6)	59(1.8)
IADL	需求得到满足	2021(76.2)	2341(84.4)	2308(75.1)	2340(81.0)	2713(72.8)	2847(84.5)
	需求未得到满足	630(23.8)	433(15.6)	765(24.9)	544(18.9)	1015(27.2)	523(15.5)
	其中:仅1项未满足	401(15.1)	303(10.9)	505(16.4)	390(13.5)	597(16.0)	355(10.5)
	2~3项未满足	200(7.5)	113(4.1)	224(7.3)	131(4.5)	342(9.2)	150(4.5)
	4项及以上未满足	29(1.1)	17(0.6)	36(1.2)	23(0.8)	76(2.0)	18(0.5)
ADL+IADL	需求得到满足	1665(62.8)	1913(69.0)	1771(57.6)	1837(63.7)	2115(56.7)	2385(70.7)
	需求未得到满足	986(37.2)	861(31.0)	1302(42.4)	1047(36.3)	1613(43.3)	987(29.3)
	其中:仅1项未满足	257(17.2)	481(17.3)	628(20.4)	551(19.1)	728(19.5)	530(15.7)
	2~3项未满足	348(13.1)	267(9.6)	423(13.8)	340(11.8)	530(14.2)	311(9.2)
	4项及以上未满足	181(6.8)	113(4.1)	251(8.2)	156(5.4)	355(9.5)	146(4.3)

注:家庭人均收入高低的处理同4.1.1样本特征部分的描述和解释一致,即首先计算老年人的家庭人均收入,其次考虑各个省区市的经济发展差异,将家庭人均收入按照老年人所在省区市进行高低划分,家庭人均收入位于所在省区市老年人家庭人均收入排序的二分位数及以上,则为家庭人均收入高;家庭人均收入位于所在省区市所有老年人家庭人均收入排序的二分位数及以下,即是家庭人均收入低的群组。

4.3 本章总结

本章利用CHARLS 2013年、2015年和2018年的横截面数据对老年人的样本特征、日常照料需求满足程度以及按照年龄、性别、婚姻状况、城乡、区域和家庭人均收入高低进行分层分析，对老年人各个亚组的照料需求满足程度进行了描述和比较。结论总结如下：

(1)排除了关键变量缺失的样本后，CHARLS数据在2013年、2015年和2018年60岁及以上的居家老年人的样本量分别是5425、5957和7100。三期数据中老年人的平均年龄无显著差异，2018年高龄老年人的占比最高(8.9%)；已婚有配偶、女性、农村、小学文化水平的老年人的数量均多于未婚/丧偶/离婚/等婚姻状况、男性、城市、未接受过教育的老年人的数量；2015年和2018年家庭人均收入低的老年人数量多于家庭人均收入高的老年人数量(2013年相反)。三期数据中的西部、中部和东部地区老年人的数量较为均衡，所占比例基本在33%左右。

(2)2013年、2015年和2018年绝大部分老年人执行ADL和IADL活动都没有困难，从需求内容来看，ADL条目中吃饭没有困难的老年人比例最高(大于96%)，IADL条目中处理药物没有困难的老年人比例最高(大于92%)。在存在困难或无法完成的ADL条目中，2013—2018年老年人如厕无人帮助所占的比例均为最高，IADL条目中2013年和2015年处理药物无人帮助的老年人比例最高(分别是47.2%和51.2%)，2018年IADL项目中老年人存在困难或无法完成并且无人帮助的占比最高的是做家务(47.2%)。

(3)照料需求满足程度细分为ADL需求满足程度、IADL需求满足程度和ADL+IADL需求满足程度。需求得到满足包括老年人执行ADL/IADL/ADL+IADL活动没有困难以及虽然执行某些活动有困难但有人帮助执行；需求未得到满足表示老年人执行该类活动中至少一项有困难且没有人帮助执行。2013年、2015年和2018年ADL需求未满足的发生率在25%～31%之间，即ADL的5项条目中至少有一项无法自己完成且无人帮助的老年人的比例在25%～31%之间(IADL在19%～22%之间)，完成IADL活动需要的复杂程度高于ADL；三期数据中，ADL+IADL条目未满足需求的发生率在34%～40%之间。对三类未满足需求按照需求未得到满足的项目数量进行分类,2013年、2015年和2018年仅1项ADL需求未得到满足的老年人比例在16%左右,仅1项IADL需求未得到满足的比例大约是14%。2013年老年人最多获得来自配偶的帮助,其次获得来自子女/儿媳/女婿、孙子女/外孙子女的帮助;2015年和2018年获得来自子女/儿媳/女婿、孙子女/外孙子女的帮助最多,获得来自配偶的帮助次多;三期数据中老年人获得志愿者、社区和养老院人员帮助的比例均为最低。

(4)分层分析的结果发现,老年人的日常照料需求满足程度因个体特征存在显著差异。第一,无论ADL需求满足程度、IADL需求满足程度还是ADL+IADL需求满足程度,2013年、2015年和2018年照料需求未得到满足的比例呈现出高龄老年人高于低龄老年人,女性老年人高于男性老年人,农村老年人高于城市老年人,中、西部地区老年人高于东部地区老年人,家庭人均收入低的老年人高于家庭人均收入高的老年人的特征。第二,在上述的各项维度下,三期数据均表现出ADL+IADL需求未得到满足的老年人比例高于ADL需求未得到满足的老年人比例,二者均高于IADL需求未得到满足的老年人比例的特征。第三,区分具体的需求未得到满足的项数,无论是ADL、IADL还是ADL+IADL,仅1项需求未满足、2~3项需求未满足和4项及以上需求未满足的高龄老年人的比例均高于低龄老年人的比例,中、西部地区老年人的比例高于东部地区老年人的比例。分性别来看,除了2013年4项及以上的ADL需求未满足的男性老年人比例和IADL需求未满足的男性老年人比例高于女性老年人的比例,2018年4项及以上的ADL需求未满足的男性老年人比例与女性老年人比例相同之外,其余均呈现出女性老年人占比高于男性老年人的特征。分城乡来看,2015年ADL+IADL仅1项需求未满足的农村老年人占比与城市老年人占比相同,其余仅1项及以上、2~3项和4项及以上需求未满足的状况均呈现出农村老年人占比高于城市老年人的特征。2013年仅1项ADL和ADL+IADL需求未满足中,家庭人均收入低的老年人占比稍低于家庭人均收入高的老年人占比,其他项数的需求未满足状况中,家庭人均收入高的老年人的占比均低于家庭人均收入低的老年人占比。

第 5 章 日常照料需求满足程度对老年人福祉的影响

本章对居家老年人日常照料需求满足程度与疼痛、跌倒、抑郁、生活满意度和死亡的关系分别进行分析。本章前四节首先利用 CHARLS 2013 年、2015 年和 2018 年的横截面数据呈现了老年人的疼痛、跌倒、抑郁和生活满意度状况，并对日常照料需求满足程度和四个维度的福祉进行了交叉分析。受横截面数据不能推断因果的限制，在对自变量与因变量关联性检验的基础上，分别采用 CHARLS 2013—2018 年的追踪数据分析了老年人日常照料需求满足程度对疼痛、跌倒、抑郁和生活满意度的影响，从方法上给结果的准确提供了一项保障。在老年人日常照料需求满足程度影响死亡的分析中，CHARLS 2013—2018 年的追踪数据仅对存活老年人进行追访，老年人的死亡状况仅为存活或死亡两种状态，故采用 2013 年的基线样本特征对 2013—2018 年老年人的死亡状况进行分析。

5.1 照料需求满足程度对老年人疼痛的影响

5.1.1 老年人的疼痛状况

2013 年有 2392 位老年人疼痛（占比 44.1%），2018 年疼痛的老年人比例最高，2015 年和 2018 年分别有 2347 位（39.4%）和 4965 位（69.9%）老年人疼痛。对 2013 年、2015 年和 2018 年老年人的人口统计学特征与疼痛状况做交叉分析，结果如表 5-1 所示。三期数据中 80 岁及以上的高龄老年人的疼痛比例分别是 42.7%、33.7% 和 61.6%，均低于 60～80 岁老年人的疼痛比例，其中 2018 年低龄老年人和高龄老年人的疼痛比例最高，均超过了各自老年人样

第5章 日常照料需求满足程度对老年人福祉的影响

表 5-1 2013—2018 年老年人的疼痛状况

疼痛		2013年($N=5425$)		2015年($N=5957$)		2018年($N=7100$)	
		否(n,%)	是(n,%)	否(n,%)	是(n,%)	否(n,%)	是(n,%)
年龄	60～80岁	2826(55.8)	2238(44.2)	3340(60.2)	2210(39.8)	1892(29.3)	4575(70.7)
	80岁及以上	207(57.3)	154(42.7)	270(66.3)	137(33.7)	243(38.44)	390(61.6)
性别	男性	1555(62.6)	929(37.4)	1787(68.0)	843(32.1)	1191(37.8)	1961(62.2)
	女性	1478(50.3)	1463(49.7)	1823(54.8)	1504(45.2)	944(23.9)	3004(76.1)
婚姻状况	已婚有配偶	2391(57.0)	1806(43.0)	2825(62.0)	1731(38.0)	1652(30.7)	3723(69.3)
	丧偶/从未结婚等	642(52.3)	586(47.7)	785(56.0)	616(44.0)	483(28.0)	1242(72.0)
受教育水平	未上过学	974(50.6)	951(49.4)	1160(54.6)	964(46.4)	559(25.4)	1642(74.6)
	小学	1411(57.0)	1065(43.0)	1616(60.2)	1069(39.8)	1014(30.9)	2270(69.1)
	初中及以上	648(63.3)	376(36.7)	834(72.7)	314(27.4)	562(34.8)	1053(65.2)
城乡	农村	1726(52.2)	1583(47.8)	2128(56.5)	1636(43.5)	1164(26.8)	3176(73.2)
	城市	1307(61.8)	809(38.2)	1482(67.6)	711(32.4)	971(35.2)	1789(64.8)
区域分布	西部	918(48.6)	973(51.5)	1065(52.7)	956(47.3)	575(24.0)	1817(76.0)
	中部	1040(57.7)	762(42.3)	1204(61.1)	768(39.0)	665(28.3)	1682(71.7)
	东部	1075(62.1)	657(37.9)	1341(68.3)	623(31.7)	895(37.9)	1466(62.1)
家庭人均收入	收入低	1391(45.9)	1260(52.7)	1791(49.6)	1282(54.6)	1025(48.0)	2703(54.4)
	收入高	1642(54.1)	1132(47.3)	1819(50.4)	1065(45.4)	1110(52.0)	2262(45.6)

本的50%。2013年和2015年女性老年人的疼痛比例分别是49.7%和45.2%,2018年达到了76.1%,三期数据中女性老年人的疼痛比例均高于男性老年人的疼痛比例。2013—2018年丧偶/离婚/从未结婚等婚姻状况和农村老年人的疼痛比例分别高于已婚有配偶和城市老年人的疼痛比例。2013年、2015年和2018年受教育水平是未上过学的老年人的疼痛比例最高(分别是49.4%、46.4%和74.6%),小学文化水平的老年人的疼痛比例次高,三期数据中初中及以上受教育水平的老年人的疼痛比例均为最低,即老年人发生疼痛的比例与受教育水平呈负相关。区分区域分析的结果发现,2013年、2015年和2018年西部地区老年人的疼痛比例均为最高(分别是51.5%、47.3%和76.0%),中部地区老年人的疼痛比例次之,东部地区最低。无论老年人的年龄、性别、婚姻状况、受教育水平、城乡和所在区域的情况如何,三期数据中2018年老年人的疼痛比例最高,均高于60%。2013年、2015年和2018年家庭人均收入低的老年人的疼痛比例(52.7%、54.6%和54.4%)均高于家庭人均收入高的老年人的疼痛比例(47.3%、45.4%和45.6%)。

5.1.2 照料需求满足程度与疼痛的关联性

老年人日常照料需求满足程度与疼痛的交叉分析结果显示,三期数据中老年人的疼痛比例均随着ADL、IADL和ADL+IADL需求未满足项目数量的增加而增加,即疼痛比例与需求未满足项数呈正相关。具体来看,2013年、2015年和2018年ADL需求未得到满足的老年人的疼痛比例分别是62.6%、58.0%和84.6%,均高于ADL需求得到满足的老年人的疼痛比例。区分ADL需求未得到满足的项数的结果显示,4项及以上需求未满足的老年人的疼痛比例最高(分别是75.3%、79.2%和91.2%)。同样,三期数据中IADL需求未得到满足的老年人疼痛的比例也都高于IADL需求得到满足的老年人的疼痛比例,分项数的未满足需求结果发现4项及以上IADL需求未得到满足的老年人的疼痛比例最高,2~3项IADL需求未得到满足的老年人的疼痛比例次之,紧接着是仅1项IADL需求未得到满足的老年人的疼痛比例,三项均高于IADL需求得到满足的老年人的疼痛比例。ADL+IADL需求得到满足、需求未得到满足和分项数的需求未满足的结果呈现出与ADL和IADL需求满足程度相似的特征分布,如2018年ADL+IADL需求未得到满足的老年人的疼痛比例达到了82.1%,其中4项及以上ADL+IADL需求未得到满足的老年人的疼痛比例是88.4%,均高于2~3项和仅1项ADL+IADL需求未得到满足的老年人的疼痛比例。比较老年人ADL、IADL和ADL+IADL需求未满足的情况,2018年ADL需求未满足的老年人的疼痛比例最高(84.6%),ADL+IADL需求未得到满足的老年人的疼痛比例次之(82.1%),而IADL需求未满足的老年人的疼痛比例是81.3%,三者均高于2013年和2015年对应类别的老年人的疼痛比例。区分未满足需求项数的结果显示,2018年IADL 4项及以上需求未得到满足的老年人的疼痛比例最高(92.6%),其次是ADL 4项及以上需求未得到满足的老年人的疼痛比例(91.2%),详细的数据和比例分布呈现在表5-2中。

老年人2013年的照料需求满足程度(区分未满足需求的项数)与2018年疼痛状况的卡方检验结果显示,ADL需求满足程度与疼痛的皮尔逊卡方值是22.5575($p<0.001$),IADL需求满足程度与疼痛的皮尔逊卡方值是14.5965($p=0.002$),ADL+IADL需求满足程度与疼痛的皮尔逊卡方值是24.7770($p<0.001$),表明它们之间均存在显著的关联性。未区分需求未满足项数的照料需求满足程度的卡方检验结果同样显示它们之间均存在显著的关联性。

5.1.3 照料需求满足程度对疼痛的影响

采用2013—2018年的追踪数据,利用二元Logit回归模型对老年人日常照料需求满足程度对疼痛的影响进行分析。在ADL需求满足程度影响老年人疼痛的分析中,如定量研究的数据分析方法部分所述,ADL需求满足程度的对照组是2013年ADL需求得到满足且2018年ADL需求得到满足,以及2013年ADL需求虽然未得到满足但2018年ADL需求得到满足的老年人群体(即需求得到满足的老年人),分析组是2013年ADL需求得到满足但2018年ADL需求未得到满足和2013年ADL需求未得到满足且2018年ADL需求未得到满足的老年人群体(即需求未得到满足的老年人)。在IADL需求满足程度和ADL+IADL需求满足程度影响老年人疼痛的分析中,需求满足程度的对照组和分析组的设定与ADL需求满足程度的设定相同,表5-3呈现了详细的分析结果。在控制相关协变量的基础上,相比无论2013年ADL需求是否得到满足但2018年ADL需求得到满足的老年人,ADL需求未得到满足的老年人更易发生疼痛($\beta=0.799$, $p<0.001$);在控制相关协变量的基础上,IADL需求未得到满足的老年人相比IADL需求得到满足的老年人更易发生

表 5-2 2013—2018 年老年人照料需求满足程度与疼痛状况

照料需求满足程度		2013 年疼痛 ($N=5425$)		2015 年疼痛 ($N=5957$)		2018 年疼痛 ($N=7100$)	
		否 (n,%)	是 (n,%)	否 (n,%)	是 (n,%)	否 (n,%)	是 (n,%)
ADL	需求得到满足	2518(62.2)	1529(37.8)	2851(68.7)	1297(31.3)	1837(35.6)	3324(64.4)
	需求未得到满足	515(37.4)	863(62.6)	759(42.0)	1050(58.0)	298(15.4)	1641(84.6)
	其中:仅 1 项未满足	338(40.6)	494(59.4)	507(48.6)	537(51.4)	203(18.6)	891(81.4)
	2~3 项未满足	152(34.2)	293(65.8)	216(36.5)	376(63.5)	78(12.0)	574(88.0)
	4 项及以上未满足	25(24.8)	76(75.3)	36(20.8)	137(79.2)	17(8.8)	176(91.2)
IADL	需求得到满足	2580(59.2)	1782(40.9)	3037(65.3)	1611(34.7)	1848(33.2)	3714(66.8)
	需求未得到满足	453(42.6)	610(57.4)	573(43.8)	736(56.2)	287(18.7)	1251(81.3)
	其中:仅 1 项未满足	333(47.3)	371(52.7)	440(49.2)	455(50.8)	200(21.0)	752(79.0)
	2~3 项未满足	112(35.8)	201(64.2)	121(34.1)	234(65.9)	80(16.3)	412(83.7)
	4 项及以上未满足	8(17.4)	38(82.6)	12(20.3)	47(79.7)	7(7.5)	87(92.6)
ADL+IADL	需求得到满足	2261(63.2)	1317(36.8)	2532(70.2)	1076(29.8)	1669(37.1)	2831(62.9)
	需求未得到满足	772(41.8)	1075(58.2)	1078(45.9)	1271(54.1)	466(17.9)	2134(82.1)
	其中:仅 1 项未满足	454(48.4)	484(51.6)	661(56.1)	518(43.9)	277(22.0)	981(78.0)
	2~3 项未满足	238(38.7)	377(61.3)	306(40.1)	457(59.9)	131(15.6)	710(84.4)
	4 项及以上未满足	80(27.2)	214(72.8)	111(27.3)	296(72.7)	58(11.6)	443(88.4)

表5-3 照料需求满足程度对老年人疼痛的 Logit 回归结果

疼痛	ADL→疼痛 系数(β)	95%CI	IADL→疼痛 系数(β)	95%CI	ADL+IADL→疼痛 系数(β)	95%CI
需求满足程度（低龄为参照）	0.799***	0.54,1.06	0.323*	0.06,0.58	0.571***	0.34,0.80
年龄（低龄为参照）	−0.582	−1.21,0.04	−0.496	−1.12,0.12	−0.555+	−1.18,0.68
性别（男性为参照）	0.631***	0.38,0.88	0.633***	0.39,0.88	0.627***	0.38,0.87
受教育水平（未上过学为参照）						
小学	0.056	−0.20,0.31	0.049	−0.21,0.30	0.050	−0.21,0.31
初中及以上	0.305+	−0.06,0.67	0.264	−0.09,0.62	0.288	−0.07,0.65
城乡（农村为参照）	−0.565***	−0.81,−0.32	−0.597***	−0.84,−0.35	−0.575***	−0.82,−0.33
区域分布（西部为参照）						
中部	−0.065	−0.34,0.21	−0.060	−0.33,0.21	−0.059	−0.33,0.22
东部	−0.503***	−0.77,−0.23	−0.498***	−0.77,−0.23	−0.502***	−0.77,−0.23
是否患多种慢性病（否为参照）	0.647***	0.42,0.87	0.668***	0.45,0.89	0.640***	0.42,0.86
婚姻状况（已婚有配偶为参照）	0.067	−0.22,0.35	0.068	−0.22,0.35	0.061	−0.22,0.35
家庭人均收入	0.001	−0.01,0.01	0.001	−0.01,0.01	0.001	−0.01,0.01
2013年有疼痛（否为参照）	0.893***	0.66,1.13	0.926***	0.69,1.16	0.894***	0.66,1.13
常数项	0.070	−0.28,0.42	0.217	−0.13,0.57	0.078	−0.12,0.29
观察值数量	2022		2022		2022	
卡方值	251.93		218.25		236.38	
对数似然值	−979.8539		−996.69389		−987.62992	
伪R^2	0.1139		0.0987		0.1069	

注：(1) ADL→疼痛，代表 ADL 需求满足程度对疼痛的影响，其余呈现的含义与此表似；(2) *** 代表 $p<0.001$，** 代表 $p<0.01$，* 代表 $p<0.05$，+ 代表 $p<0.1$。

疼痛（$\beta=0.323, p<0.05$）；在控制相关协变量的基础上，ADL+IADL 需求未得到满足的老年人相比 ADL+IADL 需求得到满足的老年人更易发生疼痛（$\beta=0.571, p<0.001$）。三个模型的协变量中，无论哪种需求满足程度，性别、城乡、区域、是否患多种慢性疾病和 2013 年的疼痛状况均对老年人滞后期的疼痛状况产生影响（p 值均小于 0.001），具体解释如女性老年人相比男性老年人更易疼痛，城市老年人相比农村老年人更不易疼痛，患多种慢性疾病的老年人相比不患或仅患 1 种慢性疾病的老年人更易发生疼痛，东部地区老年人相比西部地区老年人更不易发生疼痛，基期疼痛的老年人相比未疼痛的老年人易再次疼痛。在 ADL 需求满足程度影响老年人的疼痛中，协变量受教育水平是初中及以上对疼痛的影响边缘显著（$p<0.1$），三个模型中其余协变量的作用均不显著。

利用 2013 年、2015 年和 2018 年的追踪数据，进一步采用固定效应模型和随机效应模型分析区分需求未得到满足的项目数量的照料需求满足程度对老年人疼痛的影响，并对结果进行检验，分析和检验的结果呈现在表 5-4 中（使用的协变量的定义与上述二元 Logit 回归模型中相同）。在 ADL 需求满足程度对老年人疼痛的影响中，固定效应模型和随机效应模型均显著，Hausman 检验结果显示固定效应模型优于随机效应模型，故采用固定效应模型分析老年人 ADL 需求满足程度对疼痛的影响。固定效应模型结果显示，老年人仅 1 项 ADL 需求未满足相比 ADL 需求得到满足对疼痛的作用系数是 0.318（$p<0.01$），老年人 2～3 项 ADL 需求未满足相比 ADL 需求得到满足对疼痛的作用系数是 0.517（$p<0.01$），4 项及以上 ADL 需求未满足相比 ADL 需求得到满足对疼痛的作用系数是 0.947（$p<0.01$），即 ADL 需求满足程度对老年人疼痛的作用系数随着 ADL 需求未得到满足的项目数量的增加而增大。协变量中除了受教育水平是初中及以上相比未上过学的老年人对疼痛的影响不显著外，其余协变量与疼痛在 0.05 的水平下显著，小学受教育水平、高龄、离婚/丧偶/从未结婚等婚姻状况和患多种慢性疾病的老年人更可能疼痛，而老年人的家庭人均收入虽然对疼痛的作用通过了显著性检验但作用系数非常小（$\beta=0.001$）；未随时间改变的性别、城乡和区域变量在固定效应模型中没有获得估计系数。在老年人 IADL 需求满足程度、ADL+IADL 需求满足程度分别影响疼痛的分析中，检验结果显示同样采用固定效应模型对二者与疼痛的关系进行分析。老年人 IADL 需求仅 1 项未满足、2～3 项未满足和 4 项及以上未满足对疼痛的作用系数分别是 0.209（$p<0.1$）、0.539（$p<0.01$）和 1.579（$p<0.001$）。

第5章 日常照料需求满足程度对老年人福祉的影响

表5-4 照料需求满足程度对老年人疼痛的影响

疼痛	ADL需求满足程度→疼痛		IADL需求满足程度→疼痛		ADL+IADL需求满足程度→疼痛	
	固定效应	随机效应	固定效应	随机效应	固定效应	随机效应
需求满足程度（满足为参照）						
仅1项未满足	0.318**	0.569***	0.209+	0.359***	0.215*	0.448***
2~3项未满足	0.517**	0.959***	0.539**	0.892***	0.450**	0.793***
4项及以上未满足	0.947**	1.626***	1.579***	1.894***	0.808***	1.378***
性别（男性为参照）	—	0.565***	—	0.557***	—	0.553***
城乡（农村为参照）	—	−0.573***	—	−0.602***	—	−0.564***
区域分布（西部为参照）						
中部	—	−0.256**	—	−0.259**	—	−0.256**
东部	—	−0.580***	—	−0.593***	—	−0.567***
受教育水平（未上学为参照）						
小学	0.566**	0.062	0.579**	0.082	0.557**	0.077
初中及以上	0.334	−0.137	0.325	−0.140	0.325	−0.104
年龄（低龄为参照）	0.861***	0.014	0.851***	0.030	0.860***	0.009
婚姻状况（已婚有配偶为参照）	0.478*	0.196*	0.478*	0.202*	0.467*	0.178*
患多种慢性病（否为参照）	0.985***	1.072***	0.984***	1.113***	0.972***	1.063***
家庭人均收入	0.001*	0.001+	0.001**	0.001+	0.001**	0.001+
常数项	—	−0.596***	—	−0.503***	—	−0.648***
随机效应LR检验	$p<0.001$	$p<0.001$	$p<0.001$	$p<0.001$	$p<0.001$	$p<0.001$
Hausman检验	3603	6066	3603	6066	3603	6066
观察值						

注：(1) *** 代表 $p<0.001$，** 代表 $p<0.01$，* 代表 $p<0.05$，+ 代表 $p<0.1$；(2) 三个固定效应模型中，821组（2463个观察值）因变量在三期面板数据中均为相同回答，模型视为没有变化而被删除了，故样本量为3603。

虽然仅 1 项 IADL 需求未满足对老年人疼痛的作用仅在 0.1 的水平下显著，但整体也呈现出作用系数随着 IADL 需求未满足项数的增多而变大的特征。ADL＋IADL 需求满足程度的这三项作用系数分别是 0.215（$p<0.05$）、0.450（$p<0.01$）和 0.808（$p<0.001$），即老年人发生疼痛的可能也随着 ADL＋IADL 需求未得到满足的项目数量的增多而增大。在协变量方面，老年人 IADL 需求满足程度和 ADL＋IADL 需求满足程度分别对疼痛作用的模型中，协变量均呈现出与 ADL 需求满足程度影响疼痛模型中基本一致的特征。

5.2　照料需求满足程度对老年人跌倒的影响

5.2.1　老年人的跌倒状况

2013 年、2015 年和 2018 年分别有 1147 位、1368 位和 1721 位老年人跌倒，占比分别是 21.1%、23.0% 和 24.2%。对三期数据中老年人的人口统计学特征与跌倒状况进行交叉分析的结果如表 5-5 所示，2013 年和 2018 年高龄老年人的跌倒比例比低龄老年人的跌倒比例高，2015 年低龄老年人的跌倒比例（23.1%）高于高龄老年人的跌倒比例（20.9%），且 2018 年高龄老年人跌倒的比例最高（达到了 30.3%）。三期数据中女性老年人、丧偶/分居/离婚/从未结婚等婚姻状况的老年人的跌倒比例分别高于男性老年人和已婚有配偶的老年人的跌倒比例。区分受教育水平的分析结果显示，2013 年、2015 年和 2018 年未上过学的老年人的跌倒比例最高（分别是 22.4%、25.3% 和 27.5%），分别高于受教育程度是小学和初中及以上的老年人的跌倒比例。2013 年和 2018 年城市老年人的跌倒比例相同，2013 年城市老年人的跌倒比例（22.1%）高于农村老年人的跌倒比例（20.5%），而 2015 年和 2018 年农村老年人的跌倒比例（24.2% 和 25.6%）均高于城市老年人的跌倒比例（20.8% 和 22.1%）。区分区域来看，2013 年、2015 年和 2018 年西部地区老年人的跌倒比例最高，东部地区老年人的跌倒比例最低。除了 2013 年和 2018 年城市老年人的跌倒比例相同外，其他无论年龄、性别、婚姻状况、城乡和区域状况如何，均表现出 2018 年老年人的跌倒比例高于 2013 年和 2015 年的特征。家庭人均收入方面，2013 年、2015 年和 2018 年家庭人均收入低的老年人的跌倒比例均高于家庭人均收入高的老年人的跌倒比例。

表 5-5 2013—2018 年老年人的跌倒状况

跌倒		2013年($N=5425$) 否($n,\%$)	2013年($N=5425$) 是($n,\%$)	2015年($N=5957$) 否($n,\%$)	2015年($N=5957$) 是($n,\%$)	2018年($N=7100$) 否($n,\%$)	2018年($N=7100$) 是($n,\%$)
年龄	60~80岁	4011(79.2)	1053(20.8)	4267(76.9)	1283(23.1)	4938(76.4)	1529(23.6)
	80岁及以上	267(74.0)	94(26.0)	322(79.1)	85(20.9)	441(69.7)	192(30.3)
性别	男性	2055(82.7)	429(17.3)	2138(81.3)	492(18.7)	2509(79.6)	643(20.4)
	女性	2223(75.6)	718(24.4)	2451(73.7)	876(26.3)	2870(72.7)	1078(27.3)
婚姻状况	已婚有配偶	3340(79.6)	857(20.4)	3530(77.5)	1026(22.5)	4150(77.2)	1225(22.8)
	丧偶/从未结婚等	938(76.4)	290(23.6)	1059(75.6)	342(24.4)	1229(71.3)	496(28.8)
受教育水平	未上过学	1493(77.6)	432(22.4)	1587(74.7)	537(25.3)	1596(72.5)	605(27.5)
	小学	1965(79.4)	511(20.6)	2068(77.0)	617(23.0)	2509(76.4)	775(23.6)
	初中及以上	820(80.1)	204(19.9)	934(81.4)	214(18.6)	1274(78.9)	341(21.1)
城乡	农村	2629(79.5)	680(20.5)	2853(75.8)	911(24.2)	3229(74.4)	1111(25.6)
	城市	1649(77.9)	467(22.1)	1736(79.2)	457(20.8)	2150(77.9)	610(22.1)
区域分布	西部	1442(76.3)	449(23.7)	1513(74.9)	508(25.1)	1774(74.2)	618(25.8)
	中部	1441(80.0)	361(20.0)	1498(76.0)	474(24.0)	1743(74.3)	604(25.7)
	东部	1395(80.5)	337(19.5)	1578(80.4)	386(19.7)	1862(78.9)	499(21.1)
家庭人均收入	收入低	2073(48.5)	578(50.4)	2345(51.1)	728(53.2)	2782(51.7)	946(55.0)
	收入高	2205(51.5)	569(49.6)	2244(48.9)	640(46.8)	2597(48.3)	775(45.0)

5.2.2 照料需求满足程度与跌倒的关联性

无论 ADL、IADL 还是 ADL＋IADL 需求满足程度,2013 年、2015 年和 2018 年需求未得到满足的老年人的跌倒比例均高于需求得到满足的老年人的跌倒比例。具体来看,三期数据中 ADL 需求未得到满足的老年人的跌倒比例分别是 30.6%、33.2% 和 36.1%,均高于 IADL、ADL＋IADL 需求未得到满足的老年人的跌倒比例。区分需求未得到满足的项数的结果发现,2013 年、2015 年和 2018 年老年人的跌倒比例随着 ADL 需求未得到满足的项数的增加而增加;同样地,三期数据中老年人的跌倒比例分别随着 IADL、ADL＋IADL 需求未得到满足的项数的增加而增加,即需求未满足的项数越多,老年人的跌倒比例越高。对比 ADL、IADL 和 ADL＋IADL 需求未得到满足的老年人的跌倒比例,2013 年、2015 年和 2018 年 ADL 需求未得到满足的老年人的跌倒比例均高于 IADL 和 ADL＋IADL 需求未得到满足的老年人的跌倒比例;三期数据中 2013 年和 2018 年 4 项及以上 ADL 需求未得到满足的老年人的跌倒比例均高于 IADL 和 ADL＋IADL 4 项及以上需求未得到满足的老年人的跌倒比例,2015 年则相反;2～3 项 ADL 需求未得到满足的老年人的跌倒比例和仅 1 项 ADL 需求未得到满足的老年人的跌倒比例分别高于 IADL 和 ADL＋IADL 2～3 项、仅 1 项需求未得到满足的老年人的跌倒比例。详细的老年人照料需求满足程度与跌倒状况的分析数值和比例结果见表 5-6 的内容。

老年人 2013 年的照料需求满足程度(区分未满足需求的项数)与 2018 年跌倒状况的卡方检验结果显示,ADL 需求满足程度与跌倒的皮尔逊卡方值是 25.2051($p<0.001$),IADL 需求满足程度与跌倒的皮尔逊卡方值是 14.6796($p=0.002$),ADL＋IADL 需求满足程度与跌倒的皮尔逊卡方值是 28.3278($p<0.001$),表明它们之间均存在显著的关联性。未区分需求未满足项数的照料需求满足程度的卡方检验结果同样显示它们之间均存在显著的关联性。

5.2.3 照料需求满足程度对跌倒的影响

老年人日常照料需求满足程度影响跌倒的分析中,自变量的对照组和分析组的设定与照料需求满足程度影响老年人疼痛部分的操作相同。表 5-7 中的三个模型分别是老年人的 ADL 需求满足程度、IADL 需求满足程度和 ADL＋

表5-6 2013—2018年老年人照料需求满足程度与跌倒状况

照料需求满足程度		2013年跌倒(N=5425)		2015年跌倒(N=5957)		2018年跌倒(N=7100)	
		否(n,%)	是(n,%)	否(n,%)	是(n,%)	否(n,%)	是(n,%)
ADL	需求得到满足	3321(82.1)	726(17.9)	3381(81.5)	767(18.5)	4139(80.2)	1022(19.8)
	需求未得到满足	957(69.5)	421(30.6)	1208(66.8)	610(33.2)	1240(64.0)	699(36.1)
	其中:仅1项未满足	604(72.6)	228(27.4)	732(70.1)	312(29.9)	747(68.3)	347(31.7)
	2~3项未满足	296(66.5)	149(33.5)	369(62.3)	223(37.7)	387(59.4)	265(40.7)
	4项及以上未满足	57(56.4)	44(43.6)	107(61.9)	66(38.2)	106(54.9)	87(45.1)
IADL	需求得到满足	3524(80.8)	838(19.2)	3674(79.0)	974(21.0)	4359(78.4)	1203(21.6)
	需求未得到满足	754(70.9)	309(29.1)	915(69.9)	394(30.1)	1020(66.3)	518(33.7)
	其中:仅1项未满足	516(73.3)	188(26.7)	650(72.6)	245(27.4)	655(68.8)	297(31.2)
	2~3项未满足	211(67.4)	102(32.6)	231(65.1)	124(34.9)	312(63.4)	180(36.6)
	4项及以上未满足	27(58.7)	19(41.3)	34(57.6)	25(42.4)	53(56.4)	41(43.6)
ADL+IADL	需求得到满足	2960(82.7)	618(17.3)	2972(82.4)	636(17.6)	3664(81.4)	836(18.6)
	需求未得到满足	1318(71.4)	529(28.6)	1617(68.8)	732(31.2)	1715(66.0)	885(34.0)
	其中:仅1项未满足	710(75.7)	228(24.3)	860(72.9)	319(27.1)	870(69.2)	388(30.8)
	2~3项未满足	426(69.3)	189(30.7)	517(67.8)	246(32.2)	561(66.7)	280(33.3)
	4项及以上未满足	182(61.9)	112(38.1)	240(59.0)	167(41.0)	284(56.7)	217(43.3)

表5-7 照料需求满足程度对老年人跌倒的 Logit 回归结果

跌倒	ADL→跌倒		IADL→跌倒		ADL+IADL→跌倒	
	系数(β)	95%CI	系数(β)	95%CI	系数(β)	95%CI
需求满足程度(满足为参照)	0.586***	0.38,0.79	0.401***	0.18,0.62	0.574***	0.37,0.78
年龄(低龄为参照)	−0.173	−0.81,0.46	−0.149	−0.78,0.48	−0.178	−0.81,0.45
性别(男性为参照)	0.285*	0.05,0.52	0.290*	0.05,0.53	0.280*	0.04,0.52
受教育水平(未上过学为参照)						
小学	0.224+	−0.01,0.45	0.220+	−0.01,0.45	0.227+	−0.01,0.46
初中及以上	0.141	−0.20,0.48	0.119	−0.22,0.46	0.146	−0.19,0.48
城乡(农村为参照)	−0.344**	−0.58,−0.11	−0.386**	−0.62,−0.15	−0.356**	−0.59,−0.12
区域分布(西部为参照)						
中部	−0.073	−0.31,0.16	−0.079	−0.32,0.16	−0.072	−0.31,0.17
东部	−0.207	−0.46,0.04	−0.210+	−0.46,0.04	−0.202	−0.45,0.05
是否患多种慢病(否为参照)	0.153	−0.06,0.36	0.172	−0.04,0.38	0.140	−0.07,0.35
婚姻状况(已婚有配偶为参照)	0.275*	0.03,0.52	0.266*	0.02,0.51	0.275*	0.03,0.52
家庭人均收入	0.001	−0.01,0.01	0.001	−0.01,0.01	0.001	−0.01,0.01
2013年跌倒(否为参照)	0.707***	0.48,0.93	0.723***	0.50,0.95	0.708***	0.48,0.93
常数项	−1.615***	−1.95,−1.28	−1.505***	−1.84,−1.17	−1.672***	−2.02,−1.13
观察数量	2022		2022		2022	
卡方值	111.85		93.80		111.56	
对数似然值	−1148.5		−1157.5257		−1148.6465	
伪R^2	0.0463		0.0389		0.0463	

注:(1)ADL→跌倒,代表ADL需求满足程度对跌倒的影响,其余呈现的含义与此相似;(2)*** 代表 $p<0.001$,** 代表 $p<0.01$,* 代表 $p<0.05$,+ 代表 $p<0.1$。

IADL 需求满足程度影响跌倒的 Logit 回归结果。分析结果显示,在控制相关协变量的基础上,ADL 需求满足程度、IADL 需求满足程度、ADL＋IADL 需求满足程度均对老年人的跌倒产生影响。具体解释为,相比 ADL 需求得到满足的老年人,ADL 需求未得到满足的老年人更可能发生跌倒($\beta=0.586,p<0.001$),相比 IADL 需求得到满足的老年人,IADL 需求未得到满足的老年人更可能发生跌倒($\beta=0.401,p<0.001$),相比 ADL＋IADL 需求得到满足的老年人,ADL＋IADL 需求未得到满足的老年人更可能发生跌倒($\beta=0.574,p<0.001$)。三个模型的协变量也显示出一些作用特征,表现为老年人的性别、城乡、婚姻状况和 2013 年是否跌倒均对滞后期的跌倒状况产生影响,女性相比男性老年人更可能发生跌倒($p<0.05$),城市老年人相比农村老年人更不易发生跌倒($p<0.01$),离婚/丧偶/从未结婚等婚姻状况的老年人相比已婚有配偶的老年人更易发生跌倒($p<0.05$);基期发生过跌倒的老年人相比未跌倒的老年人更易再次跌倒($p<0.001$)。三个模型中受教育水平是小学与老年人的跌倒状况仅在 0.1 的水平下显著。老年人 IADL 需求满足程度影响跌倒的分析中,老年人所在的区域是东部地区与跌倒同样边缘显著($p<0.1$)。三个模型中的其他协变量无论在何种水平下均对老年人的跌倒状况不产生影响。

进一步利用 CHARLS 2013 年、2015 年和 2018 年的面板数据,采用固定效应模型和随机效应模型分析区分未满足需求项目数量的老年人的照料需求满足程度对跌倒的影响,并对结果进行检验。三个模型的 Hausman 检验结果显示,固定效应模型均是分析老年人 ADL 需求满足程度、IADL 需求满足程度和 ADL＋IADL 需求满足程度影响跌倒的最优模型。老年人 ADL 需求满足程度影响跌倒的固定效应模型分析结果显示,ADL 需求满足程度对跌倒的作用系数随着 ADL 需求未满足项目数量的增加而增大,仅 1 项、2～3 项和 4 项及以上 ADL 需求未满足对老年人跌倒的作用系数分别是 $0.229(p<0.05)$、$0.699(p<0.001)$ 和 $0.723(p<0.01)$,其余协变量对跌倒的影响无论在哪种水平下均不显著。老年人 IADL 需求满足程度对跌倒的固定效应模型结果显示,2～3 项 IADL 需求未得到满足和 4 项及以上 IADL 需求未得到满足对老年人跌倒的作用系数分别是 $0.469(p<0.001)$ 和 $0.723(p<0.05)$,而老年人仅 1 项 IADL 需求未满足和其他协变量影响跌倒的结果均不显著($p>0.1$)。与 ADL 需求满足程度对跌倒的分析结果基本一致,ADL＋IADL 需求仅 1 项未得到满足、2～3 项未得到满足和 4 项及以上未得到满足对老年人跌倒的作用系数逐渐变大(分别是 0.229、0.471 和 0.867，p 值均小于 0.05)，其余协变量在老年人 IADL 需求满足程度对跌倒和 ADL+IADL 需求满足程度对跌倒的分析模型中，无论在那种水平下均不显著($p>0.1$)，具体的分析和检验结果呈现在表 5-8 中。

5.3 照料需求满足程度对老年人抑郁的影响

5.3.1 老年人的抑郁状况

2013 年老年人抑郁的均值是 9.6，2015 年和 2018 年老年人抑郁的均值稍有增加，分别是 10.0 和 10.2。抑郁的临界值是 15，2013 年、2015 年和 2018 年分别有 1092 位、1508 位和 1895 位老年人抑郁，占比分别是 20.1%、25.3% 和 26.7%。对三期数据中老年人的人口统计学信息与抑郁状况进行交叉分析的结果如表 5-9 所示，结果显示高龄老年人(80 岁及以上)在 2013 年、2015 年和 2018 年的抑郁比例分别是 15.2%、18.9% 和 19.6%，均低于低龄老年人的抑郁比例(分别是 20.5%、25.8% 和 27.4%)。三期数据中女性老年人的抑郁比例均高于男性老年人的抑郁比例，丧偶/分居/离婚/从未结婚等婚姻状况的老年人的抑郁比例均高于已婚有配偶老年人的抑郁比例。2013 年、2015 年和 2018 年未上过学的老年人的抑郁比例分别是 24.5%、30.8% 和 32.7%，高于受教育水平是小学的老年人的抑郁比例，初中及以上受教育水平的老年人的抑郁比例最低。2013 年、2015 年和 2018 年农村老年人的抑郁比例均高于城市老年人的抑郁比例，2013 年农村老年人的抑郁比例是 23.6%，2015 年和 2018 年分别达到了 28.4% 和 31.1%。区分区域进行比较的结果显示，2013 年、2015 年和 2018 年西部地区老年人的抑郁比例都为最高(分别是 26.1%、30.7% 和 31.9%)，中部地区老年人的抑郁比例次之(分别是 18.0%、26.3% 和 26.7%)，东部地区这一比例最低(分别是 15.8%、18.8% 和 21.4%)。三期数据中家庭人均收入低的老年人的抑郁比例均高于家庭人均收入高的老年人的抑郁比例。

表 5-8 照料需求满足程度对老年人跌倒的影响

跌倒	ADL 需求满足程度→跌倒		IADL 需求满足程度→跌倒		ADL+IADL 需求满足程度→跌倒	
	固定效应	随机效应	固定效应	随机效应	固定效应	随机效应
需求满足程度(满足为参照)						
仅 1 项未满足	0.229*	0.437***	0.149	0.330**	0.229*	0.421***
2～3 项未满足	0.699***	0.905***	0.469***	0.573***	0.471***	0.718***
4 项及以上未满足	0.723**	1.131***	0.723*	1.011***	0.867***	1.096***
性别(男性为参照)	—	0.498***	—	0.495***	—	0.488***
城乡(农村为参照)	—	−0.248*	—	−0.284**	—	−0.241*
区域分布(西部为参照)						
中部	—	−0.054	—	−0.057	—	−0.056
东部	—	−0.337**	—	−0.348**	—	−0.326**
受教育水平(未上学为参照)						
小学	−0.020	0.111	0.022	0.120	0.015	0.123
初中及以上	−0.067	0.107	−0.062	0.094	−0.040	0.134
年龄(低龄为参照)	0.095	−0.003	0.114	0.016	0.100	−0.004
婚姻状况(已婚有配偶为参照)	0.165	0.152	0.193	0.164+	0.140	0.135
患多种慢性病(否为参照)	−0.032	0.265**	−0.044	0.303***	−0.049	0.256**
家庭人均收入	0.001	−0.001	0.001	−0.001	0.001	−0.001
常数项	−2.017***	−1.914***	−2.074***
随机效应 LR 检验	p<0.001		p<0.001		p<0.001	
Hausman 检验		p<0.001		p<0.001		p<0.001
观察值	2736	6066	2736	6066	2736	6066

注：(1) *** 代表 $p<0.001$，** 代表 $p<0.01$，* 代表 $p<0.05$，+ 代表 $p<0.1$；(2) 三个固定效应模型中，110 组(3330 个观察值)因变量在三期面板数据均为相同回答，模型视为没有变化而被删除了，故样本量为 2736。

表 5-9 2013—2018 年老年人的抑郁状况

变量		2013年抑郁(N=5425)		2015年抑郁(N=5957)		2018年抑郁(N=7100)	
		否(n,%)	是(n,%)	否(n,%)	是(n,%)	否(n,%)	是(n,%)
抑郁(Mean,SD)		9.6,6.1		10.0,6.9		10.2,7.0	
年龄	60~80岁	4027(79.5)	1037(20.5)	4119(74.2)	1431(25.8)	4696(72.6)	1771(27.4)
	80岁及以上	306(84.8)	55(15.2)	330(81.1)	77(18.9)	509(80.4)	124(19.6)
性别	男性	2115(85.1)	369(14.9)	2128(80.9)	502(19.1)	2494(79.1)	658(20.9)
	女性	2218(75.4)	723(24.6)	2321(69.8)	1006(30.2)	2711(68.7)	1237(31.3)
婚姻状况	已婚有配偶	3402(81.1)	795(18.9)	3488(76.6)	1068(23.4)	4017(74.7)	1358(25.3)
	丧偶/从未结婚等	931(75.8)	297(24.2)	961(68.6)	440(31.4)	1188(68.9)	537(31.1)
受教育水平	未上过学	1454(75.5)	471(24.5)	1470(69.2)	654(30.8)	1481(67.3)	720(32.7)
	小学	1979(79.9)	497(20.1)	2004(74.6)	681(25.4)	2386(72.7)	898(27.3)
	初中及以上	900(87.9)	124(12.1)	975(84.9)	173(15.1)	1338(82.9)	277(17.2)
城乡	农村	2529(76.4)	780(23.6)	2697(71.7)	1067(28.4)	2992(68.9)	1348(31.1)
	城市	1804(85.3)	312(14.7)	1752(79.9)	441(20.1)	2213(80.2)	547(19.8)
区域分布	西部	1397(73.9)	494(26.1)	1401(69.3)	620(30.7)	1629(68.1)	763(31.9)
	中部	1478(82.0)	324(18.0)	1454(73.7)	518(26.3)	1721(73.3)	626(26.7)
	东部	1458(84.2)	274(15.8)	1594(81.2)	370(18.8)	1855(78.6)	506(21.4)
家庭人均收入	收入低	2025(46.7)	626(57.3)	2233(50.2)	840(55.7)	2581(49.6)	1147(60.5)
	收入高	2308(53.3)	466(42.7)	2216(49.8)	668(44.3)	2641(50.4)	748(39.5)

5.3.2 照料需求满足程度与抑郁的关联性

2013年、2015年和2018年ADL需求未得到满足的老年人的抑郁比例分别是32.7%、40.7%和41.4%,均高于ADL需求得到满足的老年人的抑郁比例(15.9%、18.6%和21.2%)。2015年IADL需求未得到满足的老年人的抑郁比例是43.1%,高于2018年IADL需求未得到满足的老年人的抑郁比例(42.7%),2013年的这一比例最低(33.8%)。2018年ADL+IADL需求未满足的老年人的抑郁比例(39.2%)高于2015年ADL+IADL需求未满足的老年人的抑郁比例(38.2%),2013年ADL+IADL需求未满足的老年人的抑郁比例最低(30.5%)。同样地,IADL需求未得到满足的老年人的抑郁比例、ADL+IADL需求未得到满足的老年人的抑郁比例均高于IADL和ADL+IADL需求得到满足的老年人的抑郁比例。比较ADL、IADL和ADL+IADL需求未得到满足的老年人的抑郁状况,2013年、2015年和2018年IADL需求未满足的老年人的抑郁比例均高于ADL、ADL+IADL需求未满足的老年人的抑郁比例,其中ADL+IADL需求未满足的老年人的抑郁比例在三期数据中均为最低(分别是30.5%、38.2%和39.2%)。区分照料需求未得到满足项数的结果发现,无论ADL、IADL还是ADL+IADL需求满足程度,老年人的抑郁比例分别随着ADL、IADL和ADL+IADL需求未得到满足的项数的增多而增加,即三期数据中4项及以上的ADL需求未满足的老年人的抑郁比例最高,其他依次是2~3项ADL需求未满足的老年人的抑郁比例、仅1项ADL需求未满足以及ADL需求得到满足的老年人的抑郁比例。IADL和ADL+IADL需求满足程度也呈现出同样的比例分布特征,即2013年、2015年和2018年老年人的抑郁比例随着ADL、IADL和ADL+IADL需求未满足的项目数量的增多而增加,具体的数量和比例结果呈现在表5-10中。

在老年人照料需求满足程度影响抑郁的分析中,采用的抑郁变量是连续变量(取值范围0~30),因此采用方差分析对老年人2013年的照料需求满足程度(区分未满足需求的项数)与2018年的抑郁状况做关联性检验。结果显示,ADL需求满足程度与抑郁的F值是26.47($p<0.001$),IADL需求满足程度与抑郁的F值是22.97($p<0.001$),ADL+IADL需求满足程度与抑郁的F值是36.85($p<0.001$),表明它们之间均存在显著的关联性。未区分需求未满足项数的照料需求满足程度的方差分析结果同样显示,它们之间也都存在显著的关联性。

表 5-10 2013—2018 年老年人的照料需求满足程度与抑郁状况

照料需求满足程度		2013 年抑郁($N=5425$)		2015 年抑郁($N=5957$)		2018 年抑郁($N=7100$)	
		否(n,%)	是(n,%)	否(n,%)	是(n,%)	否(n,%)	是(n,%)
ADL	需求得到满足	3405(84.1)	642(15.9)	3377(81.4)	771(18.6)	4068(78.8)	1093(21.2)
	需求未得到满足	928(67.3)	450(32.7)	1072(59.3)	737(40.7)	1137(58.6)	802(41.4)
	其中:仅 1 项未满足	609(73.2)	223(26.8)	691(66.2)	353(33.8)	707(64.6)	387(35.4)
	2～3 项未满足	272(61.1)	173(38.9)	313(52.9)	279(47.1)	364(55.8)	288(44.2)
	4 项及以上未满足	47(46.5)	54(53.5)	68(39.3)	105(60.7)	66(34.2)	127(65.8)
IADL	需求得到满足	3629(83.2)	733(16.8)	3704(79.7)	944(20.3)	4324(77.7)	1238(22.3)
	需求未得到满足	704(66.2)	359(33.8)	745(56.9)	564(43.1)	881(57.3)	657(42.7)
	其中:仅 1 项未满足	503(71.5)	201(28.6)	572(63.9)	323(36.1)	605(63.6)	347(36.5)
	2～3 项未满足	183(58.5)	130(41.5)	157(44.2)	198(55.8)	247(50.2)	245(49.8)
	4 项及以上未满足	18(39.1)	28(60.9)	16(27.1)	43(72.9)	29(30.9)	65(69.2)
ADL+IADL	需求得到满足	3050(85.2)	528(14.8)	2998(83.1)	610(16.0)	3625(80.6)	875(19.4)
	需求未得到满足	1283(69.5)	564(30.5)	1451(61.8)	898(38.2)	1580(60.8)	1020(39.2)
	其中:仅 1 项未满足	723(77.1)	215(22.9)	852(72.3)	327(27.7)	877(69.7)	381(30.3)
	2～3 项未满足	408(66.3)	207(33.7)	430(56.4)	333(43.6)	483(57.4)	358(42.6)
	4 项及以上未满足	152(51.7)	142(48.3)	169(41.5)	238(58.5)	220(43.9)	281(56.1)

5.3.3 照料需求满足程度对老年人抑郁的影响

在老年人照料需求满足程度影响抑郁的分析中,照料需求满足程度的对照组和分析组的设定与照料需求满足程度影响老年人疼痛和跌倒部分的操作相同。老年人 ADL 需求满足程度对抑郁的影响、IADL 需求满足程度对抑郁的影响和 ADL+IADL 需求满足程度对抑郁影响的 OLS 回归结果整理后呈现在表 5-11 中。老年人的 ADL 需求满足程度影响了抑郁状况,在控制了其他协变量的基础上,相比 2013 年 ADL 需求得到满足且 2018 年 ADL 需求得到满足以及 2013 年 ADL 需求虽然未得到满足但 2018 年 ADL 需求得到满足的老年人群体,2013 年 ADL 需求得到满足但 2018 年 ADL 需求未得到满足和 2013 年 ADL 需求未得到满足且 2018 年 ADL 需求未得到满足的老年人更易抑郁($\beta=0.153, p<0.001$);相比无论 2013 年 IADL 需求是否得到满足但 2018 年 IADL 需求得到满足的老年人群体,IADL 需求未得到满足的老年人更易抑郁($\beta=0.144, p<0.001$);老年人的 ADL+IADL 需求满足程度对抑郁有相同的影响,需求未得到满足的老年人相比需求得到满足的老年人更易抑郁($\beta=0.169, p<0.001$)。比较三个模型中老年人的需求满足程度对抑郁的标准化系数大小,ADL+IADL 需求满足程度对抑郁的标准化系数大于 ADL 需求满足程度对抑郁的标准化系数大于 IADL 需求满足程度对抑郁的标准化系数,即 ADL 需求未满足的老年人比 IADL 需求未满足的老年人更可能发生抑郁。三个模型的协变量方面,城乡、东部地区和基期是否抑郁对老年人滞后期的抑郁状况产生影响,农村老年人相比城市老年人更不易抑郁($p<0.01$),东部地区相比西部地区老年人更不易抑郁($p<0.001$);老年人受教育水平是初中及以上对抑郁的影响仅在 0.1 的水平下显著。在 ADL 需求满足程度影响抑郁和 IADL 需求满足程度影响抑郁的分析中,协变量患多种慢性疾病的老年人相比仅患 1 种或不患慢性病的老年人更易抑郁($p<0.05$),而在 ADL+IADL 需求满足程度影响抑郁的分析中,协变量是否患多种慢性疾病对抑郁的作用仅在 0.1 的水平下显著,三个模型中其他协变量的作用均不显著。

表 5-11 照料需求满足程度对老年人抑郁的 OLS 回归结果

变量	ADL→抑郁 标准化系数(β)	IADL→抑郁 标准化系数(β)	ADL+IADL→抑郁 标准化系数(β)
需求满足程度(满足为参照)	0.153***	0.144***	0.169***
年龄(低龄为参照)	−0.031	−0.031	−0.033+
性别(男性为参照)	0.039	0.039	0.035
受教育水平(未上学为参照)			
小学	−0.004	−0.003	−0.003
初中及以上	−0.042+	−0.043+	−0.040+
城乡(农村为参照)	−0.060**	−0.069**	−0.062**
区域分布(西部为参照)			
中部	0.002	0.001	0.003
东部	−0.084***	−0.085***	−0.084***
婚姻状况(已婚有配偶为参照)	0.007	0.003	0.007
是否患多种慢性病(否为参照)	0.042*	0.046*	0.038+
是否吸烟(否为参照)	0.024	0.025	0.027
是否喝酒(否为参照)	0.013	0.012	0.013
子女的经济支持	−0.028	−0.031	−0.030
与子女联系频率	−0.016	−0.012	−0.013
家庭人均收入	−0.033	−0.028	−0.025
2013 年抑郁(否为参照)	0.389***	0.388***	0.386***
观察值数量	2022	2022	2022
F	44.26	43.67	45.32
R^2	0.2610	0.2584	0.2656

注：(1)ADL→抑郁，代表 ADL 需求满足程度对抑郁的影响，其余呈现的含义与此类似；(2)*** 代表 $p<0.001$，** 代表 $p<0.01$，* 代表 $p<0.05$，+ 代表 $p<0.1$。

利用 2013 年、2015 年和 2018 年三期的面板数据，进一步采用混合 OLS 模型、固定效应模型和随机效应模型分析区分需求未得到满足的项数的照料需求满足程度对老年人抑郁的影响，并对结果进行检验以选择最优的分析和解释模型(模型分析和检验的结果整理后呈现在表 5-12 中)。在 ADL 需求满足程度影响老年人抑郁的分析中，固定效应模型的 $F=3.19$ 表明固定效应

第5章 日常照料需求满足程度对老年人福祉的影响

表5-12 照料需求满足程度对老年人抑郁的影响

变量	ADL需求满足程度→抑郁			IADL需求满足程度→抑郁			ADL+IADL需求满足程度→抑郁		
	混合OLS	固定效应	随机效应	混合OLS	固定效应	随机效应	混合OLS	固定效应	随机效应
需求满足程度（满足为参照）									
仅1项未满足	1.254***	0.713**	1.266***	1.185***	0.427+	1.214***	1.052***	0.572**	1.066***
2~3项未满足	2.555***	1.560***	2.576***	3.078***	1.822***	3.125***	2.213***	1.253***	2.240***
4项及以上未满足	5.507***	3.631***	5.549***	5.743***	3.935***	5.810***	4.719***	2.982***	4.767***
性别（男性为参照）	1.469***	—	1.467***	1.528***	—	1.526***	1.441***	—	1.438***
城乡（农村为参照）	−1.658***	—	−1.653***	−1.688***	—	−1.680***	−1.600***	—	−1.593***
区域分布（西部为参照）									
中部	−1.006***	—	−1.005***	−1.027***	—	−1.026***	−1.011***	—	−1.010***
东部	−2.397***	—	−2.393***	−2.394***	—	−2.388***	−2.343***	—	−2.338***
受教育水平（未上学为参照）									
小学	−0.141	0.232	−0.144	−0.081	0.267	−0.084	−0.102	0.224	−0.104
初中及以上	−0.761*	0.634	−0.771*	−0.751*	0.619	−0.765*	−0.673*	0.655	−0.683*
年龄（低龄为参照）	−1.420***	−0.237	−1.444***	−1.360***	−0.186	−1.396***	−1.425***	−0.209	−1.455***
婚姻状况（已婚有配偶为参照）	0.739***	0.656+	0.741***	0.734***	0.705**	0.735***	0.691+	0.646+	0.693+
患多种慢性病（否为参照）	1.384***	0.681**	1.395***	1.429***	0.665**	1.449***	1.342***	0.649**	1.355***
是否吸烟（否为参照）	−0.198	0.113	−0.201	−0.299	0.059	−0.306	−0.244	0.072	−0.249
是否喝酒（否为参照）	0.306	0.423	0.304	0.166	0.318	0.161	0.284	0.403	0.282
子女的经济支持	−0.001+	0.001	−0.001+	−0.001+	0.001	−0.001+	−0.001+	0.001	−0.001+

续表

变量	ADL需求满足程度→抑郁			IADL需求满足程度→抑郁			ADL+IADL需求满足程度→抑郁		
	混合OLS	固定效应	随机效应	混合OLS	固定效应	随机效应	混合OLS	固定效应	随机效应
与子女联系频率	0.022*	0.018	0.022*	0.023*	0.019+	0.023*	0.020*	0.017	0.021*
家庭人均收入	−0.001	0.001	−0.001	−0.001	0.001	−0.001	−0.001	0.001	−0.001
常数项	9.752***	8.994***	9.747***	10.024***	9.236***	10.015***	9.595***	8.960***	9.585***
固定效应F检验	F=3.19	p<0.001	—	F=3.21	p<0.001	—	F=3.11	p<0.001	—
随机效应BP检验	—	—	p<0.001	—	—	p<0.001	—	—	p<0.001
Hausman检验	p<0.001			p<0.001			p<0.001		
修正的Hausman统计量	p<0.001			p<0.001			p<0.001		
观察值	6066	6066	6066	6066	6066	6066	6066	6066	6066

注：*** 代表 $p<0.001$，** 代表 $p<0.01$，* 代表 $p<0.05$，+ 代表 $p<0.1$。

模型优于混合 OLS 模型。随机效应模型的 BP 检验获得的 p 值小于 0.001，表明随机效应模型显著，即利用随机效应分析 ADL 需求满足程度对老年人抑郁的影响优于采用混合 OLS 模型的分析。采用 Hausman 检验和修正的 Hausman 统计量检验结果显示固定效应模型优于随机效应模型，故选择固定效应模型对二者之间的作用关系进行解释。老年人仅 1 项 ADL 需求未得到满足相对 ADL 需求得到满足对抑郁的作用系数是 0.713($p<0.01$)，2~3 项 ADL 需求未得到满足相对 ADL 需求得到满足对抑郁的作用系数是 1.560($p<0.001$)，而老年人 4 项及以上 ADL 需求未得到满足相对 ADL 需求得到满足对抑郁的作用系数达到了 3.631($p<0.001$)，即随着老年人 ADL 需求未得到满足的项目数量的增加，抑郁的可能更高。协变量中，老年人的婚姻状况对抑郁的作用在 0.1 的水平下显著；患多种慢性疾病的老年人相比仅患 1 种或不患慢性疾病的老年人更可能抑郁($p<0.01$)。经典的 Hausman 检验和修正的 Hausman 统计量检验结果同样显示采用固定效应模型分别对 IADL 需求满足程度和老年人抑郁状况、ADL+IADL 需求满足程度和老年人的抑郁状况进行分析为最优。IADL 需求满足程度影响老年人抑郁状况的固定效应模型中，老年人仅 1 项 IADL 需求未得到满足、2~3 项 IADL 需求未得到满足和 4 项及以上 IADL 需求未得到满足对抑郁的作用系数分别是 0.427($p<0.1$)，1.822($p<0.001$)和 3.935($p<0.001$)，也显示出随着老年人 IADL 需求未得到满足的项目数量的增多抑郁的可能性更高的特征($p<0.01$)。在协变量方面，与 ADL 需求满足程度影响抑郁的分析中不同的是，子女的联系频率与抑郁在 0.1 的水平下显著。老年人的 ADL+IADL 需求满足程度对抑郁的影响也呈现出随着 ADL+IADL 需求未得到满足的项目数量的增多，系数逐渐增加大的特征(4 项及以上 ADL+IADL 需求未得到满足的系数是 2.982，$p<0.001$)，而子女的联系频率与抑郁未通过显著性检验。除了婚姻状况、是否患多种慢性疾病和与子女的联系频率外，其余协变量在 ADL、IADL 和 ADL+IADL 需求满足程度分别对抑郁的分析中，无论在哪种水平下均不显著。

5.4 照料需求满足程度对老年人生活满意度的影响

5.4.1 老年人的生活满意度状况

2013年、2015年和2018年分别有739位(13.6%)、550位(9.2%)和906位(12.8%)老年人对生活感到不满意。对三期数据中的老年人的人口统计学特征与生活满意度状况进行交叉分析,结果发现80岁及以上的老年人在2013年到2018年对生活满意的比例分别是88.9%、92.9%和88.8%,60～80岁老年人对生活不满意的比例均高于80岁及以上老年人对生活不满意的比例。三期数据中,2013年、2015年和2018年女性老年人对生活不满意的比例(分别是15.4%、10.2%和14.3%)均高于男性老年人对生活不满意的比例,丧偶/离婚/分居/从未结婚等婚姻状况的老年人对生活不满意的比例(分别是16.4%、12.4%和16.6%)均高于已婚有配偶的老年人对生活不满意的比例。2013年、2015年和2018年从未上过学的老年人对生活感到不满意的比例最高(分别是16.2%、11.9%和16.1%),小学文化水平的老年人的这一比例次之(分别是13.7%、8.5%和12.1%),初中及以上老年人对生活不满意的比例最低(分别是8.8%、6.0%和9.5%)。三期数据中,农村老年人对生活不满意的比例(15.1%、10.1%和14.1%)均高于城市老年人对生活不满意的比例(11.3%、7.8%和10.7%)。区分区域来看,2013年和2018年西部地区老年人对生活不满意的比例最高(分别是14.2%和12.9%),2013年东部地区老年人对生活不满意的比例(13.4%)稍高于中部地区老年人对生活不满意的比例(13.3%),而2018年中部地区老年人对生活不满意的比例(12.8%)稍高于东部地区老年人对生活不满意的比例(12.6%);2015年中部地区老年人对生活不满意的比例最高,达到了9.4%,稍高于东部地区老年人对生活不满意的比例(9.3%),西部地区老年人对生活不满意的比例最低(9.0%)。2013年、2015年和2018年家庭人均收入低的老年人对生活不满意比例均高于家庭人均收入高的老年人对生活不满意的比例。具体的数值和比例分布见表5-13的内容。

第5章 日常照料需求满足程度对老年人福祉的影响

表 5-13 2013—2018 年老年人的生活满意度状况

变	量	2013年(N=5425) 满意(n,%)	2013年(N=5425) 不满意(n,%)	2015年(N=5957) 满意(n,%)	2015年(N=5957) 不满意(n,%)	2018年(N=7100) 满意(n,%)	2018年(N=7100) 不满意(n,%)
年龄	60~80岁	4365(86.2)	699(13.8)	5029(90.6)	521(9.4)	5632(87.1)	835(12.9)
	80岁及以上	321(88.9)	40(11.1)	378(92.9)	29(7.1)	562(88.8)	71(11.1)
性别	男性	2197(88.5)	287(11.6)	2420(92.0)	210(8.0)	2811(89.2)	341(10.8)
	女性	2489(84.6)	452(15.4)	2987(89.8)	340(10.2)	3383(85.7)	565(14.3)
婚姻状况	已婚有配偶	3659(87.2)	538(12.8)	4180(91.8)	376(8.3)	4755(88.5)	620(11.5)
	丧偶/从未结婚等	1027(83.6)	201(16.4)	1227(87.6)	174(12.4)	1439(83.4)	286(16.6)
受教育水平	未上过学	1614(83.8)	311(16.2)	1871(88.1)	253(11.9)	1846(83.9)	355(16.1)
	小学	2138(86.4)	338(13.7)	2457(91.5)	228(8.5)	2887(87.9)	397(12.1)
	初中及以上	934(91.2)	90(8.8)	1079(94.0)	69(6.0)	1461(90.5)	154(9.5)
城乡	农村	2808(84.9)	501(15.1)	3384(89.9)	380(10.1)	3728(85.9)	612(14.1)
	城市	1878(88.8)	238(11.3)	2023(92.3)	170(7.8)	2466(89.4)	294(10.7)
区域分布	西部	1623(85.8)	268(14.2)	1840(91.0)	181(9.0)	2084(87.1)	308(12.9)
	中部	1563(86.7)	239(13.3)	1786(90.6)	186(9.4)	2046(87.2)	301(12.8)
	东部	1500(86.6)	232(13.4)	1781(90.7)	183(9.3)	2064(87.4)	297(12.6)
家庭人均收入	收入低	2181(46.5)	470(63.6)	2757(51.0)	316(57.5)	3147(50.8)	581(64.1)
	收入高	2505(53.5)	269(36.4)	2650(49.0)	234(42.6)	3047(49.2)	325(35.9)

5.4.2 照料需求满足程度与生活满意度的关联性

老年人在 2013 年、2015 年和 2018 年的照料需求满足程度与生活满意度的交叉分析结果显示,无论 ADL、IADL 还是 ADL+IADL 需求满足程度,需求未得到满足的老年人对生活不满意的比例都高于需求得到满足的老年人对生活不满意的比例,且对生活不满意的老年人的比例随着 ADL、IADL 和 ADL+IADL 需求未满足的项目数量的增多而增加。详细来看,2018 年 ADL 需求未满足、IADL 需求未满足和 ADL+IADL 需求未满足的老年人对生活不满意的比例均为最高(20.6%、23.2% 和 19.9%),2013 年次之(19.7%、20.7% 和 19.0%),2015 年最低(15.0%、18.6% 和 14.5%)。三期数据中 4 项及以上 ADL 需求未满足的老年人对生活不满意的比例分别是 32.7%、27.2% 和 35.8%,均高于仅 1 项 ADL 需求未得到满足和 2~3 项 ADL 需求未得到满足的老年人对生活不满意的比例。2013 年至 2018 年 IADL 4 项及以上需求未得到满足的比例分别是 41.3%、35.6% 和 43.6%,ADL+IADL 这一比例分别是 28.6%、25.6% 和 30.9%,分别均高于仅 1 项、2~3 项 IADL 和 ADL+IADL 需求未得到满足的老年人对生活不满意的比例。对比 ADL 需求未满足、IADL 需求未满足和 ADL+IADL 需求未满足的情况,三期数据中 IADL 需求未满足的老年人对生活不满意的比例均为最高,ADL+IADL 需求未满足的老年人对生活不满意所占的比例最低。详细的统计分析结果呈现在表 5-14 中。

老年人 2013 年的照料需求满足程度(区分未满足需求的项数)与 2018 年生活满意度状况的卡方检验结果显示,ADL 需求满足程度与生活满意度的皮尔逊卡方值是 24.7095($p<0.001$),IADL 需求满足程度与生活满意度的皮尔逊卡方值是 29.7118($p<0.001$),ADL+IADL 需求满足程度与生活满意度的皮尔逊卡方值是 46.4974($p<0.001$),表明它们之间均存在显著的关联性。未区分需求未满足项数的照料需求满足程度的卡方检验结果显示,它们之间都存在显著的关联性。

表 5-14　2013 年—2018 年照料需求满足程度与生活满意状况

	照料需求满足程度	2013 年($N=5425$) 满意(n,%)	2013 年($N=5425$) 不满意(n,%)	2015 年($N=5957$) 满意(n,%)	2015 年($N=5957$) 不满意(n,%)	2018 年($N=7100$) 满意(n,%)	2018 年($N=7100$) 不满意(n,%)
ADL	需求得到满足	3580(88.5)	467(11.5)	3869(93.3)	279(6.7)	4655(90.2)	506(9.8)
	需求未得到满足	1106(80.3)	272(19.7)	1538(85.0)	271(15.0)	1539(79.4)	400(20.6)
	其中:仅 1 项未满足	695(83.5)	137(16.5)	925(88.6)	119(11.4)	912(83.4)	182(16.6)
	2~3 项未满足	343(77.1)	102(22.9)	487(82.3)	105(17.7)	503(77.2)	149(22.9)
	4 项及以上未满足	68(67.3)	33(32.7)	126(72.8)	47(27.2)	124(64.3)	69(35.8)
IADL	需求得到满足	3843(88.1)	519(11.9)	4341(93.4)	307(6.6)	5013(90.1)	549(9.9)
	需求未得到满足	843(79.3)	220(20.7)	1066(81.4)	243(18.6)	1181(76.8)	357(23.2)
	其中:仅 1 项未满足	582(82.7)	122(17.3)	753(84.1)	142(15.9)	764(80.3)	188(19.8)
	2~3 项未满足	234(74.8)	79(25.2)	275(77.5)	80(22.5)	364(74.0)	128(26.0)
	4 项及以上未满足	27(58.7)	19(41.3)	38(64.4)	21(35.6)	53(56.4)	41(43.6)
ADL+IADL	需求得到满足	3189(89.1)	389(10.9)	3399(94.2)	209(5.8)	4111(91.4)	389(8.6)
	需求未得到满足	1497(81.1)	350(19.0)	2008(85.5)	341(14.5)	2083(80.1)	517(19.9)
	其中:仅 1 项未满足	793(84.5)	145(15.5)	1065(90.3)	114(9.7)	1074(85.4)	184(14.6)
	2~3 项未满足	494(80.3)	121(19.7)	640(83.9)	123(16.1)	663(78.8)	178(21.2)
	4 项及以上未满足	210(71.4)	84(28.6)	303(74.5)	104(25.6)	346(69.1)	155(30.9)

5.4.3 照料需求满足程度对老年人生活满意度的影响

老年人照料需求满足程度对生活满意度的 Logit 回归分析结果呈现在表 5-15 中,照料需求满足程度的对照组和分析组的设定与照料需求满足程度影响老年人疼痛、跌倒和抑郁部分的操作相同。在控制了相关协变量后,老年人的 ADL 需求满足程度、IADL 需求满足程度和 ADL+IADL 需求满足程度均对生活满意度产生影响:相比 ADL 需求得到满足的老年人,ADL 需求未得到满足的老年人更可能对生活不满意($p<0.001$);相比 IADL 需求得到满足的老年人,IADL 需求未得到满足的老年人更可能对生活不满意($p<0.001$);相比 ADL+IADL 需求得到满足的老年人,ADL+IADL 需求未得到满足的老年人更可能对生活不满意($p<0.001$)。IADL 需求满足程度对生活满意度的作用系数($\beta=0.904, p<0.001$)大于 ADL+IADL 需求满足程度对生活满意度的作用系数($\beta=0.742, p<0.001$),二者均大于 ADL 需求满足程度对生活满意度的作用系数($\beta=0.537, p<0.001$)。三个模型的协变量中,老年人是否患多种慢性疾病和基期的生活满意度状况对滞后期的生活满意度状况产生影响,如患多种慢性疾病相比仅患 1 种或未患慢性疾病的老年人更可能对生活不满意($p<0.05$)。在老年人的 ADL 需求满足程度影响生活满意度和 ADL+IADL 需求满足程度影响老年人生活满意度的分析中,老年人的婚姻状况与生活满意度仅在 0.1 的水平下显著;在 IADL 需求满足程度影响老年人生活满意度的分析中,老年人的年龄与生活满意度同样仅在 0.1 的水平下显著。三个模型中的其他协变量无论在何种水平下均对老年人的生活满意度不产生影响。

与前三节的操作和处理方法一致,进一步利用 CHARLS 2013 年、2015 年和 2018 年的面板数据,采用固定效应模型和随机效应模型对区分未满足需求项目数量的 ADL 需求满足程度、IADL 需求满足程度和 ADL+IADL 需求满足对老年人生活满意度的影响进行分析和检验。ADL 需求满足程度影响老年人生活满意度的 Hausman 检验结果显示,固定效应模型是分析二者关系的最优模型,仅 1 项 ADL 需求未得到满足、2~3 项 ADL 需求未得到满足和 4 项及以上 ADL 需求未得到满足对生活满意度的作用系数分别是 $0.262(p<0.1)$、$0.529(p<0.01)$ 和 $0.522(p<0.1)$,除了未随时间改变的性别、城乡和区域变量在固定效应模型中没有获得估计系数外,其余协变量的作用均不显

表 5-15 老年人照料需求满足程度对生活满意度的 Logit 回归结果

变量	ADL→生活满意度		IADL→生活满意度		ADL+IADL→生活满意度	
	系数(β)	95%CI	系数(β)	95%CI	系数(β)	95%CI
需求满足程度（满足为参照）	0.537***	0.26,0.82	0.904***	0.62,1.19	0.742***	0.45,1.03
年龄（低龄为参照）	-0.921	-2.12,0.27	-1.078[+]	-2.29,0.13	-0.997	-2.20,0.20
性别（男性为参照）	0.103	-0.23,0.44	0.956	-0.24,0.43	0.092	-0.24,0.43
受教育水平（未上学为参照）						
小学	-0.115	-0.42,0.19	-0.108	-0.42,0.20	-0.114	-0.42,0.19
初中及以上	-0.310	-0.82,0.20	-0.263	-0.77,0.25	-0.280	-0.79,0.23
城乡（农村为参照）	-0.158	-0.49,0.17	-0.190	-0.52,0.14	-0.166	-0.50,0.17
区域分布（西部为参照）						
中部	-0.060	-0.40,0.28	-0.100	-0.44,0.24	-0.662	-0.41,0.27
东部	0.210	-0.13,0.55	0.194	-0.15,0.53	0.205	-0.13,0.54
婚姻状况（已婚有配偶为参照）	0.299[+]	-0.04,0.64	0.255	-0.09,0.60	0.296[+]	-0.05,0.64
是否患多种慢性病（否为参照）	0.342*	0.04,0.64	0.331*	-0.03,0.63	0.306*	0.01,0.61
子女经济支持	-0.001	-0.01,0.01	-0.001	-0.01,0.01	-0.001	-0.01,0.01
子女情感支持	0.002	-0.01,0.02	0.002	-0.01,0.02	0.002	-0.01,0.02
家庭人均收入	-0.001	-0.01,0.01	-0.001	-0.01,0.01	-0.001	-0.01,0.01
2013 年生活满意度（满意为参照）	1.341***	1.04,1.64	1.310***	1.00,1.62	1.325***	1.02,1.63
常数项	-2.625***	-3.13,-2.12	-2.696***	-3.20,-2.20	-2.788***	-3.30,-2.27
观察值数量	2022		2022		2022	
卡方值	134.95		159.08		147.01	
对数似然值	-692.89174		-680.82771		-686.86588	
伪 R^2	0.0887		0.1046		0.0967	

注：(1) ADL→生活满意度，代表 ADL 需求满足程度对生活满意度的影响，其余呈现的含义与此类似；(2) *** 代表 $p<0.001$，** 代表 $p<0.01$，* 代表 $p<0.05$，[+] 代表 $p<0.1$。

著。IADL 和 ADL+IADL 需求满足程度影响老年人生活满意度的 Hausman 检验结果显示固定效应模型依然是最优的分析模型,模型结果显示仅 1 项 IADL 需求未得到满足相比 IADL 需求得到满足的老年人更可能对生活不满意($\beta=0.610,p<0.001$),2～3 项 IADL 需求未得到满足对生活满意的作用系数是 0.183,但在任何水平下均不显著($p>0.1$);4 项及以上 IADL 需求未得到满足与老年人的生活满意度在 0.1 的水平下显著($\beta=0.573$)。ADL+IADL 需求满足程度影响老年人生活满意度的固定效应模型结果显示,老年人仅 1 项、2～3 项和 4 项及以上 ADL+IADL 需求未得到满足与生活满意度均在 0.05 的水平下显著,作用系数分别是 0.312($p<0.05$)、0.835($p<0.001$)和 0.459($p<0.05$)。IADL 需求满足程度和 ADL+IADL 需求满足程度对老年人生活满意度影响的固定效应模型结果显示,除了未随时间改变的性别、城乡和区域变量没有获得估计系数外,其余协变量对老年人生活满意度的影响无论在何种水平下均不显著,分析和检验的详细结果呈现在表 5-16 中。

5.5 照料需求满足程度对老年人死亡的影响

5.5.1 老年人的死亡状况

2013—2018 年期间有 602 位老年人死亡,占样本总数的 11.4%,即 4665 位老年人同时参加了 2013 年和 2018 年 CHARLS 的调查,而 602 位老年人由于在 2013—2018 年随访期间死亡,未参加 CHARLS 2018 年的调查。分层分析结果显示存活和死亡的老年人在 2013 年的平均年龄分别是 68.5 岁和 73.2 岁,其中 60～80 岁老年人的死亡比例是 10.0%,80 岁及以上老年人的死亡比例是 32.3%。男性老年人在 2013—2018 年的死亡比例是 17.8%,高于女性老年人的死亡比例(8.6%),也反映了女性老年人的平均寿命更长。410 位已婚有配偶的老年人在 2013—2018 年间死亡,丧偶/离婚/分居/从未结婚等其他婚姻状况老年人的死亡比例超过了 15%。从受教育水平来看,未上过学、小学和初中及以上老年人的死亡比例分别是 12.6%、11.7%(小学文化水平)和 8.3%(初中及以上文化水平)。农村老年人的死亡比例(11.8%)高于城市

表 5-16 照料需求满足程度对老年人生活满意度的影响

变量	ADL 需求满足程度→生活满意度		IADL 需求满足程度→生活满意度		ADL+IADL 需求满足程度→生活满意度	
	固定效应	随机效应	固定效应	随机效应	固定效应	随机效应
需求满足程度(满意为参照)						
仅 1 项未满足	0.262+	0.353**	0.610***	0.781***	0.312***	0.440**
2~3 项未满足	0.529**	0.850***	0.183	0.765***	0.835***	0.932***
4 项及以上未满足	0.522+	1.301***	0.573+	1.581***	0.459*	1.215***
性别(男性为参照)	—	0.017	—	0.017	—	0.005
城乡(农村为参照)	—	−0.403**	—	−0.419**	—	−0.380*
区域分布(西部为参照)						
中部	—	−0.008	—	−0.001	—	−0.010
东部	—	0.098	—	0.106	—	0.115
受教育水平(未上学为参照)						
小学	−0.063	−0.394**	−0.076	−0.381**	−0.103	−0.388**
初中及以上	0.217	−0.721**	0.314	−0.700**	0.264	−0.689**
年龄(低龄为参照)	−0.185	−0.740**	−0.197	−0.741***	−0.237	−0.763***
婚姻状况(已婚有配偶为参照)	−0.172	0.301*	−0.171	0.283*	−0.177	0.280*
患多种慢性病(否为参照)	0.106	0.319**	0.124	0.341**	0.095	0.294*
子女经济支持	−0.001	−0.001	−0.001	−0.001	−0.001	−0.001
子女情感支持	0.001	0.006	−0.001	0.005	0.002	0.005
家庭人均收入	−0.001	−0.001	−0.001	−0.001	−0.001	−0.001
常数项	—	−2.848***	—	−2.864***	—	−2.967***
随机效应 LR 检验	$p<0.001$	$p<0.001$	$p<0.001$	$p<0.001$	$p<0.001$	$p<0.001$
Hausman 检验	1458		1458		1458	
观察值	6066	6066	6066	6066	6066	6066

注:(1) *** 代表 $p<0.001$,** 代表 $p<0.01$,* 代表 $p<0.05$,+ 代表 $p<0.1$;(2) 三个固定效应模型中,1536 组(4608 个观察值)因变量在三期面板数据均为相同回答,模型视为没有变化而被删除了,故样本量为 1458。

老年人的死亡比例(10.8%);西部、中部和东部地区老年人的死亡比例较为均衡,在11%左右;家庭人均收入低的老年人比家庭人均收入高的老年人的死亡比例高,详细的分析和检验结果呈现在表5-17中。

表5-17 2013—2018年老年人的死亡状况

变量	死亡情况($N=5267$)	
	存活老人($n=4665$)（n,%）	死亡老人($n=602$)（n,%）
年龄(mean,SD)	68.5,6.2	73.2,7.5
60~80岁	4436(90.0)	493(10.0)
80岁及以上	229(67.8)	109(32.3)
性别		
男性	2052(85.2)	356(17.8)
女性	2613(91.4)	246(8.6)
婚姻状况		
已婚有配偶	3684(90.0)	410(10.0)
丧偶/从未结婚等	981(83.6)	192(16.4)
受教育水平		
未上过学	1654(87.4)	239(12.6)
小学	2138(88.3)	284(11.7)
初中及以上	873(91.7)	79(8.3)
城乡		
农村	2898(88.2)	389(11.8)
城市	1767(89.2)	213(10.8)
区域分布		
西部	1627(88.3)	216(11.7)
中部	1552(88.8)	196(11.2)
东部	1486(88.7)	190(11.4)
家庭人均收入		
收入低	2298(88.0)	314(12.0)
收入高	2367(89.2)	288(10.9)

5.5.2 照料需求满足程度与死亡的关联性

对老年人照料需求的满足程度和死亡状况进行交叉分析,结果发现 ADL 需求未满足的老年人的死亡比例是 15.3%,高于 ADL 需求得到满足的老年人的死亡比例(10.1%),稍高于 IADL 需求未满足的老年人的死亡比例(15.2%),ADL+IADL 需求未得到满足的老年人的死亡比例(14.8%)低于 ADL 需求未满足的老年人的死亡比例,同样低于 IADL 需求未满足的老年人的死亡比例。进一步对照料需求未得到满足的项数与老年人的死亡情况做交叉分析,结果发现 ADL 需求仅 1 项未满足、2~3 项未满足和 4 项及以上未满足的老年人的死亡比例相差不大,4 项及以上 IADL 需求未得到满足的老年人的死亡比例最高(达到了 19.6%),4 项及以上 ADL+IADL 需求未满足的老年人死亡比例是 16.9%,分析结果呈现在表 5-18 中。

老年人照料需求满足程度与死亡情况的卡方检验结果显示,ADL 需求满足程度与死亡的皮尔逊卡方值是 26.1846($p<0.001$),IADL 需求满足程度与死亡的皮尔逊卡方值是 18.3356($p<0.001$),ADL+IADL 需求满足程度与死亡的皮尔逊卡方值是 31.4397($p<0.001$),表明它们之间均存在显著的关联性。

表 5-18 老年人照料需求满足程度与死亡情况

变量		死亡情况($N=5267$)	
		存活老人($n=4665$) (n,%)	死亡老人($n=602$) (n,%)
ADL	需求得到满足	3527(89.9)	397(10.1)
	需求未得到满足	1138(84.7)	205(15.3)
	其中:仅 1 项未满足	688(84.6)	125(15.4)
	2~3 项未满足	367(85.0)	65(15.0)
	4 项及以上未满足	83(84.7)	15(15.3)
IADL	需求得到满足	3778(89.5)	443(10.5)
	需求未得到满足	887(84.8)	159(15.2)
	其中:仅 1 项未满足	587(84.2)	110(15.8)
	2~3 项未满足	263(86.8)	40(13.2)
	4 项及以上未满足	37(80.4)	9(19.6)

续表

变量		死亡情况($N=5267$)	
		存活老人($n=4665$) (n,%)	死亡老人($n=602$) (n,%)
ADL+IADL	需求得到满足	3126(90.4)	334(9.7)
	需求未得到满足	1539(85.2)	268(14.8)
	其中:仅1项未满足	784(85.7)	131(14.3)
	2～3项未满足	519(85.4)	89(14.6)
	4项及以上未满足	236(83.1)	48(16.9)

5.5.3 照料需求满足程度对死亡的影响

老年人照料需求满足程度与死亡的二元 Logit 回归结果显示,在控制了年龄(连续变量)、性别、婚姻状况、受教育水平、城乡、区域、是否患多种慢性病、家庭平均收入(连续变量)和自评健康状况后,ADL 需求未得到满足的老年人比 ADL 需求得到满足的老年人更易死亡($\beta=0.358$,$p<0.001$),IADL 需求满足程度对死亡的作用边缘显著($\beta=0.206$,$p<0.1$),而 ADL+IADL 需求未得到满足的老年人相比 ADL+IADL 需求得到满足的老年人更易死亡($\beta=0.336$,$p<0.001$)。三个模型中的协变量也表现出一些特征,老年人年龄越大越可能死亡($p<0.001$),女性老年人相比男性老年人的死亡风险更低($p<0.001$),丧偶/从未结婚等婚姻状况的老年人相比已婚有配偶的老年人更易死亡($p<0.05$),初中及以上教育水平的老年人相比未上过学的老年人的死亡风险更低($p<0.01$)。在 IADL 需求满足程度和 ADL+IADL 需求满足程度影响老年人死亡的分析中,协变量患多种慢性疾病的老年人相比仅患 1 种或不患慢性疾病的老年人更易死亡($p<0.05$),在 ADL 需求满足程度对死亡的影响中,协变量是否患多种慢性疾病对死亡的影响仅在 0.1 的水平下显著。三个模型中的其他协变量在分析照料需求满足程度与死亡的关系中的作用均不显著,详细的分析结果见表 5-19。

第5章 日常照料需求满足程度对老年人福祉的影响

表 5-19 老年人照料需求满足程度对死亡的 Logit 回归结果

变量	ADL→死亡		IADL→死亡		ADL+IADL→死亡	
	系数(β)	95%CI	系数(β)	95%CI	系数(β)	95%CI
需求满足程度(满足为参照)	0.358***	0.16,0.55	0.206+	-0.01,0.42	0.336***	0.15,0.52
年龄	0.091***	0.08,0.10	0.091***	0.08,0.10	0.090***	0.08,0.10
性别(男性为参照)	-0.750***	-0.95,-0.55	-0.740***	-0.94,-0.54	-0.751***	-0.95,-0.55
受教育水平(未上过学为参照)						
小学	-0.112	-0.32,0.10	-0.095	-0.31,0.12	-0.097	-0.31,0.11
初中及以上	-0.505**	-0.82,-0.19	-0.496**	-0.81,-0.18	-0.484**	-0.80,-0.17
城乡(农村为参照)	-0.015	-0.22,0.19	-0.018	-0.22,0.18	-0.015	-0.22,0.19
区域分布(西部为参照)						
中部	0.003	-0.21,0.22	0.001	-0.21,0.22	0.005	-0.21,0.22
东部	-0.015	-0.23,0.20	-0.035	-0.25,0.18	-0.011	-0.23,0.21
是否患多种慢性病(否为参照)	0.183+	-0.01,0.37	0.212*	0.03,0.40	0.192*	0.01,0.38
婚姻状况(已婚有配偶为参照)	0.272*	0.06,0.48	0.273*	0.06,0.48	0.265*	0.06,0.47
家庭人均收入	-0.001	-0.01,0.01	-0.001	-0.01,0.01	-0.001	-0.01,0.01
自评健康状况(好为参照)	-0.082	-0.37,0.21	0.062	-0.35,0.23	-0.089	-0.38,0.20
常数项	-8.165***	-9.18,-7.15	-8.167***	-9.18,-7.15	-8.157***	-9.18,-7.14
观察值数量	5267		5267		5267	
卡方值	341.89		332.61		341.64	
对数似然值	-1700.9761		-1705.612		-1701.0988	
伪 R^2	0.0913		0.0888		0.0913	

注:(1)ADL→死亡,代表 ADL 需求满足程度对死亡的影响,其余呈现的含义与此表似;(2)*** 代表 $p<0.001$,** 代表 $p<0.01$,* 代表 $p<0.05$,+ 代表 $p<0.1$。

5.6 本章总结

与日常照料需求得到满足的老年人相比,未满足的需求可以被认为是具有预测最坏福祉的指标。本章分别对老年人的日常照料需求满足程度与疼痛、跌倒、抑郁、生活满意度、死亡的关系进行分析,研究结论归总如下:

(1)2013年和2015年老年人疼痛的比例分别是44.1%和39.4%,2018年达到了69.9%。女性、低龄、丧偶/离婚/从未结婚、受教育水平低、农村、西部地区和家庭人均收入低的老年人群的疼痛比例更高。无论ADL、IADL还是ADL+IADL需求满足程度,需求未满足的老年人的疼痛比例更高,2013年、2015年和2018年ADL需求未满足的老年人的疼痛比例分别是62.6%、58.0%和84.6%,均超过IADL和ADL+IADL需求未满足的老年人的疼痛比例。Logit回归结果显示,相比无论2013年需求是否得到满足但2018年需求得到满足的老年人,ADL、IADL和ADL+IADL需求未得到满足的老年人更易发生疼痛。固定效应模型结果显示,随着老年人ADL需求未满足项数的增多,老年人更可能发生疼痛,IADL和ADL+IADL亦是如此(IADL需求仅1项未满足对疼痛的作用边缘显著)。

(2)2013年、2015年和2018年老年人跌倒的比例在21%~25%之间,其中女性、丧偶/分居/离婚/从未结婚等婚姻状况、受教育水平低、西部地区和家庭人均收入低的老年人的跌倒比例分别高于男性、已婚有配偶、小学和初中及以上受教育水平、中部和东部地区、家庭人均收入高的老年人的跌倒比例。ADL需求未得到满足的老年人的跌倒比例均高于ADL需求得到满足的老年人的跌倒比例,同样高于IADL和ADL+IADL需求未得到满足的老年人的跌倒比例。Logit回归结果显示,ADL、IADL和ADL+IADL需求满足程度均影响了老年人的跌倒状况,需求未满足的老年人相比需求得到满足的老年人更可能发生跌倒。固定效应模型显示需求满足程度影响跌倒的作用系数随着老年人未满足需求项数的增多而增加(IADL仅1项需求未满足对跌倒的影响无论在何种水平下均不显著)。

(3)三期数据中老年人抑郁的比例在20%~27%之间,低龄、女性、丧偶/离婚/从未结婚等婚姻状况、受教育水平低、农村、西部地区和家庭人均收入低的老年人的抑郁比例较高。无论ADL、IADL还是ADL+IADL需求满足程度,需求未满足的老年人的抑郁比例均高于各自需求得到满足的老年人的抑郁比例,且三期数据中 IADL 需求未满足的老年人的抑郁比例均高于 ADL 和 ADL＋IADL 需求未满足的老年人的抑郁比例。OLS 回归结果显示,ADL 需求未满足的老年人比 ADL 需求得到满足的老年人更可能抑郁,IADL、ADL＋IADL 需求满足程度对抑郁有同样的影响。固定效应模型结果同样显示,老年人需求满足程度对抑郁的作用系数随着 ADL、IADL 和 ADL＋IADL 需求未满足的项数的增多而增加,其中 IADL 仅 1 项需求未满足对抑郁的作用在 0.1 的水平下显著。

(4)2013 年至 2018 年有 9％～14％的老年人对生活不满意,女性、丧偶/离婚/从未结婚等婚姻状况、农村、未上过学和家庭人均收入低的老年人对生活不满意的比例均高于男性、已婚有配偶、城市、小学和初中及以上文化程度以及家庭人均收入高的老年人对生活不满意的比例;低龄老年人对生活不满意的比例均高于高龄老年人对生活不满意的比例;2013 年和 2018 年西部地区老年人对生活不满意的比例最高,2015 年中部地区老年人对生活不满意的比例最高。ADL、IADL 和 ADL＋IADL 需求未满足的老年人对生活不满意的比例均高于各自需求得到满足的老年人对生活不满意的比例,其中 IADL 需求未满足的老年人对生活不满意的比例最高。Logit 回归结果显示,三者的需求满足程度均对老年人的生活满意度产生影响,需求未满足的老年人相比需求得到满足的老年人更可能对生活不满意。固定效应模型结果显示,老年人 2～3 项 ADL 需求未满足、仅 1 项 IADL 需求未满足对生活满意度均在 0.05 的水平下产生影响,老年人仅 1 项、2～3 项和 4 项及以上 ADL＋IADL 需求未满足对生活满意度同样在 0.05 的水平下产生影响,仅 1 项 ADL 需求未满足、4 项及以上 ADL 需求未满足和 4 项及以上 IADL 需求未满足均对生活满意度在 0.1 的水平下显著,而老年人 2～3 项 IADL 需求满足程度对生活满意度的影响无论在哪种水平下均不显著。

(5)2013 年到 2018 年期间老年人的死亡比例是 11.4％,其中高龄、男性、丧偶/离婚/从未结婚等其他婚姻状况、受教育水平低、农村、西部地区和家庭人均收入低的老年人的死亡比例较高。ADL 需求未得到满足的老年人相比 ADL 需求得到满足的老年人的死亡比例较高,IADL 和 ADL＋IADL 需求未满足的老年人的死亡比例同样高于需求得到满足的老年人的死亡比例。Logit 回归结果显示,ADL 需求未满足的老年人比 ADL 需求得到满足的老年人更易死亡,ADL＋IADL 需求未满足的老年人相比 ADL＋IADL 需求得到满足的老年人更易死亡,而 IADL 需求满足程度对死亡的作用在 0.1 的水平下显著。

第 6 章　老年人的日常生活与照料困境

本章通过深度访谈和焦点小组讨论,辅之以非参与式观察等方法对居住在城市的居家失能老年人和自理老年人的日常生活状况、日常生活照料困境进行分析,获得老年人的日常照料需求的满足状况和存在未满足需求的原因,其中也映射了日常生活照料需求未得到满足对老年人的生活质量和主观幸福感的不良影响,如经常发生跌倒和存在心理困扰等。

6.1　老年人的日常生活状况

6.1.1　经济状况影响生活状况

经济状况与老年人的日常生活状况密不可分。经济基础是个体和家庭生存和发展的基本条件,老年人的生活也遵从社会发展中的"经济基础决定上层建筑"的规则,他们的经济状况决定着所能享受到的生活条件和照料资源。在老年人群中,处于社会各阶层老年人的活动和生活水平与经济状况差距很大。从访谈资料来看,大部分深度访谈和焦点小组的老年人退休金在每月几千元不等,个别老年人是农村户籍但居住在城市中,他们没有养老金或养老金收入(新农保)仅有几十元,有的老年人微薄的收入是低保金或者自己打工赚的几百几千元。参加访谈的老年人都参加了城乡居民医疗保险或职工医疗保险。经济困难,即老年贫困问题是低收入但对医疗和照护服务有较高需求的老年人的主要关切。对他们来说,生存型的日常生活和方式非常困难,因为他们负担不起所需的医疗和照护费用。如南宁的 ND1-M1-S76 老人没有退休金,每个月仅有 115 元的低保金,自己身体残疾只能自理大小便,老伴每个月工作能够赚 1000 多元并兼顾照料老人,被访老人认为这笔收入几乎不能维持基本的日常生活需要。老人还患有多种慢性疾病、腿部和腰部疼痛等,但是他既不定期服药也不寻求医疗救治,如果疼痛得厉害就去社区诊所打针,因为他负担不起相关的医疗费用。尽管居民医疗保险可以报销大约60%的住院治疗费用,但他们仍然无法支付报销后需要自付的费用。老人想雇一个保姆来照顾他,同样负担不起费用。职工医疗保险可以报销70%～80%的医疗费用,但是对于需要经常就医和负担高额医疗费用的老人来说,报销后需要自付的费用仍然是一个沉重的负担。

> 我们很困难的,希望有人护理但没有(负担不起)护理费。
> ——ND1-M1-S76

> 有困难啊,还不是慢慢磨(行动),请个人都没有钱,请了就没得钱吃药了。
> ——XD1-M1-S79

> 看病贵又总治不好,就买点解热镇痛药吃。吃药等于吃白粉(毒品),太贵了。人民医院应该叫人民币医院。
> ——HF7-M3-A75

"钱是护心宝,那走哪里都不能没有钱。"对经济状况较好的老年人来说,日常生活相对好一些,再加上如果老年人自己身体状况不糟糕,生活相对顺心和舒适多了。部分失能的XD3-M2-S82老人退休前是副书记、厂长,老人治疗脑梗、支气管和肺气肿的药没有断过,轮换着吃。药会在医院开,有时候也在药店买但不能报销,也没统计过一个月吃药能花费多少钱。老人说像这种退休金只有一两千块钱的老人,他们靠自己靠不了,请保姆请不起,国家应该考虑把重病患者的花费"包起来"。

> 我感觉总体来说对国家、社会和个人生活我基本上还是满意的。5000多元每个月的退休金用不完啊,还略有剩余。国家就是为了人民群众,归根到底就是让人民过上好生活,那把这些都管起来行不行?
> ——XD3-M2-S82

> 钱多请的保姆也要好一点。
> ——HD6-F1-E74

> 过节啊什么的我们都在一起,就像个大家庭似的,过生日就会把我带到公园玩一天。
> ——XD7-M2-C83

他还是比较好照顾的,就是吃饭不方便,做女儿的肯定知道他的爱好,做软一点啊碎一点啊烂一点。如果年龄再大一些,最坏的打算也是子女四个轮流来照顾,像我们姊妹几个做家务都是一把好手,一般人做的我

们都不太看得中的。　　　　　　　　　——XD7-M2-C83 的女儿

大多数被访老年人与配偶生活或有两三个子女与老年人生活在同一城市,为通过家庭照料系统满足他们的日常需求和获得各项照料支持提供了可能。对于大多数老年夫妇来说,当他们年老体衰无法彼此提供足够照料的时候,居住在同一城市的子女会提供相应的帮助。有配偶的老年人无论其是否与子女共同居住,老年人的配偶承担了主要的照料责任,配偶不在(去世/离婚等)的情况下,大多数老年人会与子女共同居住接受子女的照料。老年人也可以从其他家庭成员处获得帮助,例如广西南宁的 NF6-M3-C84 老人的子女去世,与孙子共同居住由孙子提供日常照料。对没有家庭成员(配偶和子女等)或家庭成员无法为他们提供照料的老年人来说,尽管他们在日常生活活动中存在很大的困难,他们也会选择尽可能长时间的自我照料。有些独居老年人还会聘请保姆,按照老人的话说"有老伴就强一点,没老伴就惨一点"。对能够自理的老年人来说,通常能够照料自己和家人,但大多数老年人年事已高并且患有多种疾病,他们在进行购物、做饭、爬楼梯和四处走动等活动时经常感到力不从心且越来越觉得困难。如表 3-2(深度访谈对象的基本信息)和表 3-3(焦点小组访谈对象的基本信息)所示,老年人的照料方式包括了四种:配偶照料、子女照料、自我照料和雇佣保姆,四种照料方式对应四种不同情况的老年人的日常照料状况。老年人的配偶、子女以及雇佣的保姆普遍会承担日常煮饭炒菜、洗碗扫地、洗衣整理家居、处理财务和药物、提供室内或室外出行辅助等工作满足老年人日常的进食、个人卫生护理、洗澡穿衣、如厕、往返于家中的活动和床上位置转移等工作,轻度失能老年人有能力自己进行部分日常家庭事务活动。此外,本节还结合老年人的照料困境分析了社区服务的发展和老年人对机构养老的态度。

6.1.2 日常生活单调和隔离

失能老年人最紧要的是"吃喝拉撒外带吃药",不同程度上都需要他人的协助。整体来看,部分失能老年人日常生活中能自己吃饭(包括他人准备好饭菜老人自己吃饭的情况),但往往走路走得慢或因腿脚不便使得往返于家中的活动受限,需要辅助和借助外力或"自己慢慢挪"。失能老年人也无法自行洗澡,肩膀手臂有受损的老年人穿衣服存在困难,"有时穿有时不穿,没得法"(如

XD9-F2-A82 老人)。完全失能如病瘫在床的 XD1-M1-S79 老人,ADL 的所有条目均无法自行完成,老人的配偶作为照料者,用盆子接水再把老人"慢慢磨过来,慢慢推,慢慢挪"给他洗澡,不能自己去厕所,说话也困难,想上厕所就大声"哼哧"。完全失能的 XD2-F1-C88 老人虽然和儿子住,但儿子白天工作只剩自己独自待在家,自己做不了什么,腿不行眼睛也看不见更不能出门,坐着就起不来了。居住在一楼的屋子里仅有一张床和一张破旧的桌子。访谈时老人卧身在床,社区工作人员敲门进去后老人衣衫不整,穿戴稍微整齐后访问员进入访谈,屋子里除了老人正常会有的"老人味"①外,还充斥着尿液的味道,床头的碗里还有半碗吃剩的饭。对许多失能老年人来说,如果没有悉心的照料者,老人的居住环境都充斥着各种"难闻"的气味。社区工作人员补充说有时候路过看到老人从床上跌下来,他们就给抬上去,碰到好几次了。对独居老年人来说,部分失能的身体状况下自己煮饭很费劲,迫于听力和视力的退化,"出门总摔跤,都带着棍",所以选择不出门,也无法与邻居等外人接触。

煮个饭我自个也哭,哭你有什么办法?　　　　——XD10-F2-A85

不论是入户深度访谈的失能和部分失能老年人,还是参加焦点小组的轻度失能和能自理对象,老年人的日常生活单调,普遍存在社会隔离。身体越虚弱的老年人,单调和隔离的情况越严重。"脱离"理论是老年学的经典理论,该理论认为脱离是一个令老年人和社会都满意的过程,即有益且满足的过程,老年人自愿卸下角色压力,摆脱社会期望从而更加关注自我的内心(Coowgill D O,1976)。比较部分失能与严重失能老年人的生活状况,可以说失能老年人的"脱离"是一个从愤懑被迫到无奈接纳的过程。一方面身体难以使唤做不了事情,如深度访谈的老年人大部分表达了强烈的出门愿望,所有老年人提到了腿脚不便,日常活动范围限于小区主要是待在家中,活动内容减少为"楼下坐坐""一天到晚看电视""听广播""睡觉""发呆",甚至是"无所事事";另一方面,对失能老年人来说还存在物理条件的障碍,如没有轮椅也买不起轮椅,不能下楼活动或者"透透风",出不了门使老年人与邻居等"外人"接触很少甚至根本上

---

① "老人味",也被叫做"加龄臭",官方术语是"壬烯醛",2-壬烯醛($C_9H_{16}O$)是皮肤上的 Omega-7 不饱和脂肪酸通过氧化降解时产生的化合物。无论男女,随着年龄的增加机体和新陈代谢逐渐衰老和衰减,皮肤的天然抗氧化剂防御能力开始下降而产生更多的脂肪酸。皮肤变弱,天然油脂氧化得更快,产生 2-壬烯醛,而 2-壬烯醛不溶于水,即使彻底清洗也会保留在皮肤上,所以在极其干净的环境中,气味也会残留在人体和织物上。

不接触，社会交往以家庭成员为主，主要是直接照料者，更有老年人多数时间自己待着，没有任何的活动和交往。严重失能老年人的生活空间进一步缩小到床和轮椅上，甚至长年累月地"躺着"。一些部分失能老年人提出希望能够安装电梯下楼散步或者反复表达了需要一把电动轮椅和有人扶他上下楼、外出"放放风"的意愿。独居老年人下楼下不来，无论往返于家中的活动还是想出门"透透气"，都面临着"万分小心""不由自主"的跌倒和"心有余而力不及"的生活状况。"最大的困难就是没有亲人"，"不能行动，五六年都不下楼了，看病叫120人家抬下去"。多数老年人因为腿脚不便出不了门，个别老人由其他城市搬迁过来，因方言不同导致人际交往和沟通存在较大障碍，老年人甚少或完全不与邻居接触和交流，没有亲人陪伴和贴心话没人说，情感无处寄托。

吃饭、睡觉，没什么可做（指向电视），也没什么能做。我想下楼，他们（子女）不让（出于安全考虑），我想走走，我的脚又没力气。

——ND6-M2-S78

在房间里一天到晚看电视，下不了下面（下楼）没办法，走也走不动，站也站不稳。扶着可以下（楼），上来脚会抖。（儿女）个个也都没得闲。给一辆电动轮椅，出去。轮椅买不起。上下楼扶我一下就可以，其他没有什么需要的。

——ND3-F1-C74

我很少出去，跟他们（邻居）接触得少，根本上是不接触的。

——XD9-F2-A82

我前天给我大儿子打电话，我说女儿不管，儿子不管，管你们挣钱，虽说钱还不少，但我没有亲人近人啊，有些体己话都没人说。

——XD10-F2-A85

6.1.3 生活被安排以及忽视

除了"脱离"，失能老年人受身体限制生活失去自主权，"被安排"的特征突出。所有失能老年人依赖他人提供食物，一些严重失能的老年人需要喂食。由子女照料的老年人往往需要等子女下班回家或者上班前做好食物，吃饭的时间普遍不规律。仅与配偶居住的老年人，营养状况堪忧，平时只有馒头、面条与土豆等简单食物。如ND7-F2-S80老人依赖身体比她还糟糕的老伴煮饭，老两口平时除了馒头红薯等很少吃别的，儿子在的时候才烧点菜。ND6-

M2-S78老人同样依赖老伴煮饭,自己眼睛看不清楚,老伴身体也不好,煮一会儿休息一下。严重失能ND1-M1-S76老人的老伴一边外出打工,一边还要帮老人煮饭。HD3-F1-C81老人中风四五年了,行动困难,洗脸刷牙不能自理,有一个儿子(过世)和两个女儿,与儿媳一起居住。儿媳早出晚归摆摊不能提供照料,60多岁的大女儿每天过来送三顿饭和帮老人做洗漱、擦身等护理工作。丧偶、严重失能ND4-F1-C88老人的儿媳中午过来烧一顿,晚上就自己热一下。与孙子同住的ND10-F2-C86老人自己能用电饭煲煮饭却无法烧菜,只得等着孙子下班回家,孙子回家时间不固定因此她吃饭的时间也就没规律。"被安排"的处境不仅使失能老年人面临营养不良的状况,还有监护缺失的风险。有7位严重失能老年人在白天无人监护,访谈的时候严重失能的ND1-M1-S76老人花了半个小时才走到门边开门,并且衣衫不整、气喘严重。60岁的老伴早上出门晚上6点多回来,老人白天有事情就大声呼喊邻居帮忙。一些失能老年人无论其经济状况如何,他们表达出来对目前的生活状况是满意的。这种满意更多的是经历过生活磨炼之后的一种"妥协"和"无奈"。

　　吃饭时间不固定,有时候我起来吃点保温的饭。我女儿很忙,她有两个外孙要照料,(女儿)外面欠债,下雨天还要每天过来。

——HD3-F1-C81

　　好久不出去接触了,好像没有我这个人似的,都没有邻居靠近我,这边都上班去,上面也都是老人,我叫人家都不来的,不知道叫谁,要靠自己啊,死就死了,摔倒半个钟头才慢慢起来,要是睡下来,磕到头就死了。

——ND4-F1-C88

　　我也不知道有什么满意不满意,不满意也是这样,自己又护理不了,穿衣服穿不了,洗澡洗不了。　　　　　　　　　　——HD5-F1-C78

自身无力、迫于照料压力以及长期被忽视的情况下,失能老年人也会陷入自我忽视的风险中。ND1-M1-S76老人患有多种慢性疾病,对治疗抱消极态度,病情实在严重的时候就到社区医院打针。老人希望得到经济补助,把钱给老伴好在家照顾他。老人有两个女儿(一个在外地,一个在本地),本地的女儿隔几天会来看望他们,不过家务还是老伴做。对于子女照料,老人认为子女有自己的家庭,现在还能依靠配偶照料以后只能听天由命。与照料者的关系在一定程度上也决定了失能老年人的生活处境,然而,老年人失能和家庭照料者长期照料给家庭关系也带来了巨大的压力,失能老年人的诉求容易被忽视,不少失能老年人还有"被骂"的经历。

> 那很难说的,一般人床前无孝子。(自己)做不了什么事情被(子女)骂,做饭、扫地、洗碗做不到就被骂,他们就咒我死,早点死,马上死。(自己)站也站不了,怎么能扫(地)。——ND8-M2-S72

> 这很难说,如果我洗完澡后想上厕所,我儿媳(主要照料者)就会骂"你刚刚洗过澡","你什么都知道,就是不知道什么时候拉尿,让你儿子多买点裤子,买 20 条去换"。我儿媳还要照顾小孩,有时候脾气上来可以理解的,年轻人照顾久了都会烦的。——HD4-F1-C84

6.2 老年人的日常生活照料困境

6.2.1 老人自身:力不从心

"人老人老真是不得了啊。"大多数有配偶或子女的老年人可以通过家庭获得他们日常生活所需的照料,尽管他们在执行照料任务的时候会遇到各种各样的困难。没有配偶或子女的老年人必须自我照料,他们过着艰难的生活。从访谈资料来看,深度访谈的 XD10-F2-A85 老人独居,但白天雇有钟点工;XD9-F2-A82 老人独居,女儿大多时候白天会过来帮忙买菜、做饭和打扫卫生,隔三岔五给老人买米买面,严格来说他们都不属于完全的老年人自我照料的方式。XD9-F2-A82 老人的老伴去世,白天老人自己"一小点点饭碗,炒一点点菜"。出不了门所以也不怎么出门,"耳朵不行,眼睛不行,出门总摔跤,都带着棍(拐杖)"。焦点小组中广西南宁的 NF8-F3-A72 老人、贺州的 HF7-M3-A75 老人和 HF8-M3-A83 老人都独居,是自我照料的状况。丧偶、丧子与未婚老年人没得选择,尽管他们可以自我照料,但在进行购物、爬楼梯或乘坐公共交通工具等活动时遇到了困难,如果感觉身体不适他们就躺在床上什么也不做,而一旦康复他们就会做一些日常工作。再如 NF8-F3-A72 老人是孤寡老人,患高血压、心脏病且视力开始退化,老人说自己有力气就做家务,没力气就躺着,再过两三年也不能确保自己能做得下去。

> 有时候吃力啊,吃力你就躺着呗,然后你精神了就做呗,过一天是一天。
> ——NF8-F3-A72

尽管他们知道这不是长久之计,但并没有长远的考虑和打算,"过一天算一天","还不知道怎么样",往往也对未来感到悲观。HF7-M3-A75 老人是低保户,独自租住在廉租房,一儿一女都在广东很少回来。老人说儿子和女儿条件都不好,很少给他经济支持,生病上医院没人陪护,"子女左一个右一个,没有钱有什么用"。相比 HF7-M3-A75 老人,83 岁的 HF8-M3-A83 老人经济条件好一些,唯一的儿子七八年前去世了。平时老人自己做饭,做不了的时候就点外卖。

> 听天,由天来决定。我和一个朋友约好第二天一起散步,结果他没有来,后来才知道他那天早上 3 点,死了! 心脏病。　　——NF8-F3-A72
> 煮饭自己做,洗衣服没有问题,就是缺钱,以后的事情以后再说。家里面养老有的吃就吃,做不动就死。　　——HF7-M3-A75
> 如果真动不了了,就吃老鼠药。　　——HF8-M3-A83

6.2.2　配偶照料:勉为其难

配偶尤其失能老年人的配偶是老年人日常生活的主要照料者。对有配偶和子女的老年人,老年人的照料分为两种情况,一种情况是有子女在身边时由老年人的配偶承担第一照料工作,即如果老年人配偶健在,通常情况下配偶是主要的照料者;另一种情况是配偶完全承担照料老年人的工作,子女偶尔提供或者探望老年夫妇,当老年人配偶去世后,子女承担照料老年人的主要责任。日常生活中,配偶主要帮助老年人进行日常家庭事务活动,如洗衣做饭、做家务、处理药物等,但老年人的配偶往往也是老人,其自身也患有慢性疾病和存在身体功能障碍,对他们来说照顾失能老年人是一项非常艰巨的工作,腿脚不便准备食物不容易,年事也高靠自己挪不动老人执行如厕和洗澡活动,他们通常需要在饭前准备好几次休息时间,花费较长时间完成家务工作。所以年老的老人配偶照顾失能老年人倾向于只吃简单或不规范的饭菜,他们也很少洗衣服。正如一些被访老年人说只有当子女过来帮助他们的时候,他们才能吃一顿可口的热饭菜。仅与配偶居住的老年人,当他们的配偶病倒,两位老年人的吃饭穿衣、如厕和吃药等日常活动立马陷入困境,更难提及和照顾老年人其他方面的需求。ND7-F2-S80 老人心脏搭桥动了几次手术,两个在本地的儿子忙于工作,日常做饭、拿药和住院照料都依赖 86 岁的老伴。老人说自己上医院都是救护车载去,老伴早上 8 点起来赶紧出门,看病要排队加上腿脚不便,一去消耗一整天时间。老人说请假要扣工资,怕儿子被"炒鱿鱼",住院护工一天 180 元到 200 元自己付不起。

> 他(老伴)就是腿好,其他都不得,头晕都这样了还要照顾我。我走不得,站起来走不了啊。前天昏倒了,还要跑楼上找人抬我,86 岁了,抬不动,我又胖。
> ——ND7-F2-S80

作为照料者的老年人往往自己也有疾病和功能障碍,迫切需要喘息。但被访老年人们没有接触过也不了解喘息服务,严重失能老年人在没有子女提供直接照料的情况下,配偶寸步难行。除了难以帮助洗澡,配偶还存在无法独自将老年人转移到电动三轮车上送入医院的困难。其他照顾严重失能的老年人配偶存在类似的情况,比如老人摔倒时从地板抬起并将其运送到医院以及进行基本护理活动的困难。ND2-M1-S70 老人患有多种慢性疾病,2016 年到 2018 年共住了十几次医院,并从 2017 年 3 月开始每周做 3 次肾透析,用老人的话说就是"拉屎拉尿都在床上",日常生活全部依靠 56 岁的老伴照料。一双儿女在外地联系较少,另一个女儿在同小区居住但工作忙,平时老两口自己过生活。他们买了一辆电动三轮车去医院看病,老人配偶扶不动就喊路人帮忙,半夜突发状况喊女婿帮忙。老人配偶的家里还有 80 多岁的父母,ND2-M1-S70 老人希望有个地方(日间照料中心等)把像他这样的人管起来(为配偶提供喘息),让老伴能够获得休息。ND1-M1-S76 老人希望政府给钱,把钱给自己的老伴,这样老伴就不用天天出门打工,好照顾家里。

> 我哪都不能去,我需要带他去医院,肾透析要 4 个小时,然后我要买菜、烧饭和给他洗澡。我一分钟都离不开,没有时间去看我的爸爸妈妈,如果我妈妈(正病危)死了怎么办,我正在愁这个事情。
> ——ND2-M1-S70 的配偶

子女在老年人身边一定程度上缓解了失能老年人配偶的照料负担,他们可以帮忙送老人去医院和陪同看病或干一些体力活。相比 ND7-F2-S80 老人和 ND2-M1-S70 老人,失能 4 年的 HD1-M1-S79 老人与配偶、儿子共同居住,生活境况好很多。儿子工作忙,但晚饭后会推着轮椅带老人出去走走。旧的轮椅放不进汽车里,特意买了新轮椅,但也是要三四个人才能抬上汽车,老人去医院儿子也会陪同。但在有儿子帮衬的情况下,HD1-M1-S79 老人的配偶仍感觉超负荷和难以承担。

> 他也是骂我,整天坐在这里很烦,有时候买菜跟别人聊聊天,一天 24 小时我就站在那里 10 分钟,他就说不知道我去哪里,说我整天到处去没照顾他。我想回老家看看自己兄弟,去 1 个小时回来,他就哭,说我没有服侍他。他就这样,不让我走。
>
> ——HD1-M1-S79 的配偶

6.2.3 子女照料:自顾不暇

老人们基本都有两三个子女,从数量上看家庭照料的潜在人力资源充裕,他们除了可以承担老年人的工具性日常生活活动项目,如做饭、做普通家务、处理财务药物和洗衣服之外,普遍能够为失能老年人提供照护费用、紧急照料以及老年人配偶做不了的体力活。然而出于各种原因,如工作太忙、需要照顾自己年幼的子女、身体不好或居住较远,承担实际日常照料工作的人力资源比较有限。实际承担照料老年人的子女往往也处于自顾不暇、疲于奔命的状态,他们无法悉心照料老年人。大多数由子女照料的老年人倾向于认为他们对子女来说负担太重了,如果老年人能够自己解决基本的生活问题,他们也不希望"烦扰"子女。其他接受子女照料的老年人也表示对子女的负担存在同样的担忧。广西南宁的 ND4-F1-C88 老人独自生活(配偶 2 个月前去世),严重失能无法进行一些日常活动,两个儿子住在南宁,一个女儿住在广西的另一个城市。其中一位儿媳每天会为他送饭,老人认为这对他的儿媳来说负担很重,因为儿媳也有自己的工作要做,他们的家庭并不富裕也要赚钱养家糊口。ND1-M1-S76 老人有两个女儿,一个住在广州,一个在南宁经常过来照顾,老人知道女儿很忙,不希望她花太多时间来照料他。ND7-F2-S80 老人正在住院,他想让儿子请假到医院照顾他,但是担心这可能导致儿子工资降低或者被解雇,考虑过在医院雇佣护工但负担不起费用。最后还是由 80 岁的老伴在医院照顾他,尽管老伴的身体状况也很差。

> 叫儿子请假(来照顾我),他要扣工资,我怕他被炒鱿鱼啊!
>
> ——ND7-F2-S80

我一个人时可以搬进老房子。　　　　　　　　　　——XD4-M2-S86

　　对访谈资料进一步分析,发现子女通过两种方式分配照料责任。一种是家庭内部"雇佣",经济条件好的子女出钱给经济条件较差的子女,由经济状况较差的子女"出力"照顾老年人;另一种情况是承担照料责任的子女领取老人的退休金进行"包干",也就是由他们承担老人日常生活照料的主要工作和责任,其他子女平时较少参与照料或者在节假日来探望。这种情况下,父辈与子辈及孙辈之间的代际关系是双向互动且不对等的,子女照料失能老年人的同时,老人所拥有的资源也更多地流向子辈,而非优先满足失能老年人的需要。无论是哪种照料方式,承担照料责任的子女通常都处于经济劣势,忙于自己家庭的生计加重了老人的劣势处境。HD2-F1-C85老人有三个女儿和两个儿子,除大儿子在外地外,其余都在本地,老人与其中一位女儿同住。老人中风后基本躺在床上,女儿在社区的工作很忙,每天不能按时给老人做饭和送饭,因而他们的吃饭时间不规律,想上厕所也没办法自行解决。女儿说老人是认为她经济条件不好才跟她生活在一起的。听着老人的谈话,女儿在一旁抹眼泪。女儿丈夫早逝还要照顾自己的公公,有两个儿子,一个上大学要学费,另一个才9岁得接送,自己还患有糖尿病。老年人子女众多但子女不一定共同承担照料责任,退休金由谁领相当于全权接管老年人的日常生活照料工作和照料责任,其他子女过年过节、过生日探望的时候给些物品和红包。HD2-F1-C85老人曾经在家里面跌倒后一直等到女儿回家才扶起自己。女儿说老人住过养老院,有紧急事情的时候她弟弟也会来帮忙,去养老院好一些,但老人为了接济自己不去养老院。

　　两个小鬼(孙子和孙女),照顾他们读书,(女儿)经济上有困难,读书要好多钱的。她一个人的工资很少,很吃力。退休金我不管,都给女儿。

　　　　　　　　　　　　　　　　　　　　　　　——HD2-F1-C85

　　对老年人来说,他们多数时间是满意的,其中有对自己无用的无奈和对子女负担的体谅和理解。老年人普遍会感觉自己缺少贡献,"不中用""废物""什么都干不了",严重失能老年人的谈话中多次出现"不好意思麻烦别人"和"没办法"的无力感。但面临多重困境的失能老年人念叨的仍是子女的生活压力及照料孙辈为重,"她们有自己的家庭啊",甚至为了省钱及把养老金补贴给子女而不去养老院或者"舍不得享用"更好的照料服务和生活质量。在中国式的家庭照料关系中,老年人与照料者之间这种基于血缘或亲缘的关系是非常微妙的。例如 HD4-F1-C84 老人住在小儿子家,白天小儿子外出工作由三媳妇送饭。老人脑出血后严重失能,卧床两年,白天大部分时间独自待着,没有电视就躺着听收音机,上厕所着急就在旁边凳子下面用一个盆解决,房间没有电话。失能老年人更希望为家庭成员提供经济补贴由他们提供照料,相比"外人"来说,家人有情感联结和养老义务的约束,自己对家人也更容易"开得了口"提出请求。

> 我没有什么意见,儿子说什么(照料、钱等)都会出的。(我)没得要求啊,吃有的吃,住有的住,他们去做生意哪有时间搭理你,有的吃有的住就很满意了。
> ——HD4-F1-C84

> 孩子都有自己的困难,我儿女买房子贷款都有困难。
> ——XD1-M1-S79

> 我每天晚上要起来五六次上厕所,我怕打扰别人(养老院护工)。人都会抱怨的,我女儿也抱怨但是她没办法,多多少少要管我一下的。
> ——HD3-F1-C81

6.2.4 雇佣保姆:不尽如人意

相比直接住到养老院,把"保姆"请到家里进行"一对一"的照料对老年人来说接纳度更高。对于请了保姆的失能老年人,保姆可以帮助老年人及其家庭做饭、洗衣服和打扫卫生,帮助购买日用品比如蔬菜、水果和粮食等,家庭照料者的压力相对较小。但一般家庭不具有购买力,经济状况欠佳的老年人更为弱势。即使请了保姆,对老年人来说保姆还存在专业性欠缺和缺乏情感联结的问题,像老年人及其家人提到的"好像跟保姆的相处是一种缘分"。HD6-F1-E74 老人中风 6 年,可以勉强自己上厕所但无法穿衣。老伴高血压,腿脚走不远但仍需每两周外出拿药。有一个女儿,外孙读高中,看病由女儿开车去,中风后就请了保姆,中间换了四五个,现在的保姆做了两年,每月包吃包住收费 2200 元。保姆一边做事情一边抱怨钱太少,老人只能忍气吞声。

> 有些(保姆)不愿意做,钱(工资)太少了。有些说回去带小孩,有的有事回去三四天再回来。服务没有那么好,生活上讲话比较难听,现在找保

姆基本上很难找。我这个保姆也是有点亲戚关系,说别人两千八(保姆雇佣费)。
——HD6-F1-E74

她(钟点工)66岁了还干两家,干活就想糊弄,弄个盆她用脚踢,我说你钱还比别人多赚100,活还不多做,你给我盆磨漏了咋整。完了弄个扫地笤帚搁个手巾擦,我说你给拖拖多好,她说这省劲。前我俩还蹦(吵)起来了,我说你活没干那么些你钱还要得高,就是一老狐狸,最滑的人,我雇人雇9年了,没见着你这个老狐狸,太奸了。完事哩活不好好干,钱还要得最多。我自个合计,我好宿都没睡好觉啊。你要想开她,还不走还赖着了我看现在。我死死不了活活不了,弄这么个玩意来了我跟她别气。之前找的35岁那个人家可好了,来了叮当干活擦玻璃,弄得干干净净的,但腿摔了没法干了。她就在那屋磨蹭一下。完事呢,我就合计啊,凑合吧,整口饭就行了,就这么混吧,你挑挑拣拣岁数大了,一般人岁数小的不愿意来说实在的。我就合计凑合一天算一天,那你怎么办呢,没办法。
——XD10-F2-A85

严重失能的ND5-F1-E86老人未婚,目前和保姆住,失明四五年了,整天躺在床上。老人每个月有2795元退休金由社区工作人员义务帮忙代为管理,若不是北京有个妹妹每季度接济5000元,退休金不足以支付每月3000元的保姆费。老人说想去医院换副假牙,心念念的老厂医院早已不存在了。ND5-F1-E86老人担心妹妹年纪大了不再提供经济支持,自己又无法入住公办福利院,帮她管理财务的社区工作者也正在准备退休。

她(保姆)做得不够,有时候骂人。她想钱多,不太愿意做,我老是挨她骂的,最好还是要好一点的保姆。
——ND5-F1-E86

6.2.5 社区服务:发展滞后

访谈之时,南宁仅部分社区开展了居家养老服务试点和设立了日间照料中心,南宁、贺州和襄阳参加焦点小组和深度访谈的老年人基本上都没有接受过政府提供或补贴的正式照料服务,也没有一位老年人使用过社区和居家养老服务,甚至大多数老年人从来没有听说过社区和居家养老服务,社区和居家养老服务的周知度普遍较低。当被问及他们希望在社区中获得哪些服务的时候,老人们也很难提出特定的服务条目和内容。在访谈员向老年人简单介绍了社区和居家养老服务政策后,大多数老年人都欢迎并且希望有这样的养老服务,但害怕负担不起相应的费用,因为老年人还得"估计"他们自己收入的多少,还得"留点生活费""留着点他们遇到事情了(紧急情况下的备用金)"。焦点小组中,ND7-F2-S80 老人分享了其他地方为老年人提供社区和居家养老服务的情况,提到希望小区建设像老家一样的(老年)食堂,认为住在社区里面,家人可以照顾社区也可以帮把忙,"老街坊老邻居,互相认识互帮互助"。老人们也还想继续和孩子住在一起,认为看到子女在身边是一种"安全感",其他参与者也对社区和居家养老服务颇有兴趣,并提出腿脚不便也走不远,如果食堂建在社区中心位置最好。由社区出面为老年人提供做饭、洗衣服等日常服务活动,将社区比作一个人力资源储备分工合作的公司或者服务中心,老年人和他们的家庭如果需要买菜就有人上门帮忙买菜,需要吃饭有人上门送饭或者按照老年人的生活饮食来上门做饭,需要帮助吃药就来帮助吃药。NF1-M2-S85 老人说做饭困难还能够克服,因为家电都是自动的,有的老年人家里也有洗衣机。电器的使用确实帮老年人减轻了一点负担,对于能够做饭的老年人来说,出门买菜购物、社区流动菜市等最为关键。

> 自己要买菜,又要煮,有时候头昏还要自己煮,没人啊,小孩有小孩的家。 ——NF3-F2-A84

> 要有老年食堂就不用煮饭买菜了,这样才好,老年人要求也不多,有什么就吃,就算吃好的也吃不多,一餐价格在2元3元可以接受,太贵了也承受不起。 ——ND7-F2-S80

> 如果政府补贴自然好,就不用煮饭买菜了,她(老伴)也不能独自出门买菜怕迷路。 ——ND6-M2-S78

> 其他先不想了,把这个做到,再想更高级的。 ——ND7-F2-S80

在解决一日三餐温饱的基础上,健康是老人们最关心的问题,他们除了谈论看病贵,还有看病难的问题,主要难在从家里去医院和挂号排队等程序上。老人们的活动范围受到身体功能的限制,失能老年人更是行动不便,独自去不了医院或出行艰难。ND6-M2-S78 老人曾经有一次和老伴去看病,走到药房给女儿打电话说走不动了,休息了4次等女儿请假出来带他们回家。南宁严重失能的 ND2-M1-S70、ND1-M1-S76、ND4-F1-C88 三位老人,还有 ND5-F1-E86 老人就更举步维艰了,即便有轮椅也需要人陪同帮忙外出就医。出租车会拒载乘坐轮椅的老年人搭乘,所以需要搭乘三轮车出行。老年人还会觉得去医院挂号麻烦,不如自己就近去诊所买药回来吃,如果病情不严重一般都不去医院,吃点药对付就好。依靠配偶拿药的老年人,配偶身体状况也不好,通常一大早出门下午才能回家。ND5-F1-E86 老人说自己的牙齿坏了想换一个,厂里有个医院不像外面医院那么远,实际上这个医院早就没有了。社区工作人员补充说老人有去过一次外面的医院,平时保姆不愿意背她下楼看病,也背不动,她和保姆的关系还很不好。ND1-M1-S76 和 ND4-F1-C88 两位老人都无所谓治不治了,感觉自己的"毛病"已经无药可救。社区和居家养老服务应该为老年人尤其失能老年人提供上门检查、医疗服务和外出陪同等服务,老年人也希望社区医院能够上门服务,解决难出门难看病的问题,外出陪同也不限于就医,交通服务也很重要。

> 去医院挂号比较麻烦,自己去买药回来吃好了就得了。
> ——NF4-M3-S83
> 坐轮椅,要三轮车拉去,出租车拒载。　　——ND3-F1-C74
> 那些坐着轮椅的还要排队去拿,看起来心里很难过。老伴早上八点起来就赶紧出门了,到下午2点才回家,上医院都是救护车载去了,不然也去不了。　　　　　　　　　　　　　　——ND7-F2-S80
> 去医院很困难啊,社区医院应该为老年人服务。　——NF1-M2-S85

被访老年人们没有接触过也不了解喘息服务,没有使用过日间照料服务。作为照料者的老年人配偶往往自己也有疾病和功能障碍,迫切需要喘息。还有些老年人的照料者很多时候都不在身边,处于无人监护的状态,社区缺少安装平安钟或请邻居与志愿者监护相关的服务。不少老年人还提到了住宅的通达性问题,小区的公共环境设施方面表现为多数老年人住的是老旧小区,小区没有电梯,老年人上下楼非常不方便,他们最大的希望是安装电梯。家庭居住环境方面,部分老年人的家装设施陈旧破损、年久失修。老年人大部分时间在家里,缺少上厕所和上下楼梯的扶手,这些都会影响老人们的日常生活活动能力,对他们的生活质量和主观满意度产生影响,居家养老应该考虑舒适和适老的环境改造。

> 想出去,下不了楼,安个电梯给我们,现在没有办法,买东西都没有办法,日常生活造成很大的困难。　　　　　　　——ND6-M2-S78

住得太高,行动不方便,需要有电梯,看病由女婿陪着慢慢下楼。

——HD9-M2-C92

洗衣机水管漏水了,服务公司派人来拧了一下就收了30元,物业都收了管理费了还要收费,还收那么高。 ——ND7-F2-S80

天花板漏水,漏在睡觉的地方,还掉漆,希望有人来修一下。

——HD9-M2-C92

6.3 本章总结

本章主要对焦点小组和深度访谈的老年人的日常生活与照料困境进行分析,获得了老年人的需求满足状况和存在未满需求的原因。首先,对被访老年人的日常生活状况进行分析,老年人的经济状况不同因此其生活状况差距较大,他们的日常生活单调和普遍处于社会隔离的状态,生活失去自主权,往往被动接受家人的安排,并经常存在忽视和监护缺失的风险;身体越虚弱的老年人,单调和隔离的情况越严重。其次,对老年人日常生活照料的困境进行分析。对应于居住安排,老年人的日常照料方式分为自我照料、配偶照料、子女照料和雇佣保姆四种。自我照料的老年人通常配偶离世(或未婚等)、无子女(或子女早逝)或和子女不在同一地区居住,他们过着非常艰难的生活且对未来没有预期性的规划和打算,往往也感到悲观。配偶承担了老年人的第一照料责任,但迫于自身患有慢性疾病和存在身体功能障碍,勉为其难、寸步不离地照顾着失能老年人。子女在失能老年人夫妇身边一定程度上缓解了失能老年人配偶照料的负担,但老年人配偶仍会感觉超负荷和难以承担。出于各种原因,如工作太忙、需要照顾自己年幼的子女、身体不好或居住较远,实际承担照料老年人的子女往往也自顾不暇、疲于奔命,使得他们无法悉心照料老年人。即便如此,面临多重困境的老年人念叨的仍是子女的生活压力及照料孙辈为重,甚至为了省钱及把养老金补贴给子女而不去养老院或"舍不得享用"更好的照料服务和生活质量。比起直接入住养老院,老年人及家人对把保姆请到家里进行"一对一"照料的接纳度更高。聘请保姆确实能够减轻家庭照料者的压力,但迫于经济压力一般家庭不具有购买力,即使经济条件允许雇佣保姆,对老年人来说保姆还存在专业性欠缺和缺乏情感联结的问题。三个城市的社区和居家养老服务都在初创阶段，焦点小组和深度访谈的老年人们基本上都没有接受过政府提供或补贴的正式照料服务，也没有一位老年人使用过社区和居家养老服务，大多数老年人甚至从来没有听说过社区和居家养老服务。在向他们介绍了相关的政策和服务后，大多数老年人都欢迎并且希望有社区和居家养老服务，为他们提供吃饭做饭、上门看病和外出陪同等服务，但对费用问题顾虑较多，害怕承担不起使用费用。

与定量研究一致，定性研究对老年人的日常生活和照料困境的分析中也发现了老年人中存在广泛的未满足需求，并且老年人中经常发生跌倒和存在心理困扰等问题。表现为生活中需要喂饭或更严重的吃饭问题，找衣服、穿衣服和穿鞋、梳头和刷牙、剃须和洗脸洗手、洗澡如擦洗身体，往返于客厅和厨房等家中的活动，床上躺下、坐起、翻身等姿势转换以及如厕相关动作（进厕所，使用便椅/盆、尿壶，穿脱衣，如厕后清理）等日常生活自理能力相关的活动条目。工具性日常生活活动方面的需求更大，如安排菜单、煮饭和炒菜，洗碗、扫地抹尘、整理家居和洗衣服，定时吃药和按剂量服药、打针，上下楼梯，外出就医或陪同门诊和就医、陪同购物和使用交通工具，或者需要有人上门看病和代为买菜买米面油，处理日常家庭事务活动。其他方面表现：老年人住宅的通达性差，生活单调和没有亲人陪伴，照顾者需要支持和喘息服务。

考虑未满足需求的原因，首先，社会经济条件影响老年人的日常照料现状，也可以说影响着老年人的身体健康状况。其次，缺乏照料者或缺乏高质量的照料者。如老年人的照料者通常是配偶和子女，或者雇佣保姆和没有照料者情况下的自我照料，老年人自身力不从心，老年人配偶同样年事已高的情况下勉为其难地提供照料，子女自顾不暇于自己的工作和家庭，保姆照料不尽人意，不论是单个照料者的照顾还是这些照顾者互动情况下形成老年人照料的现状，这些情况都无法保障被访老年人的日常照料需求得到满足。最后，调查的三个城市的社区和养老服务和工作处于初创阶段，许多服务项目和服务工作还未正式成型，老年人无法求助于家庭之外的、政府贴补下的公共养老服务，许多需求也因此被自我和他人忽视掉而导致照料需求未满足的状态成为日常生活的常态。

第 7 章 结论、讨论和应对策略

7.1 结论和讨论

本研究采用定量和定性相结合的研究方法分别解决和回应研究中提出的三个研究问题。定量研究部分利用 CLARLS 2013 年、2015 年和 2018 年的横截面数据和追踪数据,对老年人照料需求的满足程度及其对疼痛、跌倒、抑郁、生活满意度和死亡的影响展开了分析。定性研究主要通过深度访谈和焦点小组讨论,辅之以非参与式的观察方法对老年人的日常生活与日常照料状况、日常生活和照料的需求满足程度以及需求未满足的原因进行了分析。两部分研究相结合,能够更全面地对研究问题进行阐释。

7.1.1 定量研究结论

定量研究部分的整体研究策略和结论如图 7-1 所示,具体内容阐述如下:

(1)2013 年、2015 年和 2018 年绝大部分老年人完成 ADL 和 IADL 活动都没有困难,老年人 ADL 中如厕需要帮助但无人帮助的比例最高(IADL 中 2013 年和 2015 年处理药物未满足的比例最高,2018 年做家务未满足的比例最高);三期数据中 ADL 需求未满足的发生率在 25%~31% 之间(IADL:19%~22%;ADL+IADL:34%~40%),完成 IADL 活动需要的复杂程度高于 ADL。2013—2018 年仅 1 项 ADL 需求未得到满足的老年人比例在 16% 左右,仅 1 项 IADL 需求未得到满足的比例大约是 14%;4 项及以上 ADL 需求未得到满足的比例在 1.9%~2.9% 之间(IADL:0.9%~1.3%)。分人群特征来看,2013 年、2015 年和 2018 年高龄、女性、农村、丧偶/离婚/未婚等婚姻状况、中部和西部地区及家庭人均收入低的老年人的日常照料需求未满足的

1. 老年人的照料需求满足程度因个体特征存在差异，存在广泛的照料需求未满足状况	· ADL需求未满足的发生率在25%~31%（IADL：19%~22%；ADL+IADL：34%~40%）； · 高龄、女性、农村、中西部地区、丧偶等婚姻状况和家庭人均收入低的老年人的未满足需求较高。
2. 老年人的照料需求满足程度与疼痛相关，需求未满足的老年人更易疼痛	· ADL、IADL和ADL+IADL需求得到满足的老人更易疼痛； · 需求满足程度对疼痛的作用系数随着未满足需求项数的增多而增大。
3. 老年人的照料需求满足程度与跌倒相关，需求未满足的老年人更易跌倒	· ADL、IADL和ADL+IADL需求得到满足的老人更易跌倒； · 需求满足程度对跌倒的作用系数随着未满足需求项数的增多而增大，其中IADL仅1项未满足对跌倒的作用系数不显著。
4. 老年人的照料需求满足程度与抑郁相关，需求未满足的老年人更易抑郁	· ADL、IADL和ADL+IADL需求得到满足的老人更易抑郁； · 需求满足程度对抑郁的作用系数随着未满足需求项数的增多而增大。
5. 老年人的照料需求满足程度与生活满意度相关，需求未满足的老年人更易对生活不满意	· 需求未得到满足相比满足的老年人更易对生活不满意； · ADL需求满足程度、IADL需求满足程度和ADL+IADL需求满足程度对生活满意度产生影响（2~3项IADL需求未满足对生活满意度的影响不显著）。
6. 老年人的照料需求满足程度与死亡相关，需求未满足的老年人更易死亡	· 照料需求未满足的老年人死亡的比例更高； · ADL、IADL和ADL+IADL需求得到满足的老人相比需求得到满足的老年人更易死亡。

图 7-1　定量研究结论归总

比例较高。2013年老年人获得来自配偶的帮助最多，其次是来自子女/儿媳/女婿、孙子女/外孙子女的帮助，2015年和2018年老年人最多获得来自子辈和孙辈的帮助，其次才是获得来自配偶的帮助。

（2）三期数据中老年人的疼痛比例分别是44.1%、39.4%和69.9%，跌倒的比例在21%~25%之间，抑郁的比例在20%~27%之间，对生活不满意的比例在9%~14%之间，老年人的死亡比例是11.4%。无论ADL、IADL还是ADL+IADL需求满足程度，存在需求未满足的老年人疼痛、跌倒、抑郁、对生活不满意和死亡的比例均高于需求得到满足的老年人的比例，且基本表现出随着需求未得到满足的项数的增加，福祉状况更差的特征。Logit回归结果显示，相比需求得到满足的老年人，需求未得到满足的老年人更易疼痛、更易跌倒、更易对生活不满意和死亡；OLS回归结果显示，需求未得到满足的老年人更易抑郁。固定效应模型结果显示，随着老年人ADL需求未满足项数的增加，老年人更可能疼痛、跌倒和抑郁；随着IADL需求未满足项数的增加，老年人更可能疼痛、跌倒（IADL仅1项未满足对跌倒的影响不显著）和抑郁。在分析老年人的需求满足程度对生活满意度的固定效应模型中，区分需求未满足项数ADL需求满足程度和ADL+IADL需求满足程度对老年人的生活满意度产生影响,仅1项IADL需求未满足和4项及以上IADL需求未满足影响了老年人的生活满意度。ADL、IADL和ADL+IADL需求未得到满足的老年人的死亡比例分别高于需求得到满足的老年人的死亡比例。在控制相关协变量的基础上,ADL、IADL和ADL+IADL需求未得到满足的老年人更可能死亡。由此观之,与日常照料需求得到满足的老年人相比,未满足的需求可以被认为是具有预测最坏结果的指标。

7.1.2 定性研究结论

定性部分整体的研究策略和结论归总如图7-2所示,阐述如下:

(1)老年人的日常生活状况表现出因经济状况不同而生活水平差距较大,日常生活单调和普遍存在社会隔离,生活失去自主权和被安排的特征突出,并存在忽视和监护缺失风险的特征。对老年人日常生活的照料困境进行分析,发现自我照料的老年人通常配偶离世(或未婚)、无子女(或子女早逝)或和子女不在同一地区居住,他们过着非常艰难的生活且对未来没有长远的规划和打算,往往也感到悲观。配偶承担了老年人的第一照料责任,但迫于自身患有慢性疾病和存在身体功能障碍,只能勉为其难地照顾着失能老年人;子女在老年人夫妇身边一定程度上缓解了配偶照料的负担,但老年人配偶仍会感觉超负荷和难以承担。由于工作太忙、需要照顾自己的子女、身体不好或居住较远,实际承担照料的子女往往也自顾不暇、疲于奔命。面临多重困境的失能老年人念叨的仍是子女的生活压力及照料孙辈为重,甚至为了省钱及把养老金补贴给子女而不去养老院或者"舍不得享用"更好的照料服务。比起直接入住养老院,老年人及家人对把"保姆"请到家里"一对一"照料的接纳度更高,聘请保姆确实能够减轻家庭照料者的压力,但迫于经济压力,一般家庭不具有购买力,即使经济条件允许雇佣保姆,对老年人来说保姆还存在专业性欠缺和缺乏情感联结的问题。三个城市的社区居家养老服务都在初创阶段,老年人基本没有接受过政府提供或补贴的服务,希望可以为他们提供吃饭做饭、上门看病和外出陪同等服务,但对费用问题顾虑较多,害怕承担不起使用费用。

(2)老年人尤其失能老年人中存在广泛的需求未满足的状况,表现为需要喂饭或更严重的吃饭问题,找衣服、穿衣服和穿鞋,梳头和刷牙、剃须和洗脸洗手,洗澡如擦洗上、下身体,往返于客厅、厨房等家中的活动,床上躺下、坐起、翻身等姿势转换以及如厕相关动作(进厕所,使用便椅/盆、尿壶,穿脱衣,如厕后清理)等日常生活自理能力相关的活动条目存在困难,难以完成。工具性日常生活活动方面的需求更大,如安排菜单、煮饭和炒菜,洗碗、扫地抹尘、整理家居和洗衣服等普通家务的需要,定时吃药和按剂量服药、打针,上下楼梯,外出就医或陪同门诊和就医、陪同购物和使用交通工具,或者需要有人上门看病和代为买菜和米面油,处理日常家庭事务活动。其他方面困难有,老年人住宅的通达性差,生活单调和没有亲人陪伴,照顾者需要支持和喘息服务,经常导致跌倒和心理困扰等不良后果。

(3)总结老年人需求未得到满足的原因,包括老年人的社会经济条件和身体健康状况、照料者情况、所在地区社区和居家养老服务的供给和完善程度等。

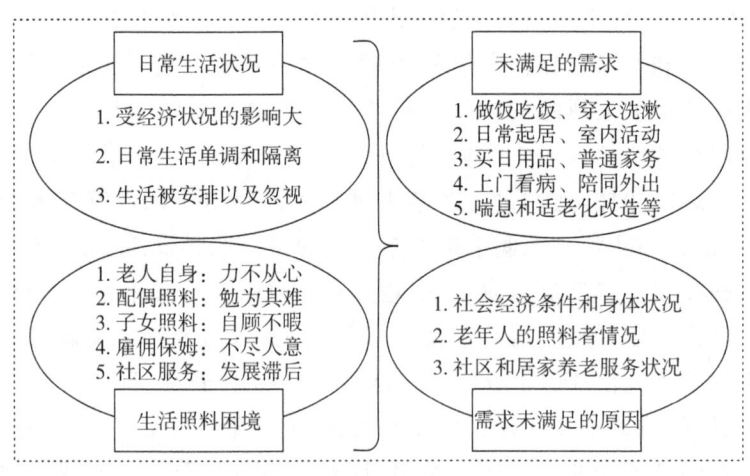

图7-2 定性研究结论归总

7.1.3 讨论

结合相关文献和理论,对定量和定性研究结果有以下几点反思和讨论之处:

(1)老年人的照料需求和未满足需求存在明显的梯次性差异。在文献述评关于未满足需求的发生率部分,国外相关研究的结论显示,老年人 ADL 条目中如厕未满足的比例最高,IADL 条目中最高的需求未满足内容是普通家务(Schure M B,Conte K P,Goins R T,2015)。本研究发现无论2013年、2015年还是2018年,CHALRS 横截面数据显示老年人执行 IADL 各项条目存在困难或无法完成的比例整体高于执行 ADL 各项条目存在困难或无法完成的比例,也即 IADL 需要的复杂程度明显高于 ADL。分需求满足的内容来看,三期数据中老年人执行 ADL 活动中如厕无人帮助的比例最高(88%左右),洗澡无人帮助的比例最低(不到53%);IADL 活动中 2013 年和 2015 年处理药物无人帮助的比例最高(47.2%和 51.2%),2018 年无人帮助做家务的比例最高(47.2%),无人帮助购物的比例均为最低(三期数据在 23%~26%之间),这一结论也契合了国内相关研究的结果(陈申,2018;Chen S,Zheng J,Chen C,et al.,2018)。归总 2013 年到 2018 年老年人照料需求的满足程度,ADL 需求至少存在 1 项未得到满足的比例在 25%~31%之间,IADL 需求未得到满足的比例在 19%~22%之间,ADL+IADL 需求未得到满足的比例在 34%~40%之间,与大约 34%的美国老年人至少存在 1 项 ADL 和 IADL 需求未得到满足的结论接近(Allen S M,Mor V,1997;Manton K G,Stallard E,Corder L S,1998),也部分契合了针对社区老年人长期照护需求的研究中,老年人未满足需求的水平在 3%~35%之间的结论(Williams J,Lyons B,Rowland D,1997),但低于大约 55%的英国老年人的 ADL 活动存在困难的比例(Vlachantoni A,2019)。老年人个体特征不同,照料需求的满足程度和未满足需求的发生率差异甚大。本研究的定性和定量研究结果都发现被访老年人中存在广泛的日常照料需求未满足的状况。高龄、女性、农村、西部地区和家庭人均收入低的老年人的 ADL 和 IADL 需求的满足程度都较低,区分未满足需求项数的结果也显示,高龄、女性、农村和中、西部地区老年人仅 1 项、2~3 项和 4 项及以上需求未满足的比例也同样高于低龄、男性、城市和东部地区老年人需求未满足的比例。三期数据中 80 岁及以上老年人 ADL 需求未满足的比例在 29%~39%之间,IADL 和 ADL+IADL 这一比例分别是 28%~31%、44%~49%;女性老年人这三项的比例是 26%~33%、21%~26%、36%~43%;农村老年人这三项的比例是 27%~34%、22%~26%、37%~43%,这些结果低于文献综述部分国内研究中对老年人未满足需求发生率进行研究的结果(Peng R,Wu B,Ling L,2015;Gu D N,Vlosky D A,2008;吴丹贤,高晓路,2020;陈娜,王长青,2020;Li M,Zhang Y,Zhang Z,et al.,2013),原因之一是国内大多研究仅对失能老年人的需求满足程度进行了比较;原因之二是具体的需求未被满足的程度取决于对照料需求和未满足需求内容的界定,即照料需求和未满足需求包括什么内容和不包括什么内容决定了需求满足和未满足的状况和比例(Williams J,Lyons B,Rowland D,1997);原因之三是 CHARLS 问卷只能获得是否有人帮助老年人执行各项活动的信息,无法区分实际得到的帮助是否能够充分满足老年人的需求,将得到帮助的老年人视为需求得到了满足的老年人而测量需求的满足状况,一定程度上也可能低估了未满足需求的比例。

(2)社会支持理论认为老年人处于养老照料资源的社会网络中,家庭(配偶、子女和其他亲属)、社区(邻居和朋友)、志愿者、市场及政府等资源之间的互动产生了老年人的日常照料现状和照料方式(刘妮娜,郭月青,2016),这也是老年人日常照料需求满足程度的重要因素。在中国浓厚的家庭文化背景下,大多数老年人希望在家养老并接受由家庭成员提供的照料支持(宋宝安,2016;彭希哲,宋靓珺,黄剑焜,2017)。《中华人民共和国国民经济和社会发展第十四个五年规划和 2035 年远景目标纲要》也提出支持家庭承担养老功能。本研究定性研究中被访老年人的日常照料结果显示在身体机能下降的时候,老年人首先倾向于寻求来自配偶的照料和帮助,但老年配偶同样也年迈体衰,当配偶病重或死亡等不可用的时候,会获得来自子女的照料和支持;如果同时存在配偶和子女作为照料者,二者共同提供照料,但以配偶的照料为主子女的照料为辅,这一结论契合了 Cantor 关于老年人照料资源的层级递补模型(Cantor M H,1979;Cantor M H,1991),也与相关研究发现非正式资源的可及性影响老年人照料需求的满足程度的结论相符(孙鹃娟,冀云,2017;Beach S R,Schulz R,2017)。定量研究对老年人执行 ADL 和 IADL 条目需要帮助的帮助者进行分析的结果显示,2013 年 50% 以上的老年人获得来自配偶的帮助,其次是来自子女/儿媳/女婿、孙子女/外孙子女的帮助,占比达到 44.3%。2015 年和 2018 年恰好相反,老年人最多来自子女/儿媳/女婿、孙子女/外孙子女的帮助,其次才是来自配偶的帮助。与定性研究不同之处在于"少年夫妻老来伴",老年人主观意愿上倾向于获得来自配偶的帮助,配偶相对子女对老年人来说更为亲密、更易提供各项生活照料服务,老年人与配偶之间也不太可能会迫于"不好意思""尴尬"等情况而产生忽视和自我忽视的状况,但老年人的配偶同样也是老年人,随着年龄的增加,年迈体衰也是不争的事实。因此,2015 年和 2018 年实际承担老年人日常生活照料工作最多的是老年人的子女/儿媳/女婿、孙子女和外孙子女,老年配偶承担照料工作也印证了定性研究的"勉为其难"的状况。定量研究结果还显示,从 2013 年到 2018 年,老年人由配偶提供帮助所占的比例逐渐下降,而子女/儿媳/女婿、孙子女/外孙子女为老年人提供帮助占所有帮助源总数的比例逐渐增加,充分说明了老年配偶即使想要承担照顾老伴日常生活的工作,但也"有心无力"。定性研究还发现,实际承担照料工作的子女往往也"疲于奔命""自顾不暇",在家庭中缺失照料者喘息服务和补贴政策以及缺乏照料者或缺乏高质量的照料者,即非正式社会支持的可获得性是需求未得到满足的重要原因(苏群,彭斌霞,2014;Lima J C,Allen S M,2001)。本研究的定量研究发现农村老年人的日常照料需求满足程度比城市老年人更低,定性研究部分仅呈现了居住在城市老年人的日常生活状况和照料困境。农村的社区和居家养老服务相比城市来说更不健全,大量的农村劳动力外流导致空巢、留守老年人的问题严重,老年人自我照料的比例更大(刘妮娜,郭月青,2016)。对农村老年人来说,非正式照料资源的不可及导致日常照料需求满足程度更低,生活状况更差,在中国城乡二元结构下值得深入考虑。

(3)文献述评部分发现,正式服务的供给和使用状况是老年人的需求满足和未满足的重要因素(Carpenter G I,2006;Lawton M P,Brody E M,1970;陈宁,石人炳,2020;Zhou J,Walker A,2016)。中国发展居家和社区养老多年,给予养老服务发展的高度重视,取得了不菲的成绩,如从国家的工作部门到各项政策规定在相应地进行着积极调整,地方政府关于养老服务体系的建构措施和发展模式密集出炉(辜胜阻,吴华君,曹冬梅,2017)。这些工作部署属于通过调整供给侧,以供给驱动模式解决需求侧老年人的养老问题(乔晓春,2020)。如前所述,目前老年人以家庭养老为主并存在着广泛的未满足需求,社区和居家养老服务的作用是当老年人获得不充足的家庭照料或无人照料之时,补充家庭照料或替代家庭的照料功能(曹杨,Mor V,2017)。但本研究的定性研究通过对湖北襄阳(中部地区地级市)、广西南宁(西部地区省会城市)和广西贺州(西部地区地级市)城市居家老年人(主要是失能老年人)的焦点小组讨论和深度访谈发现,老年人普遍对社区和居家养老服务模式知之甚少,大多对机构养老的印象不佳。定量研究通过CHARLS 2013年、2015年和2018年的横截面数据中有哪些人帮助老年人执行ADL和IADL项目的帮助者进行分析的结果发现,2013年仅有1位老年人获得来自志愿者、志愿机构或社区的帮助,2015年和2018年这一数量虽然有所增加但总体占比依然很低(不到1%)。从作为需求侧的老年人的视角探之,居家和社区养老服务的补充和替代作用未能充分实现,顶层设计的应接不暇并不代表有效满足了老年人的未满足需求。国家的政策与政府的行动及老年人的服务获得和需求满足之间存在着一个"真空地带",导致养老服务政策和服务项目未能真正落地,老年人需要的照料服务无法有效满足(乔晓春,2020;张静,2020),欠发达地区的这种情况更为糟糕,这也是我国目前面临的发展不平衡不充分的矛盾的体现。在国家号召供给侧结构性改革的宏观背景下,将发展理念从需求侧转变到供给侧,发展的着力点由建设养老服务设施和机构转向老年人视角,兼顾供给和需求的供需平衡状况,能够进一步行之有效地促进养老服务体系的精细化建设和内涵式发展。

(4)相关研究发现日常照料需求未满足会导致跌倒(Choi N G,McDougall G,2009),ADL需求未满足的老年人中更易发生跌倒,而IADL需求未满足会对老年人购买医疗用品或进行必要的就医产生影响(Allen S M,Mor V,1997)。本研究在老年人需求满足程度对福祉的影响分析中也发现无论是ADL、IADL和ADL+IADL需求满足程度,存在需求未被满足的老年人跌倒的比例更高,需求未得到满足的项数越多越可能发生跌倒,并且ADL需求满足程度对跌倒的作用系数大于IADL需求满足程度对跌倒的作用系数。ADL和IADL需求是老年人最基本的生活需求,尤其ADL的内容维持着老年人每日的生活,如果无人帮助他们执行做饭、购物、洗澡、上下床、穿衣服等活动,由老年人自己勉强执行这些活动则可能发生跌倒。定性访谈中也发现有的老年人因为平日无人做饭自己要吃饭,往返于家中活动的时候发生了跌倒造成腿部骨折,还有老年人因外出就医和取药而发生了跌倒,而跌倒又可能造成健康状况的进一步恶化。但如果老年人处于重度失能状况则不太可能往返于家中和室外进行活动,因此分项数的固定效应模型中4项及以上IADL需求未满足对跌倒的作用系数与4项及以上ADL需求未满足对跌倒的作用系数相近。与其他研究的结论相同,本研究发现老年人的ADL需求满足程度、IADL需求满足程度和ADL+IADL需求满足程度均对他们的抑郁状况产生影响(Gaugler J E,Kane R L,Kane R A,et al.,2005;Lawton M P,Brody E M,1970),老年人需求未满足的项数越多越可能抑郁。三期数据中ADL需求未满足的老年人的抑郁比例在32%~42%之间,IADL需求未满足的老年人的抑郁比例在33%~44%之间,这两者大约是需求得到满足的老年人群的2倍,与相关的研究结论一致(Ferreira A R,Dias C C,Fernandes L,2016;Quail J M,Wolfson C,Lippman A,2011)。在分项数的IADL未满足需求影响老年人生活满意度的分析中,2~3项IADL需求未得到满足对生活满意度的影响不显著。日常生活中的穿衣、洗澡、吃饭、上下床和如厕存在未满足的老年人更容易对生活感到不满意,基本的生活照料需求影响了老年人的主观幸福感,而IADL中的做饭、购物等条目对老年人来说不如ADL中的吃饭、穿衣等条目紧迫。也即是说，IADL 条目完全可以由照料者帮助老年人执行，如子女帮助老年人做好饭、社区志愿者帮助老年人购买食品、配偶帮忙吃药和管理钱财等，相对 ADL 来说这些是非必要亲自执行和完成的。相反，如果亲自执行这些活动还可能会导致老年人的负担加重，如出门买菜但是走路较远而腿疼头晕，可能进一步加速身体机能的恶化程度，本研究也同样发现了需求的满足程度对老年人疼痛的影响作用。对照料需求满足程度与死亡的分析发现相关的需求未得到满足的老年人更可能死亡，与相关的研究结论一致（He S, Craif B A, Xu H, et al., 2015; Chen J, Millar W J, 1998; 陈宁, 2020）。这些研究结论侧面反映了 CHARLS 数据良好的代表性，也说明了老年人的未满足需求能够有效预测不良结果的出现（Desai M M, Lentzner H R, Weeks J D, 2001; Li H, Morrow-Howell N, Proctor E, 2006）。世界卫生组织提出了全生命历程视角，从个体的成年时期到老年时期的功能能力持续下降，这种下降的态势会受到个体及政策等的影响。《中华人民共和国国民经济和社会发展第十四个五年规划和 2035 年远景目标纲要》也提出"深入实施健康中国行动"和"保障人民健康放在优先发展的战略位置"。我国是当今世界上老年人口最多、数量增长最快的国家，随着老年人生理功能衰退，依靠自己满足日常基本生活的能力也逐渐下降。健康老龄化的预防风险和风险干预措施为老年人内在功能的维护，尽可能地干预和延缓老年人进入失能阈值的时间提供了理论依据和操作措施，从而有助于提升他们晚年的福祉水平（WHO, 2015）。在完善养老服务体系和设置考核和评估指标进行绩效评价之时，通过将未满足需求与其产生的不良结果纳入政府实施养老服务政策的绩效指标中，兼顾服务供给端（服务提供者）和服务需求端（服务对象）以提高资源配置的恰当有效性，为公共政策的设计和制定提供科学性依据，为公共服务评价体系的构建积累可操作性的经验（曹杨，Mor V, 2017）。

(5) 经济状况与老年人的日常生活状况密不可分。在老年群体中，处于社会各阶层老年人的活动和生活水平与经济状况的差异很大，相关研究也显示经济状况是老年人需求满足程度的重要影响因素，个人收入低或低收入家庭不太可能支付专业照料的费用（Hass Z, Depalma G, Craig B A, et al., 2017; Kim Y S, Lee J, Moon Y, et al., 2018; Guo C, Du W, Hu C H, et al., 2016; Lima-Costa M F, Mambrini J V M, Peixoto S V, et al., 2016），本研究定量研究的描述分析部分也发现家庭人均收入低的老年人的未满足需求更高。定性研究结果发现，经济状况好的老年人可能会寻求更专业的照料服务，良好的经济基础也决定了他们有支付能力和向好观念接受专业的服务,积极管理自我健康状况。而经济状况差的老年人大多处于"过一天算一天""又有什么办法""等死喽"的状态,即使经济状况稍微好一些的老年人首先考虑的还是体谅和贴补子女。社会保护为解决这一问题提供了理论借鉴,政府通过风险共担机制支付部分或全部费用以减少个人的自付比例,提供非正式照料的家人和朋友可以得到放弃工作和休闲时间的机会成本的补偿,通过公共行动规避了健康风险的同时也降低了老年人因为规避风险而产生的成本(Muir T,2017)。

(6)本研究的研究对象既包括了失能老年人又包括了独立老年人。ADL和IADL条目也是评估老年人基本生活自理和失能情况的标准,日常活动中至少存在1项活动需要别人帮助的老年人即为失能老年人,这也是一般意义上对失能老年人的判断标准。在定性研究中,深度访谈的对象是失能老年人,焦点小组访谈的对象包括了部分失能老年人和独立老年人。在定量研究中,日常照料需求得到满足的老年人即是ADL和IADL条目均能独立完成或者虽然有困难但有人帮助执行,日常照料需求未得到满足的老年人的定义即是ADL和IADL条目存在不能独自完成的内容,即针对失能老年人并以独立老年人为对照展开了相关研究。对失能老年人来说,日常生活照料中存在未满足需求会引致更高的风险,这也为失能老年人健康衰退提供了一种新的研究视角。老年人的生理机能下降、身体存在残障并随着时间的推移不断累积,是一个动态演化的过程(陈宁,2020;胡晓茜,高奇隆,赵灿,等,2019)。他们有获得充足照料和维持有尊严的晚年生活质量的权利,从健康维护的角度出发,长期照料和健康管理工作对提高失能老年人的生活质量和幸福感非常重要,也有助于更好地预防老年人尤其是失能老年人陷入失能—未满足需求—健康恶化—需求加剧—更多的未满足需求—健康进一步恶化的恶性循环之中(陈宁,2020)。

(7)一般而言,社会保障是一个国家或社会依据相关法律或者规则建立的,具有经济福利性和社会化的国民生活保障系统(唐忠义,周钰坤,2011),指针对社会成员在年老、疾病、伤残、失业、丧失劳动能力或遭受自然灾害以及其他生活困难时保障公民基本生活需要的制度,包括经济、服务和精神等多个内容相互联结,其中服务保障指通过递送服务满足个人及家庭的生活照料等服务需求(郑功成,2005)。老年社会保障作为社会保障制度的重要组成内容,为老年人提供养老金、健康和生活等方面的支持和保护,这对于解决社会基本矛盾,应对人口老龄化的发展趋势,促成"五个老有"目标的达成,实现满足人民群众美好生活的需要起到了重要作用(姜向群,2009)。由于保障对象是社会中的老年人群,他们具有显著的特殊性,例如身体健康每况愈下、收入多数不高,更易发生意外的同时也对生活质量有着严格的要求,为老服务的发展在一定程度上给老年社会保障提供和指出了新的可能和工作方向(曹莹,2019;姜向群,万红霞,2005)。通过建构以生活照料和护理服务为重心的老年服务保障体系,针对老年人解决亟需的生活照料问题(张敏杰,2013),对提高他们的生活质量和主观满意度大有裨益。老年养老服务体系的完善是新时代我国社会保障体系健全的重要组成,福祉是社会人的基本需求之一(周弘,1998),如前所述,福祉水平的提高反映在基本需求范围扩大和需求满足程度的提高上(刘继同,2003),核心概念仍然是人的需求,关注点是需求的满足程度。承认需求的满足程度是衡量福祉状况的主要指标,可以建立以需求为基础的侧重于需求满足程度的社会保障政策模式(刘继同,2003),也是老年人福祉受日常照料需求满足程度影响的社会保障涵义的体现。

7.2 应对策略

本部分基于社会支持理论、社会保护理论和健康老龄化理论,结合本研究的研究结论,针对性地提出对老年人照料需求进行精准评估,通过多种方式满足其需求,努力避免因需求未满足而导致各种不良后果发生,从而促进我国养老服务体系精细化和内涵式发展的策略,具体的应对策略叙述如下:

7.2.1 优先满足未满足需求,提高养老服务的可及性

未满足的需求可能会导致更多的生活负面事件、更快的健康衰退过程,以致产生高昂的医疗服务费用,消耗更多的照护资源,更有甚者导致老年人的死亡。本研究的定量和定性研究中均发现老年人的日常照料需求满足程度较低,包括饮食、日常起居、外出和就医等,这些未满足的需求影响了老年人的日常生活的质量,降低了他们的主观幸福感,这在老年人群中还可能会引发连锁反应,太多的原始需求未得到满足,会导致行为症状和新的需求以及需求未获得满足。为此,倡导从作为需求侧的老年人的主位视角出发,兼顾供给和需求的供需平衡状况关注老年人与日常生活密切相关的基本需求是否获得以及需

求的满足程度是否完全,实现从获得到满足的基础目的的转变。可以通过社区和居家养老服务的建设和完善,优先满足老年人较为突出的需求和服务,落实到具体的需求未满足的项目上,可以通过集中供餐或老年餐桌解决老年人的做饭问题,通过上门服务递送老年人关于购物、普通家务、如厕、买药取药以及做饭相关的服务;针对老年人看病要排队和腿脚不便因此消耗大量时间的问题,可以通过为老年人及其家庭提供上门看病、陪同就医服务,并在医院开设老年人专门的挂号服务窗口和就诊通道等,解决老年人的出行问题和实现看病就医的畅通,有效提高老年人日常生活照料等方面的养老服务的可及性。

7.2.2 改进照护和服务系统,支持评估工具的开发

随着社区和居家养老服务的改善和可用性的增加,可以在家庭或社区环境中满足中度失能老年人的护理需求,从而减少对机构养老的依赖。机构照料应该主要面向在家庭和社区环境中无法有效解决问题的老年人群。社区和居家养老服务的目标是通过提供护理、预防和服务,尽可能使老年人留在社区和家庭中。改善社区居家养老服务系统可以使失能程度低于中等水平的老年人留在家里而不是入住养老和医疗机构,这对于平衡老年人照护和服务系统的发展非常重要。另外,支持完善相关的调查识别机制,提高政策工具的"瞄准度",精准识别老年人的需求及存在未满足需求的风险人群。主要对老年人养老相关的服务需求和服务利用情况、存在的未满足需求展开调查和评估,因为随着人口老龄化和高龄化的继续深入,老年人的照护需求会急剧增加。为了使政府将老年人的照护资源用于实际需要的人群,精准识别有需求的人群和需求未满足的风险人群,有必要执行标准化的需求和未满足需求的评估机制。目前我国北京、上海、广州和青岛等城市已经在开发养老照料需求的评估工具并出台相应的管理办法,据此为老年人提供各项服务和给予补贴。这样的评估机制可以筛选出那些不需要照护的人,同时确保那些有需要的人得到适当的服务。特别有必要确保为有资格获得补贴的老年人,比如失能失智老年人、高龄独居老年人和低收入老年人等提供照护服务。

7.2.3 加强对非正式照护、社区和非营利组织的支持

老年人的非正式照护主要包括来自他们的配偶、子女、亲属、朋友和邻居

的照护,他们对老年人提供照护支持是以牺牲他们的休息和工作时间为前提的,并且经常处于"勉为其难"、"自顾不暇"和"疲于奔命"的状态。在非正式照护服务中,鉴于目前家庭在制度层面的高度工具化和支持性政策的缺失,建议对非正式照护者给予政策性支持,出台非正式照护者补贴政策和休假制度,并通过提供喘息服务和辅助服务缓解照料者的身心压力,在完善监督办法的同时也要求提供照护的人员参加护理培训,提供高质量的照护服务。在此基础上,支持社区和非营利组织提供基本的居家养老服务项目,鼓励营利性组织在政府补贴下开展个性化或高端服务,与非正式照护资源实现有效的优势互补,如针对无人照护的老年人替代家庭等非正式资源的照料作用,针对照料资源不足和照料质量不高的家庭,补充家庭的照料功能。根据构建老年服务体系的要求,以健康服务内容为依托发展多层次、多样化的养老服务体系是长期战略性目标,当前阶段的任务是在基本养老服务层次中实现对老年人口的应保尽保。目前我国城市和农村建立的社区和居家养老服务大多是由政府负担人员和运营成本的,社区和非营利组织在调动广泛的社会资源和志愿服务方面具有优势,能够以最低的成本直接面向老年人和其家庭提供服务。相对于社会上传言对养老机构的不良印象,社区和非营利组织受到老年人和居民的更多信任,在与家庭照料者合作提供服务方面更具优势,提高照护质量的同时还可以控制成本。

7.2.4 做好预防和康复工作,促进健康老龄化的实现

全生命周期视角认为老龄化贯穿了个体终身发展的过程,从成年时期到老年时期的身体功能在持续下降,促进健康老龄化的干预措施能够改善功能的发挥。基于此,做好关于老年人的预防和康复工作,赋权结合增能,加强和促进老年人功能的发挥和能力的提升,对提高老年人群的福祉水平大有裨益。首先,将老年友好型社会的改造内容纳入城市发展和建设规划之中,对室内空间和户外场所及环境进行无障碍的改造和添建。老年人住所环境的改造和添建包括生活环境的物理改造,在做好预防工作的同时也可以提升老年人生活便利和居住舒适度。针对老年人经常在家中跌倒的问题,家庭改造如在室内(卫生间和卧室等)加装便于行动的安全扶手有助于跌倒的预防。针对老年人外出和下楼的需要,除了陪同服务外,有条件的老旧小区可以通过对室外空间进行改造,加装电梯或安装爬楼代步器等提高住宅的通达性。老年人尤其是

严重失能和独居老年人的照料者很多时间都不在身边,无人监护的问题令人担忧,通过安装"平安钟"等应急报警设备能够使他们在紧急情况下进行呼叫以获得救助服务,有助于老年人跌倒等意外状况的及时处理,满足基本的安全需要。针对老年人出行难的问题可以配备放轮椅的车辆,提供免费或低价的交通运输。其次,疼痛问题同样也是老年人生活质量差的表现。在老年卫生服务体系建设方面,管理和预防老年慢性疾病,早发现、早治疗,做好老年人的疼痛管理、疼痛识别、评估和治疗工作,适时因地制宜地实施签约家庭医生的计划,方便对老年人进行健康管理。针对失能老年人,构建政府、家庭和社区共担责任的长期照护制度,推动养老和医疗服务相结合,鼓励养老机构与和医疗机构深入合作以便开展和提供老年服务。最后,有针对性地开展老年人的心理调适工作,预防为主,同时对抑郁老年人积极干预,致力于老年人主观幸福感的提升。

7.2.5 持续优化政府在财政资金供给和需求中的角色

根据社会保护理论,政府可以通过公共服务、实物或现金方式为老年人(包括他们的非正式照料者)提供支持以实现风险共担或者降低服务的使用成本,避免或改善影响老年人福祉的风险境况,其中政府财政资金的支持尤为重要。通过持续优化政府在财政资金供给和需求中的角色,提高财政资金的使用效率。在资金的供给方面,政府的补贴应该从建造或运营床位的补贴转移到增加对养老服务机构和日间照料中心等机构和设施中的劳动力的支付上,以确保他们获得足够的激励。针对护理人员适当的补贴可以在不增加照护者照护费用的前提下提高工作人员的照护质量。本研究定性研究也发现,缺乏高质量的照护服务和负担不起照护费用是老年人普遍存在的问题,对人力资源的投资不仅会对服务质量产生长期的影响,而且还可以有效降低服务提供者的服务成本和老年人的使用费用。在需求方面,许多地方的老年人无法仅凭自己支付服务费用,需要建立政府和老年人之间使用照护服务的费用共付机制,以增加老年人及其家人购买服务的能力。在提供普惠型的收入保障和社会服务政策之时,可以对老年人及他们的家庭展开家计调查,将调查结果作为依据和基础对老年人进行补贴,尤其要针对失能老年人、特困老年人、低保和低收入老年人做好阶梯式补贴工作,并逐步覆盖所有有照护需求的老年人。

7.3 研究贡献和不足

7.3.1 研究贡献

（1）研究主题。不同于以往对老年人需求展开的研究，本研究聚焦于满足老年人未满足的养老服务需求，最主要和最基本的是日常生活照料需求。既考虑了老年人存在的需求和对服务的利用，又纳入了有这样的需求且使用了这些服务，需求是否完全满足的考量，提供相关服务的最终目的也是要实现满足未满足的需求，是兼顾了供给和需求的供需平衡状况的研究，也是一种从"获得"到"满足"的养老服务理念的转变。

（2）研究方法。采用定量与定性相结合的研究方法，定量部分采用全国性的数据具有代表性，追踪数据也有利于解决互为因果的内生性问题。除了可以量化的指标外，定性研究的焦点小组讨论和深度访谈内容在一定程度上考察了家庭关系、养老观念和主观期待下老年人的照料需求和照料资源的转化运用，这对在中国社会和文化背景下研究和理解老年人的日常照料需求是否满足，以及需求满足和未满足的原因非常重要。

（3）研究内容。采用客观评估与主观态度相结合的测量方法，不仅研究了日常生活活动（ADL）、工具性日常生活活动（IADL）需求是否得到满足对老年人生活质量和主观幸福感的影响，还将 ADL 与 IADL 结合起来分析和判断老年人日常照料需求是否得到满足以及需求未满足产生的不良结果。在此基础上，考察了分项数的需求满足程度对老年人福祉的影响，相对仅针对某一项需求或仅包括需求是否得到满足的研究更为精细、全面和具有对比性。

（4）研究结论可以为相关决策提供参考。与身体或认知功能等照料需求的常规指标相比，未满足的需求被普遍用于最坏结果发生的指标，更多未满足的需求往往与最糟糕的结果相关。老年人存在未满足需求会对他们的身体和心理健康带来诸多不良结果，导致跌倒和受伤、行为障碍、焦虑、抑郁、生活质量下降，甚至过早地进入机构和死亡，医疗费用增加和照护资源消耗。养老服务体系构建的基础是老年人的需求如何得到有效满足，服务递送成效的直接测度是老年人的需求满足程度和满意度，对于这些内容的研究不仅有利于完善社区和居家养老服务体系,还有助于建构服务体系的绩效评估指标和考核制度。将需求置于优先位置除了能够改善老年人福祉外,还有助于实现照护资源的有效分配。

7.3.2 研究不足和展望

(1)需求满足程度的测量方面。虽然采用客观评估和主观态度相结合的方法测量老年人的需求满足程度,但仍然偏向属于自报告的测量方法。另外,CHARLS数据对老年人日常生活照料需求的测量包括了需求完全未满足和需求得到满足两种维度,在照料需求得到满足的人群中未进一步区分照料需求部分得到满足还是完全得到满足(帮助老年人执行该项活动,所提供的帮助是否足够的问题)。严格来说,不仅是帮助和不帮助的问题,还有帮助了多少的程度问题。将有人帮助老年人执行活动视为需求满足损失了一定的信息,也可能低估了存在未满足(完全未满足和部分未满足)需求的比例。

(2)结果变量的测量方面。首先,福祉这一词汇的外延较为宽泛,本研究基于相关文献和理论将其限定为对老年人生活质量和主观幸福感的考察,本研究采用疼痛、跌倒、抑郁、生活满意度和死亡五方面进行测量不全面,相关研究也发现褥疮和尿路感染等也是质量指标的客观反映,本研究不能全部包括。其次,在对死亡的测量和在分析照料需求满足程度对老年人死亡的影响中,CHARLS数据没有对死亡老年人做相关调查,无法提供确切的死亡时间等信息。限于此,本研究依据数据中研究对象接受调查的情况,对研究资料存在的这个客观的局限性做了尝试性的努力,设计和生成了死亡变量,定义为老年人在2013—2018年随访期间是否死亡,在一定程度上弥补了以往研究中使用CHARLS数据在这方面存在的缺憾,但围绕老年人是否死亡展开的分析限制了本研究对照料需求满足程度和死亡关系进行更深入和透彻的分析。未来可以考虑询问家属获得死亡老年人的调查信息进行生存分析等。

(3)研究资料的不足和存在的空间。本研究仅从被访者角度对老年人的日常照料需求满足程度和存在的未满足需求进行了测量,未来可以考虑从专业诊断的视角、照料者的视角等对普通老年人和有认知障碍、交流障碍等不能自我报告的老年人群进行评估,以便多角度进行对比分析,增加研究的全面性和结论的客观性。相关文献和本研究的定性研究结果也发现老年人中普遍存在医疗保健和社会支持的未满足需求,未来可以考虑对这些方面展开研究。

本研究中定性研究不够丰富，所选择的城市和人群的代表性不够。中国幅员辽阔，经济发展和地区差异大，存在着诸多的发展不平衡不充分的矛盾，未来可以增加针对我国东部地区的城市和农村老年人、中部和西部地区的农村老年人以及中部和西部其他城市和农村地区居住的老年人的访谈，分析老年人的居家照料服务以及需求满足程度在地域和城乡等维度上的现实表征和差异状况，有助于增强研究结论的推广性和代表性。

（4）研究内容方面存在的空间和展望。首先，本研究发现经济状况与老年人的日常生活状况密不可分，是老年人需求满足程度的重要影响因素。老年贫困的问题尤为重要，未来可以考虑在本研究的基础上，对老年人贫困相关的问题进行细分和讨论，深化研究主题。其次，从老年人的日常照料需求满足方式来看，更多来源于非正式的帮助，正式帮助的比例不到1％，基于此，可以以本研究作为基础，结合相关实证分析继续探讨和研究老年人日常照料需求满足程度相关的家庭和人口政策和改进路径。最后，未满足需求的指标可以用于评估以满足照料相关的需求为目标所设计的养老服务项目的绩效，未来可以考虑将未满足需求与其产生的不良结果纳入政府实施养老服务政策的绩效考核和评估体系中，设计适合社区和居家养老、机构养老相关的绩效考评指标体系，提高资源配置的恰当有效性，进一步行之有效地促进养老服务体系的精细化建设和内涵式发展。

参考文献

一、中文文献

(一)中文著作类

[1] ALLISON P D,李丁.固定效应回归模型[M].上海:格致出版社,2018.

[2] ARMSTRONG G,KOTLER P,王永贵.市场营销学:第12版[M].王永贵,郑孝莹,译.北京:中国人民大学出版社,2017.

[3] 陈立行,柳中权.向社会福祉跨越:中国老年社会福祉研究的新视角[M].北京:社会科学文献出版社,2007.

[4] 风笑天.社会研究方法[M].北京:中国人民大学出版社,2018.

[5] FOLLAND S,GOODMAN A C,STANO M.卫生经济学:第6版[M].王健,李顺平,孟庆跃,等译.北京:中国人民大学出版社,2011.

[6] 黄有光,张清津.福祉经济学:一个趋于更全面分析的尝试[M].大连:东北财经大学出版社,2005.

[7] 姜耀辉,田利.中国养老保障制度的改革和发展[M].北京:经济科学出版社,2017.

[8] 李鲁,吴群红,郭清,等.社会医学[M].北京:人民卫生出版社,2017.

[9] 李晓凤,佘双好.质性研究方法[M].武汉:武汉大学出版社,2006.

[10] 骆为祥.中国老年人的福祉:贫困、健康及生活满意度[M].北京:社会科学文献出版社,2016.

[11] 沈洁,赵军.社会福利基础理论[M].武汉:华中师范大学出版社,1998.

[12] 世界卫生组织健康问题社会决定因素委员会.用一代人时间弥合差距[M].世界卫生组织,2008.

[13] 李鲁,吴群红,郭清,等.社会医学[M].北京:人民卫生出版社,2017.

[14] STOCK J H,WASTON M W.计量经济学:第3版[M].沈根祥,孙燕,译.上海:格致出版社,2012.

[15] 孙鹃娟,杜鹏.中国人口老龄化和老龄事业发展报告(2016)[M].北京:中国人民大学出版社,2017.

[16] 吴明.卫生经济学[M].北京:北京医科大学出版社,2002.

[17] 吴玉韶.老龄工作实践与思考[M].北京:华龄出版社,2014.

[18] 张瑾.我国养老服务体系建设重点问题研究[M].北京:中国经济出版社,2018.

[19] 郑功成.社会保障学[M].北京:中国劳动社会保障出版社,2005.

[20] 周弘.福利的解析:来自欧美的启示[M].上海:上海远东出版社,1998.

[21] 周云,柳玉芝,陈明灼,等.老年人口家庭、健康与照料需求成本研究[M].北京:社会科学出版社,2010.

(二)中文期刊类

[22] 曹杨,Mor V.失能老年人的照料需求:未满足程度及其差异[J].兰州学刊,2017(11):144-156.

[23] 曹杨.城乡居家老人的未满足照料需求分析[J].统计分析,2017(11):43-47.

[24] 曹莹.浅谈中国社会保障制度的完善:基于老年社会保障视角[J].现代农村科技,2019(7):14-16.

[25] 陈皆明,陈奇.代际社会经济地位与同住安排:中国老年人居住方式分析[J].社会学研究,2016(1):73-97.

[26] 陈娜,王长青.独居失能老人未满足照料需求及影响因素分析[J].现代预防医学,2020,47(1):65-68.

[27] 陈宁,石人炳.中国高龄老人照料资源分布的变动趋势及照料满足度研究:基于CLHLS 2008—2018年数据的实证分析[J].学习与实践,2020(7):102-113.

[28] 陈宁.长期照料未满足的需求对失能老年人死亡风险的影响:基于CLHLS 2008—2014年3期追踪数据的分析[J].社会保障评论,2020,4(4):133-145.

[29] 陈申,崔焱,郑静,等.养老机构与居家失能老年人日常生活活动需求未满足状况的差异性研究[J].中华护理杂志,2019,54(3):434-438.

[30] 刁丽君,汤哲,孙菲.北京市老年人照料需求调查[J].中国老年学杂志,2005,25(8):985-986.

[31] 杜鹏,董亭月.促进健康老龄化:理念变革与政策创新:对世界卫生组织《关于老龄化与健康的全球报告》的解读[J].老龄科学研究,2015,3(12):3-10.

[32] 杜鹏,孙鹃娟,张文娟,等.中国老年人的养老需求及家庭和社会养老资源现状:基于2014年中国老年社会追踪调查的分析[J].人口研究,2016,40(6):49-61.

[33] 范方春,吴湘玲.老龄问题应对理念的辨析:历史和比较的视野[J].社会保障研究,2018(4):13-21.

[34] 费孝通.家庭结构变动中的老年赡养问题:再论中国家庭结构的变动[J].北京大学学报(哲学社会科学版),1983(3):6-15.

[35] 高琳薇.城乡老年人生活需求满足状况及其对生活满意度的影响:以贵阳市1518份问卷调查为例[J].南京人口管理干部学院学报,2012,28(4):56-74.

[36] 葛延风,王列军,冯文猛,等.我国健康老龄化的挑战与策略选择[J].管理世界,2020,36(4):86-96.

[37] 耿爱生,杨文娴.我国老年保障研究中的"健康老龄化"研究趋向及其价值[J].社会保障研究,2014(2):60-65.

[38] 辜胜阻,吴华君,曹冬梅.构建科学合理养老服务体系的战略思考与建议[J].人口研究,2017,41(1):3-14.

[39] 桂前,严姝霞,王燕君,等.国外养老机构护理需求评估工具的介绍及其对我国的启示[J].中国全科医学,2018,21(31):3906-3910.

[40] 郭瑜,王非.城镇老年人的养老服务需求与主观福祉研究[J].中国劳动,2020(2):31-43.

[41] 贺春临,周长城.福利概念与生活质量指标:欧洲生活质量指标体系的概念框架和机构研究[J].国外社会科学,2002(1):51-55.

[42] 贺寨平.国外社会支持网研究综述[J].国外社会科学,2001(1):76-82.

[43] 胡晓茜,高奇隆,赵灿,等.中国高龄老人失能发展轨迹及死亡轨迹[J].人口研究,2019,43(5):43-53.

[44] 胡湛,彭希哲.家庭变迁背景下的中国家庭政策[J].人口研究,2012,36(2):3-10.

[45]黄匡时.中国高龄老人日常生活照料需求满足状况及其影响因素研究[J].中国人口·资源与环境,2014a,24(11):331-334.

[46]黄匡时.中国老年人日常生活照料需求研究[J].人口与社会,2014b,30(4):10-17.

[47]黄庆波,王晓华,陈功.10项流调中心抑郁自评量表在中国中老人群中的信效度[J].中国健康心理学杂志,2015,23(7):1036-1041.

[48]纪竞垚.子女对父母的照料时长对其照料表现的影响研究[J].调研世界,2018(2):14-19.

[49]姜向群,万红霞.人口老龄化对老年社会保障及社会服务提出的挑战[J].市场与人口分析,2005,11(4):67-71.

[50]姜向群.改革开放以来中国老年社会保障制度的发展变革及政策思考[J].人口研究,2009,33(2):20-31.

[51]蒋丽娜.社区家庭护理评估表的使用[J].中国全科医学,2003(6):676-677.

[52]金星,李春玉,顾湲,等.老年人家庭护理评估工具的研究[J].中国老年学杂志,2003(23):833-834.

[53]李建新.老年人口生活质量与社会支持的关系研究[J].人口研究,2007,31(3):50-60.

[54]李树茁,徐洁,左冬梅,等.农村老年人的生计、福祉与家庭支持政策:一个可持续生计分析框架[J].当代经济科学,2017,39(4):1-10,124.

[55]李松柏.老年人的需求及其社会支持分析[J].人口与经济,2002(增刊):124-125.

[56]梁君林.基于社会支持理论的社会保障再认识[J].苏州大学学报(哲学社会科学版),2013,34(1):42-48.

[57]刘继同.生活方式与生活质量:中国社会福利研究的独特视角[J].华中师范大学学报(人文社会科学版),2003,42(2):57-62.

[58]刘妮娜,郭月青.中国城乡老年人照料方式的变化及影响研究:以社会资本为视角[J].中国农业大学学报(社会科学版),2016,22(1):126-136.

[59]陆杰华,阮韵晨,张莉.健康老龄化的中国方案探讨:内涵、主要障碍及其方略[J].国家行政学院学报,2017(5):40-47,145.

[60]苗青,张玉.老有所为与老有所乐:公益参与的社会补偿效应[J].浙江大学学报(人文社会科学版),2017,47(5):5-18.

[61] 裴晓梅.形式多样的长期照护服务应贯穿养老过程的始终[J].人口与发展,2009,15(4):55-58.

[62] 彭华民.中国政府社会福利责任:理论范式演变与制度转型创新[J].天津社会科学,2012(6):1-25.

[63] 彭希哲,宋靓珺,黄剑焜.中国失能老人长期照护服务使用的影响因素分析:基于安德森健康行为模型的实证研究[J].人口研究,2017,41(4):46-59.

[64] 乔晓春.如何满足未满足的养老需求:兼论养老服务体系建设[J].社会政策研究,2020(1):19-36.

[65] 秦永超.家庭代际互惠视角下农村老年人福祉提升研究[J].社会工作与管理,2019,19(5):46-51.

[66] 秦永超.老年人福祉视域下养老福利多元建构[J].山东社会科学,2015,244(12):3-9.

[67] 宋宝安.农村失能老人生活样态与养老服务选择意愿研究:基于东北农村的调查[J].兰州学刊,2016(6):137-143.

[68] 宋新明,齐铱.新城区老年人慢性病伤对日常生活功能的影响研究[J].人口研究,2000,24(5):45-50.

[69] 苏群,彭斌霞.我国失能老人的长期照料需求与供给分析[J].社会保障研究,2014,45(5):17-23.

[70] 孙菲,汤哲,刁丽军,等.老年人社区非医疗照料需求调查[J].中国老年学杂志,2005,25(2):151-152.

[71] 孙鹃娟,冀云.中国老年人的照料需求评估及照料服务供给探讨[J].河北大学学报(哲学社会科学版),2017,42(5):129-137.

[72] 孙鹃娟.中国老年人的居住方式现状与变动特点:基于"六普"和"五普"数据的分析[J].人口研究,2013,37(6):35-42.

[73] 唐忠义,周钰坤.经济转型时期社会保障管理面临的挑战及对策[C]//湖北省行政管理学会、武汉科技大学文法与经济学院."经济转型与政府转型"理论研讨会暨湖北省行政管理学会2010年年会论文集(上),2011:5.

[74] 王琼.城市社区居家养老服务需求及其影响因素:基于全国性的城市老年人口调查数据[J].人口研究,2016,40(1):98-112.

[75] 王晓波.关于社会养老服务需要和需求测量方法的辨析[J].社会福利(理论版),2015(6):8-13.

[76] 邬沧萍,穆光宗.健康的老龄社会[J].人口与经济,1997,100(1):18-20,56.

[77] 吴丹贤,高晓路.居家失能老人照护的未满足需求分析:基于空间资源链接的视角[J].国际城市规划,2020,35(1):29-36.

[78] 杨团.中国长期照护的政策选择[J].中国社会科学,2016(11):87-110,207.

[79] 尹尚菁,杜鹏.老年人长期照护需求现状及趋势研究[J].人口学刊,2012,192(2):49-56.

[80] 袁笛,陈滔.低收入老人长期照护需求和需求满足:基于照护资源整合的视角[J].西北人口,2019,40(4):106-117.

[81] 袁小波.农村高龄老人的照料需求与照料供给分析[J].西北人口,2007,28(6):34-43.

[82] 曾毅,顾大男.老年人生活质量研究的国际动态[J].中国人口科学,2002(5):61-71.

[83] 曾友燕,王志红,周兰姝,等.国内外家庭护理需求评估工具的研究现状与启示[J].护理管理杂志,2006,6(5):27-29.

[84] 战捷.高龄老人临终前完全需要他人照料状况研究[J].中国人口科学,2004(增刊):121-123.

[85] 张河川,岑晓钰,郭良骥.养老机构老年人健康状况及服务需求调查[J].中国公共卫生,2010,26(4):411-412.

[86] 张静.养老服务体系建设为何要着眼于满足未满足的养老需求:访北京大学人口研究所教授乔晓春[J].中国民政,2020(12):44-45.

[87] 张敏杰.老年社会保障:一个严峻而紧迫的民生问题[J].观察与思考,2013(1):30-35.

[88] 张瑞丽,李慧娟,郭莉,等.石家庄市居家老人的照料需求调查[J].护理实践与研究,2009,6(21):122-124.

[89] 周林刚,冯建华.社会支持理论:一个文献的回顾[J].广西师范学院学报(哲学社会科学版),2005,26(3):11-20.

(三)中文学位论文类

[90] 陈申.机构及居家失能老人日常生活活动需求未满足状况及其差异性研究[D].南京:南京医科大学,2018.

[91]侯冰.城市老年人社区居家养老服务需求层次及其满足策略研究[D].上海:华东师范大学,2018.

[92]刘金华.基于老年生活质量的中国养老模式选择研究[D].成都:西南财经大学,2009.

[93]王大伟.上海市空巢老年人生活照料需求状况研究[D].上海:华东师范大学,2011.

[94]张晓雷.城市失能老人家庭照料研究[D].北京:北京师范大学,2016.

[95]张一.社会参与、代际支持与老年人精神健康[D].上海:华东理工大学,2018.

(四)中文其他文献类

[96]北京市民政局等七部门关于印发《北京市老年人能力综合评估实施办法(试行)》的通知(京民养老发〔2019〕42号)[EB/OL].(2019-03-25)[2021-03-13].http://mzj.beijing.gov.cn/art/2019/3/25/art_413_314770.html.

[97]国务院《关于实施健康中国行动的意见》[EB/OL].(2019-07-15)[2021-03-02].http://www.gov.cn/zhengce/content/2019-07/15/content_54094 92.htm.

[98]上海市人民政府办公厅关于印发《上海市老年照护统一需求评估及服务管理办法》的通知(沪府办规〔2018〕2号)[EB/OL].(2018-01-05)[2021-03-02].https://www.shanghai.gov.cn/nw43203/20200824/0001-43203_55034.html.

[99]中国家庭发展报告[EB/OL].(2014-05-14)[2021-03-13].http://www.gov.cn/xinwen/2014-05/14/content_2679681.htm.

[100]中华人民共和国国民经济和社会发展第十四个五年规划和2035年远景目标纲要[EB/OL].(2021-03-13)[2022-03-04].http://www.gov.cn/xinwen/2021-03/13/content_5592681.htm.

[101]中华人民共和国老年人权益保障法(2018年修订)[EB/OL].(2018-12-29)[2022-03-02].http://www.mca.gov.cn/article/gk/fg/ylfw/202002/20200200024078.shtml.

[102]中华人民共和国宪法(2018年修订)[EB/OL].(2018-03-11)[2022-03-02].http://news.12371.cn/2018/03/22/ARTI1521673331685307.shtml.

[103]CHARLS 2018年追访问卷[EB/OL].(2020-09-14)[2020-10-14].https://charls.charlsdata.com/Public/ashelf/public/uploads/document/

2018-charls-wave4/application/CHARLS_2018_Household_Questionnaire.pdf.

[104] 第七次全国人口普查公报[EB/OL].(2021-05-11)[2022-03-02].http://www.stats.gov.cn/ztjc/zdtjgz/zgrkpc/dqcrkpc/ggl/202105/t20210519_1817698.html.

[105] 广州市民政局 广州市财政局关于印发《广州市老年人照顾需求评估管理办法(试行)》的通知(穗民规字〔2020〕14号)[EB/OL].(2020-12-28)[2021-03-02].http://mzj.gz.gov.cn/gkmlpt/content/7/7001/post_7001782.html#345.

[106] 国家统计局.1991年统计年鉴[EB/OL].(2020-12-28)[2021-03-02].https://data.cnki.net/trade/Yearbook/Single/N2005120321?z=Z001.

[107] 国家统计局.2001年统计年鉴[EB/OL].(1991-08)[2021-03-03].http://www.stats.gov.cn/tjsj/ndsj/2001c/mulu.htm.

[108] 国家统计局.2002年统计年鉴[EB/OL].(2001-08)[2021-03-03].http://www.stats.gov.cn/yearbook2001/indexC.htm.

[109] 国家统计局.2019年统计年鉴[EB/OL].(2002-08)[2021-03-03].http://www.stats.gov.cn/tjsj/ndsj/2019/indexch.htm.

[110] 国家卫计委等十三部门关于印发《"十三五"健康老龄化规划》的通知[EB/OL].(2017-03-09)[2021-03-02].http://www.nhc.gov.cn/lljks/zcwj2/201703/86fd489301c64c46865bd98c29e217f2.shtml.

[111] 国家卫生健康委等八部门《关于建立完善老年健康服务体系的指导意见》(国卫老龄发〔2019〕61号)[EB/OL].(2019-10-28)[2021-03-02].http://www.nhc.gov.cn/lljks/s7785/201911/cf0ad12cb0ec4c96b87704bbeb5bbde.shtml.

[112] 国家卫生健康委员会 中国银行保险监督管理委员会 国家中医药管理局《关于开展老年护理需求评估和规范服务工作的通知》(国卫医发〔2019〕48号)[EB/OL].(2019-07-25)[2021-03-02].http://www.nhc.gov.cn/yzygj/s7653/201908/426ace6022b747ceba12fd7f0384e3e0.shtml.

[113] 国务院办公厅《关于推进养老服务发展的意见》(国办发〔2019〕5号)[EB/OL].(2019-04-16)[2021-03-02].http://www.gov.cn/zhengce/content/2019-04/16/content_5383270.htm.

[114] 国务院办公厅关于印发《社会养老服务体系建设规划(2011—2015年)》的通知(国办发〔2011〕60号)[EB/OL].(2011-12-27)[2021-03-02].

http://www.gov.cn/zhengce/content/2011-12/27/content_6550.htm.

[115] 国务院办公厅转发卫生计生委等部门《关于推进医疗卫生与养老服务相结合指导意见的通知》(国办发〔2015〕84号)[EB/OL].(2015-11-20)[2021-03-02].http://www.gov.cn/zhengce/content/2015-11/20/content_10328.htm.

[116] 民政部对"关于推进多渠道养老模式的建议"的答复(民函〔2019〕647号)[EB/OL].(2019-07-23)[2021-03-02].https://www.mca.gov.cn/article/gk/jytabljggk/rddbjy/201911/20191100021104.shtml.

[117] 民政部.2019年民政事业发展统计公报[EB/OL].(2020-09-08)[2021-03-02].https://www.mca.gov.cn/images3/www2017/file/202009/1601261242921.pdf.

[118] 民政部《关于进一步扩大养老服务供给 促进养老服务消费的实施意见》(民发〔2019〕88号)[EB/OL].(2019-09-20)[2021-03-02].https://www.mca.gov.cn/article/gk/wj/201909/20190900019848.shtml.

[119] 习近平.决胜全面建成小康社会 夺取新时代中国特色社会主义伟大胜利——在中国共产党第十九次全国代表大会上的报告[EB/OL].(2017-10-18)[2021-03-02].http://www.12371.cn/2017/10/27/ARTI1509103656574313.shtml.

[120] 中共中央 国务院印发《"健康中国2030"规划纲要》[EB/OL].(2016-10-25)[2021-03-02].http://www.gov.cn/xinwen/2016-10/25/content_5124174.htm.

[121] 中共中央政治局就我国人口老龄化的形势和对策举行第三十二次集体学习[EB/OL].(2016-05-28)[2021-03-02].http://www.gov.cn/xinwen/2016-05/28/content_5077706.htm.

[122] 全国老龄委.老龄委预测到2035年我国老年人口将年均增长一千万左右[EB/OL].(2015-11-08)[2021-03-02].http://china.cnr.cn/NewsFeeds/20151108/t20151108_520436518.shtml.

[123] 国家卫生计生委.中国家庭发展报告[EB/OL](2014-05-14)[2021-03-03].http://www.gov.cn/xinwen/2014-05/14/content_2679681.htm.

二、英文文献

(一)英文著作类

[124] ANDREWS F M, WITHEY S B. Social Indicators of Well-being: Americans's Perceptions of Life Quality[M]. New York: Plenum Press,1976.

[125] ANTONUCCI T C. Social Support: Theoretical Advances, Recent Findings and Pressing Issues[M]//ANTONUCCI T C.Social Support: Theory,Research and Application.Boston: Nijhoff,1985.

[126] BRADSHAW J A.Taxonomy of Social Need[M].UK: University of York,1972.

[127] CAI F,GILES J,O'KEEFE P,et al.The Elderly and Old Age Support in Rural China[M].The World Bank: Human Development,2012.

[128] DUNATCHIK A A,ICARDI R,ROBERTS C,et al.Predicting Unmet Need for Social Care and Exploring Links with Well-being: Findings from the Secondary Analysis[M].London: NatCen Social Research and Ipsos MORI,2016.

[129] JOHNSON L C, SCHWARTZ C L. Social Welfare: A Response to Human Need[M].Massachusetts: Allyn and Bacon,1997.

[130] KANE R,BOULT C.Defining the Service Needs of Frail Older Persons[M]//ALLEN S, MOR V Eds. Living in the Community with Disability: Service Needs, Use,and Systems.New York: Springer,1998, 15-41.

[131] KINNEY J M.Home Care and Caregiving[M]//San Diego.Encyclopedia of Gerontology: Age, Aging, And the Age.CA: Academic Press,1996.

[132] KOTLER P. Principles of Marketing[M]. Englewood Cliffs, NJ: Prentice-Hall,1980.

[133] MASLOW A H.Motivation and Personality[M].New York: Harper & Row,1954.

[134] MOR V,GUADAGNOLI E,ROSENSTEIN R.Cancer Patients' Unmet

Support Needs as a Quality-of-life Indicator[M]//OSOBA D.Effect of Cancer on Quality of Life.Boca Raton:CRC Press,1991:155-168.

[135]MOR V.A Modern Lexicon of Disability[M]//Moffatt F. Living in the Community with Disability Service Needs, Use, and Systems. New York:Springer Publishing Company,1998.

[136]NAIDOO J,WILLS J.Health Promotion:Foundations for Practice[M]. 2nd ed.London:Bailliere-Tindall,2000.

[137]NATICK M.Minimum Data Set Plus Training Manual[M].MA:Eliot Press,1991.

[138]ORRELL M,HANCOCK G.CANE:Camberwell Assessment of Need for the Elderly[M].UK:Royal College of Psychiatrists,2004.

[139] SOCIAL PROTECTION COMMITTEE AND THE EUROPEAN COMMISSION.Adequate Social Protection for Long-term Care Needs in an Ageing Society[M].Brussels:European Union,2014.

[140]VAUX A.Social Support—Theory,Research and Intervention[M].New York:Praeger,1988.

[141]WHO.Active Ageing A:Policy Framework[M].Geneva:World Health Organization,2012.

[142]WHO. Global Strategy and Action Plan on Ageing and Health[M]. Geneva:World Health Organization,2016.

(二)英文期刊类

[143] ABDUL-HAMID W K, LEWIS-COLE K, HOLLOWAY F, et al. Comparison of How Old Age Psychiatry and General Adult Psychiatry Services Meet the Needs of Elderly People with Functional Mental Illness:Cross-sectional Survey[J].British Journal of Psychiatry,2015, 207(5):440-443.

[144]ALLEN S M,GOLDSCHEIDER F,CIAMBRONE D A.Gender Roles, Marital Intimacy,and Nomination of Spouse as Primary Caregiver[J]. Gerontologist,1999,39(2):150-158.

[145] ALLEN S M, MOR V. The Prevalence and Consequences of Unmet Need:Contrasts between Older and Younger Adults with Disability[J].

Medical Care,1997,35(11):1132-1148.

[146] ALLEN S M, PIETTE E R, MOR V. The Adverse Consequences of Unmet Need among Older Persons Living in the Community: Dual-eligible versus Medicare-only Beneficiaries [J]. The Journals of Gerontology, Series B:Psychological Sciences and Social Sciences,2014, 69(7):51-58.

[147] ALLEN S M.Gender Differences in Spousal Caregiving and Unmet Need for Care[J].Journal of Gerontology,1994,49(4):187-195.

[148] ALLIN S, GRIGNON M, LE GRAND J.Subjective Unmet Need and Utilization of Health Care Services in Canada: What Are the Equity Implications? [J].Social Science and Medicine,2010,70(3):465-472.

[149] ALLTAG S, STEIN J, PABST A, et al.Unmet Needs in the Depressed Primary Care Elderly and Their Relation to Severity of Depression: Results from the Agemoode Study[J].Aging and Mental Health,2018, 22(8):1032-1039.

[150] ANDERSEN R, NEWMAN J.Societal and Individual Determinants of Medical Care Utilization in the United States[J].The Milbank Memorial Fund Quarterly,1973,51(1):95-124.

[151] ANDERSON R M.Revisiting the Behavioral Model and Access to Medical Care: Does it Matter? [J]. Journal of Health and Social Behavior,1995,36(1):1-10.

[152] ANDRESEN E M, MALMGREN J A, CARTER W B, et al. Screening for Depression in Well Older Adults:Evaluation of a Short Form of the CES-D (Center for Epidemiologic Studies Depression Scale) [J]. American Journal of Preventive Medicine,1994,10(2):77-84.

[153] ÇELEBIOĞLU A, ÇIÇEKLIOĞLU M.Elderly Health Care Needs and Associated Factors in Terms of Health Inequalitied[J].Turkish Journal of Geriatrics,2013,16(3):315-321.

[154] BALSINHA C, MARQUES M J, GONCALVES-PEREIRA M.A Brief Assessment Unravels Unmet Needs of Older People in Primary Care:A Mixed-methods Evaluation of the SPICE Tool in Portugal[J].Primary Health Care Research and Development,2018,19(6):637-643.

[155] BANERJEE S. Needs of Special Groups: The Elderly[J]. International Review of Psychiatry,1998,10(2):130-133.

[156] BEACH S R,SCHULZ R. Family Caregiver Factors Associated with Unmet Needs for Care of Older Adults[J]. Journal of the American Geriatrics Society,2017,65(3):560-566.

[157] BEARD J R, OFFICER A, DE CARVALHO I A, et al. The World Report on Ageing and Health: A Policy Framework for Healthy Ageing [J]. The Lancet,2016,387(10033):2145-2154.

[158] BEEKMAN A T F, DEEG D J H, VAN LIMBEEK J, et al. Criterion Validity of the Center for Epidemiologic Studies Depression scale (CES-D): Results from a Community-based Sample of Older Subjects in the Netherlands[J]. Psychological Medicine,1997,27(1):231-235.

[159] BIEŃ B, MCKEE K J, DÖHNER H, et al. Disabled Older People's Use of Health and Social Care Services and Their Unmet Care Needs in Six European Countries[J]. European Journal of Public Health, 2013, 23(6):1032-1038.

[160] BLACK B S, RABINS P V, GERMAN P, et al. Need and Unmet Need for Mental Health Care among Elderly Public Housing Residents[J]. Gerontologist,1997,37(6):717-728.

[161] BOOKWALA J, ZDANIUK B, BURTON L, et al. Concurrent and Long-term Predictors of Older Adults' Use of Community-based Long-term Care Services: The Caregiver Health Effects Study[J]. Journal of Aging and Health,2004,16(1):88-115.

[162] BREWER B. Social Policy of the Economic State and Community Care in Chinese Culture[J]. Journal of Social Policy,1997(26):136-137.

[163] BRINDA E M, KOWAL P, ATTERMANN J, et al. Health Service Use, Out-of-pocket Payments and Catastrophic Health Expenditure among Older People in India: The WHO Study on Global Ageing and Adult Health(SAGE)[J]. Journal of Epidemiology and Community Health, 2015,69(5):489-494.

[164] BROWNELL A, SHUMAKER S A, BROWNELL A. Toward a Theory of Social Support: Closing Conceptual Gaps[J]. Journal of Social Issues,

1984,40(4):11-36.

[165]BURCH T K,MATTHEWS B J.Household Formation in Developed Societies[J].Population Council,1987,13(3):495-511.

[166]CADIEUX M A,GARCIA L J,PATRICK J.Needs of People with Dementia in Long-term Care: A Systematic Review[J]. American Journal of Alzheimer's Disease and other Dementias,2013,28(8):723-733.

[167]CANTOR M H.Family and Community:Changing Roles in an Aging Society[J].Gerontologist,1991,31(3):337-346.

[168]CANTOR M H.Neighbors and Friends:An Overlooked Resource in the Informal Support System[J].Research on Aging,1979,1(4):434-463.

[169]CARPENTER G I.Accuracy,Validity & Reliability in Assessment and in Evaluation of Services for Older People:The Role of the interRAI MDS Assessment System[J].Age and Ageing,2006,35(4):327-329.

[170]CARR W,WOLFE S.Unmet Needs as Sociomedical Indicators[J].International Journal of Health Services,1976,6(3):417-430.

[171]CARRIÈRE G.Seniors' Use of Home Care[J].Health Reports,2006,17(4):43-47.

[172]CARTIER M.Nuclear Versus Quasi-stem Families:the New Chinese Family Model[J].Journal of Family History,1995,20(3):307-327.

[173]CASADO B L,LEE S E.Access Barriers to and Unmet Needs for Home- and Community-based Services Among Older Korean Americans[J].Home Health Care Services Quarterly,2012,31(3):219-242.

[174]CASADO B L,VAN VULPEN K S,DAVIS S L.Unmet Needs for Home and Community-based Services among Frail Older Americans and Their Caregivers[J].Journal of Aging and Health,2011,23(3):529-553.

[175]CHAE S,LEE Y,KIM J,et al.Factors Associated with Perceived Unmet Dental Care Needs of Older Adults[J].Geriatrics and Gerontology International,2017,17(11):1936-1942.

[176]CHALLIS D,CLARKSON P,WILLIAMSON J,et al.The Value of Specialist Clinical Assessment of Older People Prior to Entry to Care

Homes[J]. Age and Ageing, 2004, 33(1): 25-34.

[177] CHEN J, MILLAR W J. Age of Smoking Initiation: Implications for Quitting[J]. Health Reports, 1998, 9(4): 39-46.

[178] CHEN S, ZHENG J, CHEN C, et al. Unmet Needs of Activities of Daily Living Among a Community-based Sample of Disabled Elderly People in Eastern China: A Cross-sectional Study[J]. BMC Geriatrics, 2018, 18(1): 1-11.

[179] CHEN Y M, THOMPSON E A. Understanding Factors That Influence Success of Home- and Community-based Services in Keeping Older Adults in Community Settings[J]. Journal of Aging and Health, 2010, 22 (3): 267-291.

[180] CHEN Y, HICKS A, WHILE A E. Depression and Related Factors in Older People in China: A Systematic Review[J]. Reviews in Clinical Gerontology, 2012, 22(1): 52-67.

[181] CHIU D, HOMMA A, IMAI Y, et al. The Cognitive Abilities Screening Instrument (CASI): A Practical Test for Cross-cultural Epidemiological Studies of Dementia[J]. International Psychogeriatrics, 1994, 6(1): 45-58.

[182] CHOI N G, MCDOUGALL G. Unmet Needs and Depressive Symptoms Among Low Income Older Adults[J]. Journal of Gerontological Social Work, 2009, 52(6): 567-583.

[183] COBB S. Social Support as a Moderator of Life Stress[J]. Psychosomatic Medicine, 1976, 38(5): 300-314.

[184] COOWGILL D O. A Previous Incarnation of Disengagement Theory: An Historical Note[J]. The Gerontologist, 1976, 16(4): 377-378.

[185] CRIMMINS E M, HAYWARD M D, SAITO Y. Differentials in Active Life Expectancy in the Older Population of the United States[J]. Journals of Gerontology, Series B: Psychological Sciences and Social Sciences, 1996, 51(3): S111-S120.

[186] CROME P, PHILLIPSON C. Assessment of Need[J]. Age and Ageing, 2000, 29(6): 479-480.

[187] DAVEY A, FEMIA E E, SHEA D G, et al. How Many Elders Receive

Assistance? A Cross-national Comparison[J]. Journal of Aging and Health,1999,11(2):199-220.

[188] DAVEY A,TAKAGI E,SUNDSTROM G,et al.(In)formal Support and Unmet Needs in the National Long-term Care Survey[J].Journal of Comparative Family,2013,44(4):437-454.

[189] DEPALMA G,XU H,COVINSKY K E,et al.Hospital Readmission among Older Adults Who Return Home with Unmet Need for ADL Disability[J].Gerontologist,2013,53(3):454-461.

[190] DEPP C A,JESTE D V.Definitions and Predictors of Successful Aging: A Comprehensive Review of Larger Quantitative Studies[J].Journal of Allergy and Clinical Immunology,2012,130(2):6-20.

[191] DESAI M M,LENTZNER H R,WEEKS J D.Unmet Need for Personal Assistance with Activities of Daily Living among Older Adults[J]. Gerontologist,2001,41(1):82-88.

[192] DIENER E,SUH E M,LUCAS R E,et al.Subjective Well-being:Three Decades of Progress[J].Psychological Bulletin,1999,125(2):276-302.

[193] DIWAN S,MORIARTY D.A Conceptual Framework for Identifying Unmet Health Care Needs of Community Dwelling Elderly[J]. The Journal of Applied Gerontology,1995,14(1):47-63.

[194] DUBUC N,DUBOIS M F,RACHE M,et al.Meeting the Home-care Needs of Disabled Older Persons Living in the Community: Does Integrated Services Delivery Make a Difference? [J].BMC Geriatrics, 2011,11(67):1-13.

[195] DUNLOP D D,MANHEIM L M,SOHN M W,et al.Incidence of Functional Limitation in Older Adults:The Impact of Gender,Race,and Chronic Conditions [J]. Archives of Physical Medicine and Rehabilitation,2002,83(7):964-971.

[196] ECKERT J K,MORGAN L A,SWAMY N.Preferences for Receipt of Care Among Community-dwelling Adults[J].Journal of Aging & Social Policy,2004,16(2):49-65.

[197] EPSTEIN R M,STREET R L.The Value of Patient-centered Care[J]. Patient Education and Counseling,2011,9(2):100-103.

[198] FELIX H C, MAYS G P, STEWART M K, et al. Medicaid Savings Resulted When Community Health Workers Matched Those with Needs to Home and Community Care[J]. Health Affairs, 2011, 30(7): 1366-1374.

[199] FENG Q S, ZHEN Z H, GU D N, et al. Trends in ADL and IADL Disability in Community-dwelling Older Adults in Shanghai, China, 1998-2008[J]. Journals of Gerontology, Series B: Psychological Sciences and Social Sciences, 2013, 68(3): 476-485.

[200] FERREIRA A R, DIAS C C, FERNANDES L. Needs in Nursing Homes and Their Relation with Cognitive and Functional Decline, Behavioral and Psychological Symptoms[J]. Frontiers in Aging Neuroscience, 2016, 8(4): 1-10.

[201] FERRUCCI L, GURALNIK Ã J M, STUDENSKI S, et al. Delaying Functional Decline and Disability in Frail, Older Persons: A Consensus Report[J]. Journal of the American Geriatrics Society, 2004, 52(4): 625-634.

[202] FLORENCE C S, BERGEN G, ATHERLY A, et al. Medical Costs of Fatal and Nonfatal Falls in Older Adults[J]. Journal of the American Geriatrics Society, 2018, 66(4): 693-698.

[203] FOLSTEIN M F, FOLSTEIN S E, MCHUGH P R. "Mini-Mental State": A Practical Method for Grading the Cognitive State of Patients for the Clinician[J]. Journal of Psychiatric Research, 1975, 12(3): 189-198.

[204] FORBES D A, JANSEN S L, MARKLE-REID M, et al. Gender Differences in Use and Availability of Home and Community-based Services for People with Dementia[J]. The Canadian Journal of Nursing Research, 2008, 40(1): 39-59.

[205] FOSSEY J, BALLARD C, JUSZCZAK E, et al. Effect of Enhanced Psychosocial Care on Antipsychotic Use in Nursing Home Residents with Severe Dementia: Cluster Randomised Trial[J]. British Medical Journal, 2006, 332(7544): 756-758.

[206] FREEDMAN V A, SPILLMAN B C. The Residential Continuum from

Home to Nursing Home: Size, Characteristics and Unmet Needs of Older Adults[J]. The Journals of Gerontology, Series B: Psychological Sciences and Social Sciences, 2014, 69(7): S42-S50.

[207] FU Y Y, GUO Y, BAI X, et al. Factors Associated with Older People's Long-term Care Needs: A Case Study Adopting the Expanded Version of the Anderson Model in China[J]. BMC Geriatrics, 2017, 17(1): 1-13.

[208] GAUGLER J E, KANE R L, KANE R A, et al. Unmet Care Needs and Key Outcomes in Dementia[J]. Journal of the American Geriatrics Society, 2005, 53(12): 2098-2105.

[209] GEORGE L K. The Happiness Syndrome: Methodological and Substantive Issues in the Study of Social-psychological Well-being in Adulthood[J]. The Gerontologist, 1979, 19(2): 210-216.

[210] GILL T M, MURPHY T E, GAHBAUER E A, et al. Association of Injurious Falls with Disability Outcomes and Nursing Home Admissions in Community-living Older Persons[J]. American Journal of Epidemiology, 2013, 178(3): 418-425.

[211] GOODRIDGE D, LAWSON J, REENIE D, et al. Rural/Urban Differences in Health Care Utilization and Place of Death for Persons with Respiratory Illness in the Last Year of Life[J]. Rural and Remote health, 2010, 10(2): 1-15.

[212] GORNICK M E, EGGERS P W, RILEY G F. Understanding Disparities in the Use of Medicare Services[J]. Yale Journal of Health Policy, Law, and Ethics, 2001(1): 133-158.

[213] GRUNDY E, GLASER K. Socio-demographic Differences in the Onset and Progression of Disability in Early Old Age: A Longitudinal Study [J]. Age and Ageing, 2000, 29(2): 149-157.

[214] GU D N, VLOSKY D A. Long-term Care Needs and Related Issues in China[J]. Social Sciences in Health Care and Medicine, 2008(4): 51-84.

[215] GUO C, DU W, HU C H, et al. Prevalence and Factors Associated with Healthcare Service Use among Chinese Elderly with Disabilities[J]. Journal of Public Health, 2016, 38(3): 345-351.

[216] GUO M, ARANDA M P, SILVERSTEIN M. The Impact of Out-

migration on the Inter-generational Support and Psychological Wellbeing of Older Adults in Rural China[J]. Ageing and Society, 2009, 29(7): 1085-1104.

[217] HANCOCK G A, WOODS B, CHALLIS D, et al. The Needs of Older People with Dementia in Residential Care[J]. International Journal of Geriatric Psychiatry, 2006, 21(1): 43-49.

[218] HANCOCK G A, WOODS B, CHALLIS D, et al. The Needs of Older People with Dementia in Residential Care[J]. International Journal of Geriatric Psychiatry, 2006, 21(1): 43-49.

[219] HARRINGTON C, LEBLANC A J, WOOD J, et al. Met and Unmet Need for Medicaid Home and Community-based Services in the States [J]. Journal of Applied Gerontology, 2002, 21(4): 484-510.

[220] HARTKE R J, PROHASKA T R, FURNER S E. Older Adults and Assistive Devices: Use, Multiple-device Use, and Need[J]. Journal of Aging and Health, 1998, 10(1): 99-116.

[221] HASS Z, DEPALMA G, CRAIG B A, et al. Unmet Need for Help with Activities of Daily Living Disabilities and Emergency Department Admissions among Older Medicare Recipients[J]. Gerontologist, 2017, 57(2): 206-210.

[222] HE S, CRAIF B A, XU H, et al. Unmet Need for ADL Assistance Is Associated with Mortality among Older Adults with Mild Disability[J]. Journals of Gerontology, Series A: Biological Sciences and Medical Sciences, 2015, 70(9): 1128-1132.

[223] HERR M, ARVIEU J J, AEGERTER P, et al. Unmet Health Care Needs of Older People: Prevalence and Predictors in a French Cross-sectional Survey[J]. European Journal of Public Health, 2013, 24(5): 808-813.

[224] HOE J, HANCOCK G, LIVINGSTON G, et al. Quality of Life of People with Dementia in Nursing Homes[J]. Dementia in Nursing Homes, 2006, 18(8): 460-464.

[225] HOLMQUIST I B, SVENSSON B, HÖGLUND P. Psychotropic Drugs in Nursing- and Old-age Homes: Relationships Between Needs of Care

and Mental Health Status[J]. European Journal of Clinical Pharmacology,2003,59(8/9):669-676.

[226] HOOGENDIJK E O,MUNTINGA M E,VAN LEEUWEN K M,et al. Self-perceived Met and Unmet Care Needs of Frail Older Adults in Primary Care[J].Archives of Gerontology and Geriatrics,2014,58(1):37-42.

[227] HOOGENDIJK E O,VAN DER HORST H,DEEG D J H,et al. The Identification of Frail Older Adults in Primary Care:Comparing the Accuracy of Five Simple Instruments[J].Age and Ageing,2013,42(2):262-265.

[228] HOUDE S C.Predictors of Elders' and Family Caregivers' Use of Formal Home Services[J].Research in Nursing and Health,1998,21(6):533-543.

[229] HOURY D,FLORENCE C,BALDWIN G,et al. The CDC Injury Center's Response to the Growing Public Health Problem of Falls Among Older Adults[J].American Journal of Lifestyle Medicine,2016,10(1):74-77.

[230] HU B,WANG J.Unmet Long-term Care Needs and Depression:The Double Disadvantage of Community-dwelling Older People in Rural China[J].Health and Social Care in the Community,2019,27(1):126-138.

[231] HUPCEY J E.Clarifying the Social Support Theory-research Linkage [J].Journal of Advanced Nursing,1998,27(6):1231-1241.

[232] IKELS C.Chinese Kinship and the State:Shaping of Policy for the Elderly[J]. Annual Review of Gerontology and Geriatrics,1993(13):123-146.

[233] ILLIFFE S,LENIHAN P,ORRELL M,et al.The Development of a Short Instrument to Identify Common Unmet Needs in Older People in General Practice[J].British Journal of General Practice,2004,54(509):914-918.

[234] JACOBS M T,VAN GROENOU M I B,AARTSEN M J,et al.Diversity in Older Adults' Care Networks:The Added Value of Individual Beliefs

and Social Network Proximity[J]. Journals of Gerontology, Series B: Psychological Sciences and Social Sciences,2018,73(2):326-336.

[235] JAYASINGHE N, ROCHA L P, SHEERAN T, et al. Anxiety Symptoms in Older Home Health Care Recipients: Prevalence and Associates[J]. Home Health Care Services Quarterly,2013,32(3): 163-177.

[236] JENKINS K R. Obesity's Effects on the Onset of Functional Impairment among Older Adults[J]. Gerontologist,2004,44(2): 206-216.

[237] JONES A L, DWYER L L, BERCOVITZ A R, et al. The National Nursing Home Survey:2004 Overview[J]. Vital and Health Statistics, Series B:Data from the National Health Survey,2009(167):1-155.

[238] KADUSHIN G. Home Health Care Utilization: A Review of the Research for Social Work[J]. Health & Social Work,2004,29(3): 218-232.

[239] KATZ S,AKPOM C A.A Measure of Primary Sociobiological Functions [J].International Journal of Health Services,1976,6(3):493-508.

[240] KATZ S. Assessing Self-maintenance: Activities of Daily Living, Mobility, and Instrumental Activities[J]. Journal of the American Geriatrics Society,1979,31(12):721-727.

[241] KEMPER P, WEAVER F, SHORT P F, et al. Meeting the Need for Personal Care among the Elderly:Does Medicaid Home Care Spending Matter? [J].Health Services Research,2008,43(1):344-362.

[242] KENNEDY J.Unmet and Undermet Need for Activities of Daily Living and Instrumental Activities of Daily Living Assistance among Adults with Disabilities:Estimates from the 1994 and 1995 Disability Followback Surveys[J].Medical Care,2001,39(12):1305-1312.

[243] KIM Y S, LEE J, MOON Y, et al. Unmet Healthcare Needs of Elderly People in Korea[J].BMC Geriatrics,2018,18(1):1-9.

[244] KOMISAR H L, FEDER J, KASPER J D. Unmet Long-term Care Needs: An Analysis of Medicare-medicaid Dual Eligibles[J]. Inquiry, 2005,42(2):171-182.

[245]KUZUYA M,HIRAKAWA Y,SUZUKI Y,et al.Association between Unmet Needs for Medication Support and All-cause Hospitalization in Community-dwelling Disabled Elderly People [J]. Journal of the American Geriatrics Society,2008,56(5):881-886.

[246]KWAN M M S,CLOSE J C T,WONG A K W,et al.Falls Incidence, Risk Factors,and Consequences in Chinese Older People:A Systematic Review[J].Journal of the American Geriatrics Society,2011,59(3): 536-543.

[247]LAHEKMA E,MARTIKAINEN P,RAHKONEN O,et al.Gender Differences in Illhealth in Finland:Patterns,Magnitude and Change[J]. Social Science and Medicine,1999,48(1):7-19.

[248]LAND K C,GURALNIK J M,BLAZER D G.Estimating Increment-decrement Life Tables with Multiple Covariates from Panel Data:The Case of Active Life Expectancy[J].Demography,1994,31(2):297-319.

[249]LANGA K M,CHERNEW M E,KABETO M U,et al.The Explosion in Paid Home Health Care in the 1990s:Who Received the Additional Services? [J].Medical Care,2001,39(2):147-157.

[250]LAPLANTE M P,KAYE H S,KANG T,et al.Unmet Need for Personal Assistance Services:Estimating the Shortfall in Hours of Help and Adverse Consequences [J].Journals of Gerontology, Series B: Psychological Sciences and Social Sciences,2004,59(2):98-108.

[251]LAWTON M P,BRODY E M.Assessment of Older People: Self-maintaining and Instrumental Activities of Daily Living [J]. Gerontologist,1969,9(3):179-186.

[252]LAWTON M P,BRODY E M.Assessment of Older People: Self-maintaining and Instrumental Activities of Daily Living[J].Journal of the American Medical Association,1970,139(7):474.

[253]LI H,MORROW-HOWELL N,PROCTOR E.Assessing Unmet Needs of Older Adults Receiving Home and Community-based Services[J]. Journal of Social Work in Long-term Care,2006,3(3/4):103-120.

[254]LI H,TRACY M B.Family Support,Financial Needs,and Health Care Needs of Rural Elderly in China: A Field Study[J].Journal of Cross-

cultural Gerontology,1999,14(4):357-371.

[255] LI H.Rural Older Adult's Access Barriers to In-home and Community-based Services[J].Social Work Research,2006,30(2):109-118.

[256] LI M,ZHANG Y,ZHANG Z,et al.Rural Urban Differences in the Long-term Care of the Disabled Elderly in China[J].Plos One,2013,8(11):1-8.

[257] LIMA J C,ALLEN S M.Targeting Risk for Unmet Need:Not Enough Help Versus No Help At All[J].Journals of Gerontology,Series B:Psychological Sciences and Social Sciences,2001,56(5):302-310.

[258] LIMA-COSTA M F,MAMBRINI J V M,PEIXOTO S V,et al.Socioeconomic Inequalities in Activities of Daily Living Limitations and in the Provision of Informal and Formal Care for Noninstitutionalized Older Brazilians:National Health Survey[J].International Journal for Equity in Health,2016,15(1):1-8.

[259] LIN N,ENSEL W M,SIMEONE R S,et al.Social Support,Stressful Life Events,and Illness:A Model and an Empirical Test[J].Journal of Health and Social Behavior,1979,20(2):108-119.

[260] LIN W.The Relationship Between Formal and Informal Care among Chinese Older Adults:Based on the 2014 CLHLS Dataset[J].BMC Health Services Research,2019,19(1):1-8.

[261] LIU C,FENG Z L,VINCENT M.Case Mix and Quality Indicators in Chinese Elder Care Homes:Are There Differences Between Government Owned and Private Sector Facilities[J].Journal of the American Geriatrics Society,2014,62(2):371-377.

[262] LIU J.Ageing,Migration and Familial Support in Rural China[J].Geoforum,2014(51):305-312.

[263] LIU L J,FU Y F,QU L,et al.Home Health Care Needs and Willingness to Pay for Home Health Care among the Empty-nest Elderly in Shanghai,China[J].International Journal of Gerontology,2014,8(1):31-36.

[264] LIU X,JOHN P.Informal Long Term Care in China and Population Ageing:Evidence and Policy Implications[J].Population Review,2015,

54(2):28-41.

[265] LIU Y H,CHANG H J,HUANG C C.The Unmet Activities of Daily Living (ADL) Needs of Dependent Elders and Their Related Factors: An Approach from Both an Individual- and Area-level Perspective[J]. International Journal of Gerontology,2012,6(3):163-168.

[266] LONG S K,KING J,COUGHLIN T A.The Implications of Unmet Need for Future Health Care Use:Findings for a Sample of Disabled Medicaid Beneficiaries In New York[J].Inquiry,2005,42(4):413-420.

[267] LOVERIDGE R,SALLU S M,PESHA I J,et al.Measuring Human Well-being:A Protocol for Selecting Local Indicators[J].Environmental Science and Policy,2020,11(4):461-469.

[268] LOW L F,FLETCHER J,GRESHAM M,et al.Community Care for the Elderly:Needs and Service Use Study (CENSUS):Who Receives Home Care Packages and What Are the Outcomes? [J].Australasian Journal on Ageing,2015,34(3):E1-E8.

[269] LOWRY K A,VALLEJO A N,STUDENSKI S A.Successful Aging as a Continuum of Functional Independence: Lessons from Physical Disability Models of Aging[J].Aging and Disease,2012,3(1):5-15.

[270] LUO B Z,ZHAN H Y.Filial Piety and Functional Support: Understanding Intergenerational Solidarity among Families with Migrated Children in Rural China[J].Ageing International,2012,37(1): 69-92.

[271] LUO J H,ZHANG X L,JIN C G,et al.Inequality of Access to Health Care among the Urban Elderly in Northwestern China [J]. Health Policy,2009,93(2):111-117.

[272] LUPPA M,LUCK T,WEYERER S,et al.Prediction of Institutionalization in the Elderly.A Systematic Review[J].Age and Ageing,2009,39(1):31-38.

[273] MACKENZIE C S,REYNOLDS K,CHOU K L,et al.Prevalence and Correlates of Generalized Anxiety Disorder in a National Sample of Older Adults[J].American Journal of Geriatric Psychiatry,2011,19(4): 305-315.

[274] MANTHORPE J, ILIFFE S, CLOUGH R, et al. Elderly People's Perspectives on Health and Well-being in Rural Communities in England: Findings from the Evaluation of the National Service Framework for Older People[J]. Health and Social Care in the Community,2008,16(5):460-468.

[275] MANTON K G, CORDER L, STALLARD E. Changes in the Use of Personal Assistance and Special Equipment from 1982 to 1989: Results from the 1982 and 1989 NLTCS[J]. The Gerontologist,1993,3(3): 168-176.

[276] MANTON K G, STALLARD E, CORDER L S. The Dynamics of Dimensions of Age-related Disability 1982 to 1994 in the U.S. Elderly Population[J]. Journals of Gerontology, Series A: Biological Sciences and Medical Sciences,1998,53(1):59-70.

[277] MARTIN M D, HANCOCK G A, RICHARDSON B, et al. An Evaluation of Needs in Elderly Continuing-care Settings[J]. International Psychogeriatrics, 2002,14(4):379-388.

[278] MCAULEY W J, SPECTOR W, VAN NOSTRAND J. Formal Home Care Utilization Patterns by Rural-urban Community Residence[J]. Journals of Gerontology, Series B: Psychological Sciences and Social Sciences,2009,64(2):258-268.

[279] MCCULLOUGH L B. Long-term Care: Policy, Ethics, and Advocacy[J]. The Hastings Center,1989,19(5):44-46.

[280] MELZER D, IZMIRLIAN G, LEVEILLE S G, et al. Educational Differences in the Prevalence of Mobility Disability in Old Age: The Dynamics of Incidence, Mortality, and Recovery[J]. Journals of Gerontology, Series B: Psychological Sciences and Social Sciences,2001, 56(5):294-301.

[281] MIRANDA-CASTILLO C, WOODS B, GALBODA K, et al. Unmet Needs, Quality of Life and Support Networks of People with Dementia Living at Home[J]. Health and Quality of Life Outcomes,2010(8): 1-14.

[282] MIRANDA-CASTILLO C, WOODS B, ORRELL M. People with

Dementia Living Alone: What are Their Needs and What Kind of Support Are They Receiving? [J]. International Psychogeriatrics, 2010, 22(4): 607-617.

[283] MIRANDA-CASTILLO C, WOODS B, ORRELL M. The Needs of People with Dementia Living at Home from User, Caregiver and Professional Perspectives: A Cross-sectional Survey [J]. BMC Health Services Research, 2013, 13(43): 1-10.

[284] MOMTAZ Y A, HAMID T A, IBRAHIM R. Unmet Needs among Disabled Elderly Malaysians [J]. Social Science and Medicine, 2012, 75(5): 859-863.

[285] MOORE J. Placing Home in Context [J]. Journal of Environmental Psychology, 2000, 20(3): 207-217.

[286] MORGAN M, PATRICK D L, CHARLTON J R. Social Networks and Psychosocial Support among Disabled People [J]. Social Science & Medicine, 1984, 19(5): 489-497.

[287] MORRIS J N, FRIES B E, MORRIS S A. Scaling ADLs within the MDS [J]. Journals of Gerontology, Series A: Biological Sciences and Medical Sciences, 1999, 54(11): 546-553.

[288] MORROW-HOWELL N, PROCTOR E, ROZARIO P. How Much Is Enough? Perspectives of Care Recipients and Professionals on the Sufficiency of In-home Care [J]. Gerontologist, 2001, 41(6): 723-732.

[289] MOZLEY C G, HUXLEY P, SUTCLIFFE C, et al. "Not Knowing Where I Am Doesn't Mean I Don't Know What I Like": Cognitive Impairment and Quality of Life Responses in Elderly People [J]. International Journal of Geriatric Psychiatry, 1999, 14(9): 776-783.

[290] MURPHY C M, WHELAN B J, NORMAND C. Formal Home-care Utilisation by Older Adults in Ireland: Evidence from the Irish Longitudinal Study on Ageing (TILDA) [J]. Health and Social Care in the Community, 2015, 23(4): 408-418.

[291] NASREDDINE Z S, PHILLIPS N A, BÉDIRIAN V, et al. The Montreal Cognitive Assessment, MoCA: A Brief Screening Tool for Mild Cognitive Impairment [J]. Journal of the American Geriatrics Society,

2005,53(4):695-699.

[292] NEWCOMER R,KANG T,LAPLANTE M,et al.Living Quarters and Unmet Need for Personal Care Assistance among Adults with Disabilities[J].Journals of Gerontology,Series B:Psychological Sciences and Social Sciences,2005,60(4):205-213.

[293] NEWMAN S.The Living Conditions of Elderly Americans[J]. Gerontologist,2003,43(1):99-109.

[294] NORBURN J E,BERNARD S L,KONRAD T R,et al.Self-care and Assistance from others in Coping with Functional Status Limitations among a National Sample of Older Adults[J].Journals of Gerontology, Series B:Psychological Sciences and Social Sciences,1995,50(2): 101-109.

[295] NORTON J,ANCELIN M L,STEWART R,et al.Anxiety Symptoms and Disorder Predict Activity Limitations in The Elderly[J].Journal of Affective Disorders,2012,141(3):276-285.

[296] ORRELL M, HANCOCK G, HOE J, et al. A Cluster Randomised Controlled Trial to Reduce the Unmet Needs of People with Dementia Living in Residential Care [J]. International Journal of Geriatric Psychiatry,2007(22):1127-1134.

[297] ORRELL M,HANCOCK G,HOE J,et al.Improvement in Behavioral Symptoms in Patients with Moderate to Severe Alzheimer's[J].Clinical Interventions in Aging,2008,3(2):211-225.

[298] OTERO Á,GARCÍA DE YÉBENES M J,RODRÍGUEZ-LASO Á,et al. Unmet Home Care Needs Among Community-dwelling Elderly People in Spain[J]. Aging Clinical and Experimental Research,2003,15(3): 234-242.

[299] PAYNE S M,THOMAS C P,PAYNE S M C.Home Alone:Unmet Need for Formal Support Services among Home Health Clients[J]. Home Health Care Services Quarterly,1998,17(2):1-20.

[300] PEEL N M.Epidemiology of Falls in Older Age[J].Canadian Journal on Aging,2011,30(1):7-19.

[301] PENG R,WU B,LING L.Undermet Needs for Assistance in Personal

Activities of Daily Living Among Community-dwelling Oldest Old in China From 2005 to 2008[J].Research on Aging,2015,37(2):148-170.

[302]PHELAN M,SLADE M,THORNICROFT G,et al.The Camberwell Assessment of Need: The Validity & Reliability of an Instrument to Assess the Needs of People With Severe Mental Illness[J].British Journal of Psychiatry,1995,167(11):589-595.

[303]PHILP I,MCKEE K J,MELDRUM P,et al.Community Care for Demented and Non-demented Elderly People: A Comparison Study of Financial Burden, Service Use, and Unmet Needs in Family Supporter [J].BMJ:British Medical Journal,1995,310(6993):1503-1506.

[304] PINQUART M, SÖRENSEN S. Older Adults' Preferences for Informal, Formal, and Mixed Support for Future Care Needs: A Comparison of Germany and the United States[J].International Journal of Aging and Human Development,2002,54(4):291-314.

[305]PRICE J M.The Apotheosis of Home and the Maintenance of Spaces of Violence[J].Hypatia,2002(17):39-70.

[306]PROCIDANO M E,HELLER K.Measures of Perceived Social Support from Friends and from Family: Three Validation Studies[J].American Journal of Community Psychology,1983,11(1):1-24.

[307]QUAIL J M,WOLFSON C,LIPPMAN A.Unmet Need for Assistance to Perform Activities of Daily Living and Psychological Distress in Community-dwelling Elderly Women[J].Canadian Journal on Aging,2011,30(4):591-602.

[308] RABINS P V, BLACK B, GERMAN P, et al.The Prevalence of Psychiatric Disorders in Elderly Residents of Public Housing[J]. Journals of Gerontology, Series A: Biological Sciences and Medical Sciences,1996,51(6):319-324.

[309]RADLOFF L S.The CES-D Scale: A Self-report Depression Scale for Research in the General Population [J]. Applied Psychological Measurement,1977,1(3):385-401.

[310] RAUTIO N, ADAMSON J, HEIKKINEN E, et al. Associations of Socio-economic Position and Disability among Older Women in Britain

and Jyväskylä, Finland[J]. Archives of Gerontology and Geriatrics, 2006,42(2):141-155.

[311] REDER S, HEDRICK S, GUIHAN M, et al. Barriers to Home and Community-based Service Referrals: The Physician's Role [J]. Gerontology and Geriatrics Education,2009,30(1):21-33.

[312] REYNOLDS T, THORNICROFT G, ABAS M, et al. Camberwell Assessment of Need for the Elderly (CANE).Development, Validity & Reliability[J].British Journal of Psychiatry,2000,176(6):444-452.

[313] RICHARDSON T M, SIMNING A, HE H, et al. Anxiety and Its Correlates among Older Adults Accessing Aging Services [J]. International Journal of Geriatric Psychiatry,2011,26(1):31-38.

[314] ROBERTS R E, VERNON S W. The Center for Epidemiologic Studies Depression Scale:Its Use in a Community Sample[J].American Journal of Psychiatry,1983,140(1):41-46.

[315] ROSE G.Concepts in Social Administration:A Framework for Analysis by Anthony Forder Review[J].Social Service Review,1975,49(3):438-441.

[316] ROWE J W, KAHN R L. Human Aging: Usual and Successful[J]. Science,1987,237(4811):143-149.

[317] ROWE J W, KAHN R L.Successful Aging[J].The Gerontologist,1991,37(4):433-440.

[318] ROWLAND D.Measuring the Elderly's Need for Home Care[J].Health Affairs,1989,8(4):39-51.

[319] RUBENSTEIN L Z.Falls in Older People: Epidemiology, Risk Factors and Strategies for Prevention[J].Age and Ageing,2006,35(S2):37-41.

[320] RYAN-NICHOLLS K D. Health and Sustainability of Rural Communities[J].Rural and Remote Health,2004,4(1):2-42.

[321] SANDS L P, WANG Y, MCCABE G P, et al. Rates of Acute Care Admissions for Frail Older People Living with Met versus Unmet Activity of Daily Living Needs[J].Journal of the American Geriatrics Society,2006,54(2):339-344.

[322] SCHAEFER J P, ALLWARDT D, MONTGOMERY R J V, et al. The

Role of Cultural Factors on Clients' Attitudes Toward Caregiving, Perceptions of Service Delivery, and Service Utilization[J]. Home Health Care Services Quarterly,2002,21(3/4):65-88.

[323]SCHÖLZEL-DORENBOS C J M,MEEUWSEN E J,OLDE RIKKERT M G M.Integrating Unmet Needs into Dementia Health-related Quality of Life Research and Care:Introduction of the Hierarchy Model of Needs in Dementia[J].Aging and Mental Health,2010,14(1):113-119.

[324]SCHURE M B,CONTE K P,GOINS R T.Unmet Assistance Need among Older American Indians:The Native Elder Care Study[J]. Gerontologist,2015,55(6):920-928.

[325]SHAPIRO A,LOH C P,MITCHELL G.Medicaid Cost-savings of Home- and Community-based Service Programs for Older Persons in Florida[J].Journal of Applied Gerontology,2011,30(1):3-21.

[326]SHELKEY M,WALLACE M.Katz Index of Independence in Activities of Daily Living (ADL)[J].NYU College of Nursing,2000,8(2):72-73.

[327]SHELKEY M,WALLACE M.Katz Index of Independence in Activities of Daily Living[J].Journal of Gerontological Nursing,1999,25(3):8-9.

[328]SILVERSTEIN M,CONG Z,LI S.Intergenerational Transfers and Living Arrangements of Older People in Rural China:Consequences for Psychological Well-being[J]. Journals of Gerontology, Series B: Psychological Sciences and Social Sciences,2006,61(5):256-266.

[329]ŞIMŞEK I E,ŞIMŞEK T T,YÜMIN E T,et al.The Effects of Pain on Health-related Quality of Life and Satisfaction with Life in Older Adults [J].Topics in Geriatric Rehabilitation,2010,26(4):361-367.

[330]SLADE M,LEESE M,CAHILL S,et al.Patient-rated Mental Health Needs and Quality of Life Improvement[J]. British Journal of Psychiatry,2005,187(9):256-261.

[331]SMITH C L,CLAY P M.Measuring Subjective and Objective Well-being:Analyses from Five Marine Commercial Fisheries[J]. Human Organization,2010,69(2):158-168.

[332]SMITH F,ORRELL M.Does the Patient-centred Approach Help Identify the Needs of Older People Attending Primary Care?[J].Age

and Ageing,2007,36(6):628-631.

[333] SMITH M Y,RAPKIN B D. Unmet Needs for Help among Persons with AIDS[J].AIDS Care,1995,7(3):353-364.

[334] SNOWDEN M, MCCORMICK W, RUSSO J, et al. Validity and Responsiveness of the Minimum Data Set[J].Journal of the American Geriatrics Society,1999,47(8):1000-1004.

[335] SOUSA R M, FERRI C P, ACOSTA D, et al. The Contribution of Chronic Diseases to the Prevalence of Dependence among Older People in Latin America,China and India:A 10/66 Dementia Research Group Population-based Survey[J].BMC Geriatrics,2010,53(10):1-12.

[336] SPECTOR W D, KATZ S, MURPHY J B, et al. The Hierarchical Relationship Between Activities of Daily Living and Instrumental Activities of Daily Living[J].Journal of Chronic Diseases,1987,40(6): 481-489.

[337] SPROTT D,ACEH K K.The Use of Formal and Informal Home Care by the Disabled Elderly[J].Health Services Research,1992,21(4):1-12.

[338] STEIN J,LIEGERT P,DOROW M,et al.Unmet Health Care Needs in Old Age and Their Association with Depression: Results of a Population-representative Survey[J]. Journal of Affective Disorders, 2019,24(5):998-1006.

[339] STEIN J,LUPPA M,KÖNIG H H,et al.Assessing Met and Unmet Needs in the Oldest-old and Psychometric Properties of the German Version of the Camberwell Assessment of Need for the Elderly (CANE) - A Pilot Study[J]. International Psychogeriatrics, 2014, 26 (2):285-295.

[340] STEIN J, PABST A, WEYERER S, et al. The Assessment of Met and Unmet Care Needs in the Oldest Old with and without Depression Using the Camberwell Assessment of Need for the Elderly (CANE): Results of the AgeMooDe Study[J].Journal of Affective Disorders,2016 (193):309-317.

[341] STEIN J,PABST A,WEYERER S, et al. Unmet Care Needs of the Oldest Old with Late-life Depression:A Comparison of Patient,Caring

Relative and General Practitioner Perceptions: Results of the AgeMooDe Study[J].Journal of Affective Disorders,2016(205):182-189.

[342]SUANET B,VAN GROENOU M B,VAN TILBURG T.Informal and Formal Home-care Use among Older Adults in Europe: Can Cross-national Differences Be Explained by Societal Context and Composition? [J].Ageing and Society,2012,32(3):491-515.

[343]SZCZEPAŃSKA-GIERACHA J,MAZUREK J,KROPIŃSKA S,et al. Needs Assessment of People 75+ Living in a Nursing Home or Family Home Environment[J].European Geriatric Medicine,2015,6(4): 348-353.

[344]SZCZERBINSKA K,JANTZI M R,HIRDES J P,et al.Pain among the Oldest Old in Community and Institutional Settings[J].Pain,2007,129 (12):167-176.

[345]TAKAI Y,YAMAMOTO-MITANI N,OKAMOTO Y,et al.Literature Review of Pain Prevalence among Older Residents of Nursing Homes [J].Pain Management Nursing,2010,11(4):209-223.

[346]TENNSTEDT S,MCKINLAY J,KASTEN L.Unmet Need Among Disabled Elders: A Problem in Access to Community Long Term Care? [J].Social Science and Medicine,1994,38(7):915-924.

[347]TORVIK K,KAASA S,KIRKEVOLD Ø,et al.Pain and Quality of Life Among Residents of Norwegian Nursing Homes[J].Pain Management Nursing,2010,11(1):35-44.

[348]TSE M M Y,WAN V T C,VONG S K S.Health-related Profile and Quality of Life among Nursing Home Residents: Does Pain Matter? [J].Pain Management Nursing,2013,14(4):173-184.

[349]VAN DER ROESR H G,MEILAND F J M,VAN HOUT H P J,et al. Validity & Reliability of the Dutch Version of the Camberwell Assessment of Need for the Elderly in Community-dwelling People with Dementia[J].International Psychogeriatrics,2008,20(6):1273-1290.

[350]VAN DER ROEST H G,MEILAND F J M,MAROCCINI R,et al. Subjective Needs of People with Dementia: A Review of the Literature [J].International Psychogeriatrics,2007,19(3):559-592.

[351] VERBRUGGE L M, RENNERT C, MADANS J H. The Great Efficacy of Personal and Equipment Assistance in Reducing Disability[J]. American Journal of Public Health, 1997, 87(3):384-392.

[352] VLACHANTONI A, SHAW R, WILLIS R M, et al. How Do We Measure Unmet Need for Social Care in Later Life?[J]. Population Trends, 2011, 145(8):56-72.

[353] VLACHANTONI A. Unmet Need for Social Care among Older People[J]. Ageing & Society, 2019, 39(4):657-684.

[354] WADE D T, COLLIN C. The Barthel ADL Index: A Standard Measure of Physical Disability?[J]. International Disability Studies, 1988, 10(2):64-67.

[355] WALLACE M, SHELKEY M. Katz Index of Independence in Activities of Daily Living (ADL)[J]. Hartford Institute for Geriatric Nursing, 2007, 27(1):93-94.

[356] WALSH K, O'SHEA E. Responding to Rural Social Care Needs: Older People Empowering Themselves, Others and Their Community[J]. Health and Place, 2008, 14(4):795-805.

[357] WALTER-GINZBURG A, GURALNIK J M, BLUMSTEIN T. Assistance with Personal Care Activities among the Old-old in Israel: A National Epidemiological Study[J]. Journal of the American Geriatrics Society, 2001, 49(9):1176-84.

[358] WALTERS K, ILIFFE S, ORRELL M. An Exploration of Help-seeking Behavior in Older People with Unmet Needs[J]. Family Practice, 2001, 18(3):277-282.

[359] WALTERS K, ILIFFE S, TAI S S, et al. Assessing Needs from Patient, Carer and Professional Perspectives: The Camberwell Assessment of Need for Elderly People in Primary Care[J]. Age and Ageing, 2000, 29(6):505-510.

[360] WANG J, ZHOU B, ZHENG W, et al. Perceived Unmet Need for Hospitalization Service among Elderly Chinese People in Zhejiang Province[J]. Journal of Public Health, 2009, 31(4):530-540.

[361] WANG X X, LIN W Q, CHEN X J, et al. Multimorbidity Associated

with Functional Independence among Community-dwelling Older People: A Cross-sectional Study in Southern China[J]. Health and Quality of Life Outcomes,2017,15(1):1-9.

[362] WEST R L,WELCH D C. The Short Portable Mental Status Questionnaire: Assessing congnitive ability in nursing home residents [J].Nursing Research,1999,48(6):329-332.

[363] WILKINSON-MEYERS L, BROWN P, MCLEAN C, et al. Met and Unmet Need for Personal Assistance among Community-dwelling New Zealanders 75 Years and Over[J]. Health & Social Care in the Community,2014,22(3):317-327.

[364]WILLIAMS J,LYONS B,ROWLAND D.Unmet Long-term Care Needs of Elderly People in the Community: A Review of the Literature[J]. Home Health Care Services Quarterly,1997,16(1):93-119.

[365] WINSLOW B W. Family Caregivers' Experiences with Community Services:A Qualitative Analysis[J]. Public Health Nursing, 2003, 20 (5):341-348.

[366]WORDEN A,CHALLIS D J,PEDERSEN I.The Assessment of Older People's Needs in Care Homes[J].Aging and Mental Health,2006,10 (5):549-557.

[367]XIANG X L, AN R P, HEINEMANN A.Depression and Unmet Needs for Assistance with Daily Activities among Community-dwelling Older Adults[J].Gerontologist,2018,58(3):428-437.

[368]XU Q, CHOW J C.Exploring the Community-based Service Delivery Model: Elderly Care in China[J]. International Social Work, 2011, 54 (3):374-387.

[369]XU Y B,JIANG N,WANG Y A,et al.Pain Perception of Older Adults in Nursing Home and Home Care Settings: Evidence from China[J]. BMC Geriatrics,2018,18(1):1-13.

[370]YOO B K, BHATTACHARYA J, MCDONALD K M, et al.Impacts of Informal Caregiver Availability on Long-term Care Expenditures in OECD Countries[J].Health Services Research,2004,39(6):1971-1992.

[371]ZENG Y, VAUPEL J W, XIAO Z, et al.Sociodemographic and Health

Profiles of the Oldest Old in China[J]. Population and Development Review,2019,28(2):251-273.

[372]ZHAN H J. Population Aging and Long-term Care in China[J]. The Cancer Journal,2013,37(1):53-58.

[373]ZHAO Y, HU Y, SMITH J P, et al. Cohort Profile: The China Health and Retirement Longitudinal Study (CHARLS)[J]. International Journal of Epidemiology,2014,43(1):61-68.

[374]ZHEN Z H, FENG Q S, GU D N. The Impacts of Unmet Needs for Long-term Care on Mortality among Older Adults in China[J]. Journal of Disability Policy Studies,2015,25(4):243-251.

[375]ZHOU J, WALKER A. The Need for Community Care among Older People in China[J]. Ageing and Society,2016,36(6):1312-1332.

[376]ZHU H. Unmet Needs in Long-term Care and Their Associated Factors among the Oldest Old in China[J]. BMC Geriatrics,2015,15(1):1-11.

[377]ZIMMER Z, KWONG J. Family Size and Support of Older Adults in Urban and Rural China: Current Effects and Future Implications[J]. Demography,2003,40(1):23-44.

[378]ZUVERINK A, XIANG X. Anxiety and Unmet Needs for Assistance with Daily Activities among Older Adults[J]. Journal of Aging and Health,2020,32(5/6):491-500.

(三)英文其他文献类

[379]COLOMBO F, LLENA-NOZAL A, MERCIER J, et al. Help Wanted? Providing and Paying for Long-term Care[A]. Paris: OECD Health Policy Studies,2011.

[380]CROWELL S. Factors Affecting the Unmet Long-term Care Need of Elderly in Korea and the U.S.: Effects of Children and Formal Home Care on the Unmet Need[D]. Syracuse: Syracuse University,1997.

[381]FORDER J, FERNANDEZ J L. The Impact of a Tightening Fiscal Situation on Social Care for Older People[A]//PSSRU Discussion Paper 2723, Personal Social Services Research Unit. UK: University of Kent,2010.

[382]GIBSON M J,VERMA S K.Just Getting By:Unmet Need for Personal Assistance Services among Persons 50 or Older with Disabilities[G]. AARP:Public Policy Institute,2006.

[383]JACKSON M E,DOTY P.Use of the 1989 National Long-term Care Survey for Examining Cognitive Impairment Criteria[R].Washington DC:25th Public Health Conference on Records and Statistics,1995.

[384]JACKSON M E.Prevalence and Correlates of Unmet Need among the Elderly with ADL Disabilities[R].Report Submitted to the Department of Health and Human Services Under Contract HHS-100-88-0041,1991.

[385]LEE M.Improving Services and Support for Older People with Mental Health Problems[R].Geneva:World Health Organization,2007.

[386] MAPLETHORPE N, DARTON R, WITTENBERG R. Social Care: Need for and Receipt of Help[G]. UK: The Health and Social Care Information Centre,2015.

[387]MUIR T.Measuring Social Protection for Long-term Care[A].Paris: OECD Health Working Papers,2017.

[388]NOZAL A L.Affordability of Long-term Care Services among Older People in the OECD and the EU:Social Protection for Long-term Care in Old Age[R]. Paris: Organization for Economic Co-operation and Development,2020.

[389] OECD/EUROPEAN COMMISSION. A Good Life in Old Age? Monitoring and Improving Quality in Long-term Care[A].Paris:OECD Health Policy Studies,2013.

[390]SCHEIL-ADLUNG X.Long-term Care Protection for Older Persons:A Review of Coverage Deficits in 46 Countries[R]. Geneva: ILO Working Papers,2015.

[391]UNITED NATIONS.Population Division,World Population Prospects: The 2012 Revision[R]. New York: Department of Economic and Social Affairs,2013.

[392]WHO.China Country Assessment Report on Ageing and Health[R]. Geneva:World Health Organization,2016.

[393]WHO.Fortieth World Health Assembly:Resolutions and Decisions,

Annexes[A].Geneva:World Health Organization,1987.

[394]WHO.World Report on Aging and Health[R].Genewa:World Health Organization,2015.

[395]World Bank.Options for Aged Care in China:Building an Efficient and Sustainable Aged Care System[R/OL].(2018-11-28)[2022-05-06]. https://elibrary.worldbank.org/doi/book/10.1596/978-1-4648-1075-6.

附　录

附录1　调查问卷

将CHARLS问卷与本研究相关的自变量和因变量的调查内容（以2018年为例）摘抄如下：

自变量部分：

下面我们想了解一下您日常生活的情况。请问您目前是否因为身体、精神、情感或者记忆方面的原因导致完成下面我们提到的一些日常行为有困难。我们指的"困难"不包括那些预计三个月内能够解决的困难。

DB010. 请问您是否因为健康和记忆的原因，自己穿衣服有困难？穿衣服包括从衣橱中拿出衣服，穿上衣服，扣上纽扣，系上腰带。

1. 没有困难→跳至DB011

2. 有困难但仍可以完成

3. 有困难，需要帮助

4. 无法完成

DB010_W2. 穿衣服的时候是否有人帮助你？

1. 有

2. 没有

DB011. 请问您是否因为健康和记忆的原因，洗澡有困难？

1. 没有困难→跳至DB012

2. 有困难但仍可以完成

3. 有困难，需要帮助

4. 无法完成

DB011_W2. 洗澡的时候是否有人帮助你？

1. 有

2. 没有

DB012. 请问您是否因为健康和记忆的原因,自己吃饭有困难,比如自己夹菜有困难?(定义:当饭菜准备好以后,自己吃饭定义为用餐。)

1. 没有困难→跳至DB013

2. 有困难但仍可以完成

3. 有困难,需要帮助

4. 无法完成

DB012_W2. 吃饭的时候是否有人帮助你?

1. 有

2. 没有

DB013. 您起床、下床有没有困难?

1. 没有困难→跳至DB014

2. 有困难但仍可以完成

3. 有困难,需要帮助

4. 无法完成

DB013_W2. 起床、下床是否有人帮你?

1. 有

2. 没有

DB014. 请问您是否因为健康和记忆的原因,上厕所有困难,包括蹲下、站起?

1. 没有困难→跳至DB015

2. 有困难但仍可以完成

3. 有困难,需要帮助

4. 无法完成

DB014_W2. 上厕所是否有人帮你?

1. 有

2. 没有

DB015. 请问您是否因为健康和记忆的原因,控制大小便有困难?(自己能够使用导尿管或者尿袋算能够控制自理)

1. 没有困难→跳至DB016

2. 有困难但仍可以完成

3. 有困难,需要帮助

4. 无法完成

DB016. 请问您是否因为健康和记忆的原因,做家务活的时候有困难?(定义:做家务,我们指的是房屋清洁,洗碗盘,整理被褥和房间摆设。)

[访员注意:如果受访者不能拖地,但是可以擦洗桌子,或者受访者不能整理重的被褥,但是可以整理一些轻便的,请选择 3。]

1. 没有困难→跳至 DB017

2. 有困难但仍可以完成

3. 有困难,需要帮助

4. 无法完成

DB016_W2. 做家务的时候是否有人帮助你?

1. 有

2. 没有

DB017. 请问您是否因为健康和记忆的原因,做饭有困难?(定义:做饭,我们定义为准备原材料,做饭菜,端上餐桌。)

[访员注意:如果由于健康原因,受访者需要别人帮忙洗菜切菜,或者受访者只能自己煮米饭但不能做菜,也就是说,由于健康原因受访者只能完成做饭的一些简单的动作,那么选择 3。]

1. 没有困难→跳至 DB018

2. 有困难但仍可以完成

3. 有困难,需要帮助

4. 无法完成

DB017_W2. 做饭的时候是否有人帮助你?

1. 有

2. 没有

DB018. 请问您是否因为健康和记忆的原因,自己去商店买食品杂货有困难?(我们这里说的买东西是指决定买什么和付钱。)

1. 没有困难→跳至 DB035

2. 有困难但仍可以完成

3. 有困难,需要帮助

4. 无法完成

DB018_W2. 是否有人帮助你去商店买食品杂货等?

1. 有

2. 没有

DB035. 请问您是否因为健康和记忆的原因，拨打电话有困难？

1. 没有困难→跳至 DB020

2. 有困难但仍可以完成

3. 有困难，需要帮助

4. 无法完成

DB035_W2. 打电话的时候是否有人帮助你？

1. 有

2. 没有

DB020. 请问您是否因为健康和记忆的原因，自己吃药有困难？（吃药是指能记得什么时间吃和吃多少。）

1. 没有困难→跳至 DB019

2. 有困难但仍可以完成

3. 有困难，需要帮助

4. 无法完成

DB020_W2. 吃药的时候是否有人帮助你？

1. 有

2. 没有

DB019. 请问您是否因为健康和记忆的原因，管钱有困难，比如支付账单、记录支出项目、管理财物？

1. 没有困难→跳过 DB019_W2

2. 有困难但仍可以完成

3. 有困难，需要帮助

4. 无法完成

DB019_W2. 是否有人帮助你管钱？

1. 有

2. 没有

DB022_W3_1 请问在以上（穿衣、洗澡、吃饭、起床、如厕、家务、做饭、购物、打电话、吃药、管钱等）困难中，都有谁帮助您？（多选题）

1. 配偶

2. 父母、岳父母、公公、婆婆

3. 子女、儿媳/女婿、孙子女/外孙子女

4. 兄弟姐妹及其配偶、子女,您配偶的兄弟姐妹及其配偶、子女

5. 其他亲属

6. 雇佣人员(如保姆),共_____(DB022_W3_1_1)位

7. 志愿者或志愿机构人员

8. 养老院人员

9. 社区提供的帮助

10. 其他人员,请注明_____(DB022_W4_1)

因变量部分:

下面10道问题是有关您上周的感觉及行为,每道题目的答案都是一样的,如卡片12所示,包括很少或者根本没有,不太多,有时或者说有一半的时间以及大多数的时间,请您选择合适的答案。

[出示卡片12]

DC009. 我因一些小事而烦恼。

1. 很少或者根本没有(<1天)

2. 不太多(1~2天)

3. 有时或者说有一半的时间(3~4天)

4. 大多数的时间(5~7天)

DC010. 我在做事时很难集中精力。

1. 很少或者根本没有(<1天)

2. 不太多(1~2天)

3. 有时或者说有一半的时间(3~4天)

4. 大多数的时间(5~7天)

DC011. 我感到情绪低落。

1. 很少或者根本没有(<1天)

2. 不太多(1~2天)

3. 有时或者说有一半的时间(3~4天)

4. 大多数的时间(5~7天)

DC012. 我觉得做任何事都很费劲。

1. 很少或者根本没有(<1天)

2. 不太多(1~2天)

3. 有时或者说有一半的时间(3~4 天)

4. 大多数的时间(5~7 天)

DC013. 我对未来充满希望。

1. 很少或者根本没有(<1 天)

2. 不太多（1~2 天）

3. 有时或者说有一半的时间(3~4 天)

4. 大多数的时间(5~7 天)

DC014. 我感到害怕。

1. 很少或者根本没有(<1 天)

2. 不太多（1~2 天）

3. 有时或者说有一半的时间(3~4 天)

4. 大多数的时间(5~7 天)

DC015. 我的睡眠不好。

1. 很少或者根本没有(<1 天)

2. 不太多（1~2 天）

3. 有时或者说有一半的时间(3~4 天)

4. 大多数的时间(5~7 天)

DC016. 我很愉快。

1. 很少或者根本没有(<1 天)

2. 不太多（1~2 天）

3. 有时或者说有一半的时间(3~4 天)

4. 大多数的时间(5~7 天)

DC017. 我感到孤独。

1. 很少或者根本没有(<1 天)

2. 不太多（1~2 天）

3. 有时或者说有一半的时间(3~4 天)

4. 大多数的时间(5~7 天)

DC018. 我觉得我无法继续我的生活。

1. 很少或者根本没有(<1 天)

2. 不太多（1~2 天）

3. 有时或者说有一半的时间(3~4 天)

4. 大多数的时间(5~7 天)

DC028. 总体来看,您对自己的生活是否感到满意?是极其满意,非常满意,比较满意,不太满意还是一点也不满意?

1. 极其满意

2. 非常满意

3. 比较满意

4. 不太满意

5. 一点也不满意

DA023. 您过去两年有没有摔倒?

1. 是

2. 否→跳至 DA025 前的程序

DA025. 自上次访问以来[加载上次访问日期],您有没有摔倒过?

1. 是

2. 否→跳至 DA025 前的程序

DA041_W4. 您是否经常因为疼痛而难受?是完全没有、有一点、有一些、比较多还是非常多?

1. 完全没有→跳至 DA045

2. 有一点

3. 有一些

4. 比较多

5. 非常多

died.受访者是否死亡?[1]

0. 存活

1. 死亡

----

[1] 问卷仅对存活的老人进行调查,死亡并未体现在问卷中;但每年的 CHARLS 数据中有 Sample_Infor 数据集,其中包括 died 变量,变量包括了当期调查的存活老人(=0)和本次时死亡的老人(=1)。

附录2　访谈提纲

半结构化的焦点小组和深度访谈提纲如下：

一、养老现状

1. 个人情况：年龄、家庭成员、和谁一起生活、养老金和医保报销情况、健康状况、生活自理情况（什么事情需要帮助）、每天的主要活动。

2. 照顾者情况。平时谁来照顾您？她/他的年龄和性别、与您的关系、是否工作、居住情况（是否与您住一起或距离您多远）、主要为您做什么事情、每天花多少时间照顾您、您对她/他的照顾是否满意、您觉得她/他照顾您有什么困难？

3. 您能自己完成做饭、做家务、吃药、打电话、买菜和洗衣服等活动吗（完全独立完成、某些情况下需要协助、能独立完成50%或以上、只能独立完成50%以下、全程需要他人代替执行）？如果不能完全独立完成，您在日常生活中实际（从照顾者处）得到的帮助是否足够，还是需要更多的帮助（完全够了、基本够了、需要更多的帮助）？

4. 社区服务使用情况。你是否使用过社区居家养老服务？如使用过，使用过什么服务？您对该项服务是否满意？为什么？如未使用过，为什么（没有服务、价格高、服务质量不好……）？

5. 看病就医情况（包括门诊、住院、买药）：一般在哪儿看病？使用什么交通工具？是否有人陪同就医？每次大概花费多少钱？钱由谁支付？

二、面临的主要困难和建议的解决方法

1. 您现在的日常生活有什么不方便或困难的地方？你希望社区或政府提供什么服务？如何提供？

2. 如果社区服务需要个人付费，您每月大概能支付多少钱？用什么钱支付（退休金、存款或其他收入）或由谁来支付？如果入住养老院，您每月大概能支付多少钱？用什么钱支付（退休金、存款或其他收入）或由谁来支付（子女或

与子女共付)？

3. 如果政府要对养老服务提供养老补贴(包括社区服务和入住养老院)，您觉得应该怎么补贴？补贴多少？

4. 您现在的看病就医有什么不方便或困难的地方？你希望如何改善？

5. 家庭主要照顾者：存在什么困难？希望什么帮助？

附录3　观察提纲

焦点小组和深度访谈中具体的观察和记录内容如下：

序号	观察内容	内容提要	观察记录	观察评价
1	家居环境	○家居是否失修 ○是否杂乱、光线不足或没有照明 ○地面是否有洞或水管渗漏 ○环境是否干净 ○老鼠、蟑螂或其他昆虫是否横行 ○不足的暖气或冷气设施（夏天太热、冬天太冷） ○其他		
2	身体状况 行动能力	○进出家门有困难 ○无法上下楼梯 ○房间内难以活动 ○其他		
3	住房及 生活设施	○住宅类型 ○是否有自来水 ○是否有电视机、冰箱和洗衣机 ○其他		
4	居家便利	○是否有楼梯或电梯 ○是否有辅助移动的设施（比如易抓握的扶手） ○轮椅是否能够到达每个房间 ○是否有求助器或报警器 ○居所是否改装以照顾老年人的生活便利 ○其他		
5	居所外环境	○街上交通繁忙混乱 ○备有紧急求生设备 ○社区或超市容易抵达 ○提供送货服务等情况 ○其他		
6	记录的其他 信息	○访谈和讨论中记录的关键信息 ○非语言行为 ○其他		
7	……			

后 记

这本著作是在我的博士学位论文的基础上,在我的硕博导师徐月宾教授以及单位领导陈爱东、魏小文等专家教授的指导和帮助下完成的。著作的出版也算是对我学习和工作生涯的总结。尤记得在博士毕业之际,手落键盘敲出致谢二字时心里五味杂陈,不知从何说起……

盖三年于兹,而今始克就,鞭驽策蹇,宁靡寸劳。当时觉得是终于熬到了即将毕业,说"熬"一点也不为过,熬夜、煎熬、熬练……读书的时间充实而匆促,除了正常的上课之外,回想起来更多的是看文献,"这一路,文献是你最忠实的伙伴,也只有文献能与你不断对话"。是的,从博士论文选题到成稿再到修改完善,大量阅读高质量的文献对问题的解决、思路的启发大有裨益。我是最幸运的,人生的每个阶段都有良师益友的提携、帮助和陪伴,真的很难得。对于你们,我存有一千一万个感激,也希望能用这一生报答你们的恩情。事实上,当时的坚持和磨炼使我在日后的工作和生活中也颇为受用。

感谢我的硕博导师徐月宾教授,从硕士阶段开始,一路走来老师给了我非常多的学习和成长机会,有问题有事情随时都可以叩响他办公室的门或拨通他的电话,导师到珠海校区工作后仍不忘关心我的学习和生活。徐老师鱼渔双授,在注重培养博士生独立解决问题的能力的同时,从研究问题、论文框架、文献和理论、语言和逻辑等方面给予我宝贵的意见和建议,让我学习到应该如何做研究,深切感受到踏踏实实孜孜不倦才能做好研究。论文能顺利完成凝聚着他的心血和汗水。徐老师卓尔不群,更是温暖包容的人,犹记得与老师的多次促膝长谈,他会了解我的想法,无条件地支持我的学习和研究。经师易遇,人师难得。忝列徐门,是我的至幸至福,我珍之,重之。

感谢北京大学人口研究所的宋新明教授,中国人民大学劳动人事学院的韩克庆教授,北京师范大学社会发展与公共政策学院的屈智勇教授、王晓华教授、金承刚教授、梁小云副教授、韩华为副教授等在我的博士学位论文开题、写作、修改以及答辩过程中的精心指导和严格把关，不分昼夜地第一时间解答我的困惑和问题，给予我无限的帮助和指引。感谢你们，我得到的不仅是研究思路的拓展、论文写作的规范和专业知识的提升，更是"学为人师、行为世范"精神的熏陶。感谢外审的三位匿名评审专家对我博士学位论文的指正和认可。

感谢我所在单位西藏民族大学的各位领导及同事对我的支持和帮助，同时也感谢我攻读硕士和博士学位所在的北京师范大学社会发展与公共政策学院，你们创造和维持的包容开放、自由平等的氛围让我受益匪浅，我何其有幸能在这里生活、工作和学习！也感谢你们为我在学院工作和生活提供的诸多帮助、支持和关心，在我压力最大和最慌张的时候宽慰我、开解我和启发我。

感谢"徐徐前进"导师组的师兄师姐、师弟师妹们对我学习和生活的关心、帮助和鼓励。遇到问题时，你们会毫不犹豫地和我一起分析解决。每当我迷茫和难过的时候，总有你们的开导和宽慰："现在还来得及""其他生活的事都退后，这段时间就冲刺这个"……感谢你们，我珍重和爱惜与你们一起学习和生活的时光。

感谢我的好友郭丹和振锋，我们一起探讨如何写好论文，交流修改意见，互相督促和陪伴着一步步地走完了从博士学位论文开题、预答辩到送审再到答辩的所有路程，实属不易。就像一步一个脚印一起爬上了长城一样，你们是我一辈子想要学习和追随的知交。

感谢我的父母和家人对我的无限支持和宽慰，你们善良、勤劳和朴实的品行深深影响着我，你们包容我的一切，接受我的平凡甚至平庸，也一直在默默鼓励我不断砥砺前行，尽自己所能为社会贡献力量。

感谢北京大学国家发展研究院主持、北京大学中国社会科学调查中心与北京大学团委共同执行的跨学科调查项目"中国健康与养老追踪调查"的数据支持，感谢广西南宁、广西贺州和湖北襄阳参加调研的所有老年人和帮助组织安排调研的工作人员。

最后，我还要郑重感谢国家民委人文社科重点研究基地西藏特色产业高质量发展中心、厦门大学对口支援西藏民族大学专著教材出版基金对本著作的出版资助，感谢西藏高校人文社科项目"共同富裕视角下西藏老龄健康与服务优化路径研究（SK2021-34）"、西藏民族大学"藏秦·喜马拉雅青年骨干教师计划"等对本研究的大力支持。

  怕什么真理无穷,进一寸有进一寸的欢喜。中国养老服务及社会政策的发展道阻且长,未来,我将带着赤子的骄傲继续前进。

沈丹
2022 年 10 月